国家社会科学基金重大项目
"东北（辽宁）老工业基地'劳模文化'史料编纂及
当代价值研究"（15ZDB052）阶段性成果

东北老工业基地劳模文化研究丛书

东北老工业基地
劳模人物传
（吉林卷）

BIOGRAPHY OF MODEL WORKERS
IN NORTHEAST OLD INDUSTRIAL BASE (JILIN)

田鹏颖　樊丽明／编著

社会科学文献出版社
SOCIAL SCIENCES ACADEMIC PRESS (CHINA)

总　序

信者，中心愿也。文化自信从根本上而言是在理论认识、价值旨趣层面的根本认同，是更为基本、更深沉、更持久的力量。习近平总书记在《在哲学社会科学工作座谈会上的讲话》中指出："我们说要坚定中国特色社会主义道路自信、理论自信、制度自信，说到底是要坚定文化自信。"[①]习近平总书记所讲的文化自信是指具有时代精神的，有中国特色、兼容并蓄的，以制度自信、理论自信、道路自信为基础，以社会主义核心价值观为主要标识的社会主义文化自信，是以中华优秀传统文化为背景，以国外文化资源为借鉴，以马克思主义中国化最新成果为指引的当代先进文化自信。这种自信不是单一继承的，也不是舶来品、山寨品，而是中国特色社会主义伟大实践所生成的具有"中国气象"的当代中国文化自信。

在近代外来文化的侵袭下，中国的文化自信从"天朝上国"沦落为崇洋媚外，出现过否定中华文化，甚至要消灭已有文化的历史境遇。历史一再证明，中国"仁义"义理文化构建不起当代文化自信，而外来文化（主要是西方文化）在当代社会正以席卷全域的方式改变和影响着中国人，在某种程度上可以说这是新的文化殖民。从年轻人的语言服饰到流行音乐，西方文化正影响和改变着当代中国人的价值追求和基本信念，无所适从者多，有坚定信念者少，一系列文化不自信、不自觉的社会现象和社会心态正在肆虐，加之文化、亚文化格局的多元化，中华传统文化的时代化、外来文化的合理性和当代中国文化的生成就不可避免地成为一个显性问题。

[①]　习近平：《在哲学社会科学工作座谈会上的讲话》，人民出版社，2016，第 17 页。

"潮平两岸阔，风正一帆悬。"当前中国人文社会科学研究面临的一项重要任务就是摆脱对外来学术的"学徒状态"，积极构建中国特色、中国风格、中国气派的话语体系。中国学术话语体系的构建，必须立足我们民族自身的语言基础之上，也必然植根于中国特色社会主义现代化发展和中华民族伟大复兴中国梦的实践之中。"劳模"是一种中国现象，也是产生于新中国工业化进程中的"中国式语言"；劳模文化作为中国社会主义进程中形成的先进文化，为社会主义建设和发展积累了丰富的"中国经验"。当前，揭示劳模文化所蕴含的中国式发展模式及其价值，有助于在世界发展进程中充分彰显中国精神、中国力量、中国道路的独特性，为中国学术话语体系的生成提供语言基础和实践支撑。

习近平总书记指出："'爱岗敬业、争创一流，艰苦奋斗、勇于创新，淡泊名利、甘于奉献'的劳模精神，生动诠释了社会主义核心价值观，是我们的宝贵精神财富和强大精神力量。"[1] 东北老工业基地是劳模精神重要的发源地之一，王进喜、孟泰、尉凤英、张成哲等曾经是家喻户晓的劳动模范。对这些劳动模范的学习、宣传、树立，形成了独具特色的东北劳模文化现象，这是当前我们弘扬劳模精神、劳动精神最重要的资源。

在探索和实践中国特色社会主义建设的道路上，东北较早建立了以重工业为主的工业体系，在中国工业发展历程中具有独特的、领先的历史地位，这种独特的历史进程与东北老工业基地特有的"勤劳、担当、朴实"的"黑土地"文化相融合，是东北劳动模范不断涌现的现实基础，更是东北劳模文化的精神生产规律的逻辑支撑。

观乎天文，以察时变；观乎人文，以化成天下。弘扬和发挥东北劳模文化、劳动精神、劳动价值观的积极作用，有助于鞭策和鼓舞东北人民在全面振兴的关键时期，坚定地"滚石上山，爬坡过坎"，而且可以为实现中华民族伟大复兴中国梦提供重要的精神力量。

文化兴国运兴，文化强民族强。劳模文化是社会主义社会中产生的精神现象，是社会主义核心价值观的典型体现。东北老工业基地劳模文化与

---

① 习近平：《在庆祝"五一"国际劳动节暨表彰全国劳动模范和先进工作者大会上的讲话》，人民出版社，2015，第4页。

中国特色社会主义工业化道路紧密联系，成为社会主义核心价值观的重要体现，也是当代中国劳模文化的杰出代表，与东北老工业基地的历史和东北的"黑土地"文化有内在的联系，将为当前推进"五位一体"总体布局、"四个全面"战略布局提供精神支持和文化动力。

全面振兴是以文化振兴为主要标志的，东北全面振兴需要东北地方文化的重塑与创新。文化软实力在一个地区的影响力和核心竞争力中的地位日益凸显，关乎地区整体形象、发展机遇。培育东北新劳模文化，挺立劳动精神，树立东北振兴的时代风标。劳模文化曾经是弘扬劳动精神、体现社会主义价值的重要载体，在东北有着深厚的历史渊源和社会土壤，一个个劳动模范不仅是那个时代的精神化身，而且其所体现的劳动精神具有跨越时代的精神魅力。以劳模文化的重构与市场经济的理念转化为重要抓手，重新梳理东北劳模文化的历史演进与基本特征，找准劳模文化与市场经济的契合点，有助于东北老工业基地的全面振兴。

东北老工业基地劳模文化研究，拓展了中国化马克思主义理论的研究视角和领域，深入阐释了社会主义核心价值观的本质内容构成，弥补了东北老工业基地劳模文化全面系统研究的缺失。马克思、恩格斯、列宁、毛泽东、邓小平等马克思主义思想家，十分重视劳动在人类历史发展中的作用，对劳动及劳动者给予特别的关注。马克思从唯物史观的视角论证并揭示了劳动在人类社会存在、文化形成、经济发展中的基础性地位和作用，把劳动看作人类社会实践活动中最基本的形式。马克思认为，文化研究要从"抽象思辨"向"必须从最顽强的事实出发"这一根本方法转变。经验的观察在任何情况下都应当根据经验来揭示社会结构和政治结构同生产的联系，而不应当带有任何神秘和思辨的色彩，现实生活正是描述人们实践活动和实际发展过程的真正的实证科学开始的地方。因此，文化和文化史的研究要从历史（现实）出发，遵循"让历史说话，让史实发言"的基本方法论原则，让劳模文化"从历史走来"。劳模文化是东北老工业基地文化的重要组成部分，对其进行深入、系统、全面的挖掘，既有利于当代咨政育人，又有利于为后者提供劳模文化历史遗产。因此，无论从马克思主义理论、史料学、文化学和哲学等学科研究与发展方面来看，还是从文学艺术创作、精神生产、管理科学以及核心价值观建构等方面来看，劳模文化研究都具有重要的理论意义和现实价值。

具有爱国主义传统的东北大学，始终坚守振兴民族、振奋民心之念，始终与时代同呼吸共命运。东北大学的微文化脱胎于东北大格局的传承和共性，"学术上求真、探索中求异、实践中求新"造就了东北大学的精神群像，这也是东北劳模文化在东北大学的集中体现，也是东北一代代劳模刚正不阿、服务社会的精神写照。

奋进在"双一流"建设中的东北大学，致力于成为文化传承、知识创造、科技创新和成果转化的引领者。传承"自强不息、知行合一"的校训精神，与时偕行、开拓创新、克己自强、乐于奉献。坚持与国家富强和民族复兴同向同行，以培育英才支撑民族振兴，以创新科技引领国家强盛，在国家建设发展中担当起大学使命。"东北老工业基地劳模文化研究丛书"的出版，是东北大学"扎根社会、引领发展"的又一力作，充分体现了东北大学人的学术自觉和文化自信。丛书难免挂一漏万，希望海内外的读者多提宝贵意见！

是为序。

目　录

前　言

劳模精神是振兴东北老工业基地的重要精神力量

田鹏颖

　　在马克思主义视野中，人民是核心概念，劳动是第一范畴，劳动创造历史是第一原理。劳动最光荣、劳动最崇高、劳动最伟大、劳动者最美丽。劳模精神是社会主义核心价值观的生动展现，为东北老工业基地全面振兴提供精神动力和价值引领。正如习近平总书记在庆祝"五一"国际劳动节暨表彰全国劳动模范和先进工作者大会上的讲话中指出的："爱岗敬业、争创一流，艰苦奋斗、勇于创新，淡泊名利、甘于奉献的劳模精神，生动诠释了社会主义核心价值观，是我们的宝贵精神财富和强大精神力量。"①劳模精神代表了新时代中国特色社会主义的价值取向，按照马克思唯物史观的理论逻辑和中国特色社会主义发展的历史逻辑，劳动模范应当备受尊重，劳模精神也应当成为一种广受追崇的文化。全社会都应该尊敬劳动模范、弘扬劳模精神，让诚实劳动、勤勉工作蔚然成风，这是中国特色社会主义进入新时代所做出的价值判断，符合新时代中国特色社会主义文化建设的根本要求。

　　东北（辽宁）老工业基地是劳模精神重要的发源地之一，王进喜、孟泰、张成哲等曾经是家喻户晓的劳动模范，对这些劳动模范的学习、宣传、

---

　　① 习近平：《在庆祝"五一"国际劳动节暨表彰全国劳动模范和先进工作者大会上的讲话》，人民出版社，2015，第4页。

树立形成了独具特色的东北（辽宁）老工业基地劳模文化现象，这是新时代我们弘扬劳模精神、劳动精神最重要的资源。因而从历史的角度系统地展现这种文化现象，并深入挖掘其本质与特征，进而发挥其文化软实力的功能是当代中国社会科学研究者面临的课题，更是关涉当代中国精神文化的塑造、民族复兴的中国梦乃至东北老工业基地的全面振兴的重大理论与现实问题。

《东北老工业基地劳模人物传》（辽宁卷上、下册）、《东北老工业基地劳模人物传》（吉林卷）、《东北老工业基地劳模人物传》（黑龙江卷）是国家社会科学基金重大招标项目"东北（辽宁）老工业基地'劳模文化'史料编纂及当代价值研究"的阶段性成果。《东北老工业基地劳模人物传》通过系统、完整地收集和编纂东北老工业基地劳模文化史料，对其进行创造性挖掘、抢救性保护，遵循"让历史说话，让史实发言"的原则，让劳模文化"从历史走来"。首先，到东北（辽宁）老工业基地劳模文化现象深处，挖掘劳模文化与中国传统文化、劳模文化与经济关系、劳模文化与政治制度、劳模文化与精神生产的内在逻辑关联，从而深刻把握劳模文化生成的规律性和创造性。其次，按照劳模文化生成、深化、发展的时间逻辑，从20世纪50年代、60年代、70年代、80年代、90年代，一直到21世纪前15年，对不同历史时期的劳模文化进行系统梳理。同时，按照地理空间的差异，对东北三省——辽宁、吉林、黑龙江不同地域、不同结构的劳模文化进行纵横交叉研究，形成了具有较强历史感、立体感、时代感的劳模群像和劳模文化图谱。另外，通过跨学科、综合性、多角度的研究，揭示其内在逻辑关系和当代价值，为新时代东北全面振兴提供有力的史料支撑和重要理论启迪。

新时代实现东北老工业基地"两个一百年"奋斗目标，需要弘扬"劳模精神"，为振兴东北老工业基地汇聚磅礴的精神力量。今天，我们比历史上任何时期都更接近、更有信心和能力实现中华民族伟大复兴的目标。伟大的事业需要伟大的精神，伟大的精神来自于伟大的人民。东北老工业基地新的伟大征程离不开劳动人民的辛勤劳动，离不开社会对劳动精神、劳模精神的弘扬。向伟大时代的劳模精神敬礼！你、我、他，就是中国特色社会主义新时代劳模精神的承担者。

东北（吉林）老工业基地劳模
人物史料研究概述

  劳动是人类的本质活动，劳动光荣、创造伟大是对人类文明进步规律的重要诠释。劳动模范是劳动群众的杰出代表，是最美丽的劳动者。吉林省作为东北老工业基地的主要阵地，从中华人民共和国成立初就涌现了大量各行各业的劳动模范，为中国的经济建设添砖加瓦，贡献自己的力量。关于这些劳动模范的基本状况，学界已有相关专著和文章进行介绍和论述，本文旨在对现有史料进行整理、分析，以期更清楚地了解吉林省的劳模研究状况。

  经过收集、整理，吉林省劳模的文字史料包括文件、专著和期刊论文。文件类史料主要来自吉林省档案馆，内容较少；专著既包括一些全国性劳模的人物辞典，也包括为某位劳动模范的著书立说；期刊论文数量不在少数，且基本是以单独介绍某个劳动模范的先进事迹形式而存在的。此外还有一部分影像与实物史料，包括介绍吉林省劳模人物的纪录片和纪念馆等。

一　东北（吉林）老工业基地劳模人物
文件史料概况

  东北（吉林）老工业基地劳模人物文件史料包括吉林省劳动模范评选的相关文件、吉林省人民政府和吉林省劳模大会关于劳动模范表彰的相关文件等。

  第一，吉林省劳动模范评选文件中评选主体包括吉林省总工会和吉林省劳模大会筹委会。吉林省总工会于 1948 年 12 月在吉林市成立，时称吉林省职工总会，是在中共吉林省委和中华全国总工会领导下的重要社会政治团体。评选文件包括吉会总字〔1986〕7 号、吉会总字〔1987〕102 号、吉会总字〔1988〕31 号，主要规定劳模评选的各项标准以及名额分配比例。吉林省劳模大会筹委会关于劳模评选的相关文件包括吉劳筹字〔1986〕1 号、吉劳筹字〔1986〕2 号、吉劳筹函字〔1986〕2 号，主要是解决有关劳模评选问题的内容。

第二，表彰吉林省劳模的全国性和吉林省政府的相关文件。1982 年 11 月吉林省政府作出《关于追授蒋筑英同志为省特等劳模的决定》。国发〔1983〕22 号文件中，国务院决定授予赵春娥、罗健夫、蒋筑英全国劳动模范称号，其中蒋筑英为吉林省全国劳模。1985 年 11 月吉林省政府授予徐希平、黄德利等 59 名同志以省劳模称号。1985 年 1 月吉林省政府作出《命名徐元存同志为省劳模的决定》。1986 年吉林省人民政府关于《授予先进企业、模范集体和劳动模范荣誉称号的决定中》授予牛天举、郭孔辉等 105 名同志为吉林省特等劳模称号；授予高杰、李光太等 1403 名同志吉林省劳模称号。1987 年 4 月吉林省政府决定授予宋安全、王云飞等 20 名同志省劳模称号。1989 年 9 月吉林省政府出台《授予金彦等 56 名同志省特等模范称号和辛哲等 532 名同志为省劳动模范称号的决定》。1990 年吉林省人民政府作出《追授耿昌禄为省特等劳模称号的决定》。

二　东北（吉林）老工业基地劳模人物专著类史料概括

劳模人物专著类史料既包括全国性劳模的人物辞典，也包括对吉林省主要劳模人物的著书立说。有关吉林省劳模的专著类史料中具有较高价值的是 1991 年吉林教育出版社出版的《劳动模范工作手册》和 2005 年吉林人民出版社出版的《吉林省志·卷四十七·人物志》。

第一，《劳动模范工作手册》[①] 汇集了劳动模范的一些历史资料和劳模

---

① 杜福忠主编《劳动模范工作手册》，吉林教育出版社，1991。

评选、表彰、日常管理方面的方针、政策及有关规定，对我们了解吉林省劳模人物有重要价值。书中第八编记载了 1950～1989 年吉林省全国劳动模范和全国先进生产者的名单及简单事迹。

2005 年 12 月出版的《吉林省志·卷四十七·人物志》①，收录了自清朝顺治十年（1653 年）至 1985 年底，凡在吉林省工作、战斗过的对吉林省历史发展产生推进或阻碍作用的、影响较大的人物。其中共记载了 1950～1983 年吉林省获得全国劳动模范称号的人物 419 人。其中第三篇中华人民共和国一章中涉及了 1950～1985 年的部分吉林省全国劳模，如王亚洲、苏才昌、刘芬江、刘凤竹、苏长有、蒋筑英等。第四篇提到了 1950～1983 年吉林省全国劳动模范名表，部分人物有传记，可供参考。

除以上两部简单罗列和介绍吉林省全国劳模和全国先进生产者的史料外，笔者通过查找资料发现以下几本专著中，都涉及部分吉林省全国劳模和全国先进生产者，以及吉林省劳模和特等劳动模范等内容。

第二，较早的有 1950 年的《东北农业生产的女英雄》②，全书篇幅较短，共介绍了 9 位东北地区女英雄，其中提到吉林模范支部书记许英淑。

1951 年出版的《东北工业建设中的劳动模范》③，该书介绍了 1950 年东北地区的劳动模范 59 人，其中提到吉林省全国劳模尹显明、李静华、刘芬江、董晨和王亚洲几人的相关事迹。

1985 年的《中国职工劳模列传》④，该书选取了 1950～1984 年全国劳动模范中最著名、最有影响力的 108 个人物，对其事迹进行了简单的介绍。其中涉及吉林省全国劳模三人，分别是：刘子玉，著名的保温材料专家，先后两次获得全国先进生产者称号，三次获得全国劳动模范称号；侯德武，化学工业公司工人工程师，先后被评为全国先进科技工作者和全国劳动模范；蒋筑英，我国著名的光学专家，先后被追授为省劳动模范和全国劳动模范。

1985 年吉林省总工会经济工作部出版的《吉林省历届全国和省级劳动

---

① 刘淑坤、孙宝君主编《吉林省志·卷四十七·人物志》，吉林人民出版社，2005。
② 东北民主妇女联合会编《东北农业生产的女英雄》，东北新华书店，1950。
③ 《东北工业建设中的劳动模范》，东北工业出版社，1951。
④ 高明岐、黄耀道编著《中国职工劳模列传》，工人出版社，1985。

模范、先进生产（工作）者名单（1950～1984）》，共三册：第一册是有关文件和全国劳模会名单；第二册是省级综合性劳模会名单；第三册是省级各系统劳模会名单。该书只是罗列各项名单，没有对劳模人物详细的介绍。

1995年李永安等编、中国工人出版社出版的《中国职工劳模大辞典》①，详细记载了1950～1989年各省市历次劳模大会上表彰的全国劳动模范、全国先进生产者名单及事迹。该书是当时我国收词最多、内容最为丰富的一部记载中国职工劳模状况的大型工具书，为广大职工和专家、学者以及研究人员提供了详实准确的劳模资料。

1997年中国统计出版社出版的《中华劳模大典》②收录了中华人民共和国成立以来，社会主义建设各条战线上涌现出来的劳动模范、先进工作者和获得各种模范称号的先进人物两万名。全书按照各级省市劳模顺序编排，共600万字，是当时我国收编人数最多、内容最为丰富的一部记载劳模状况的大型工具史册。其中简单记载了吉林省各市的劳动模范和先进工作者共404名。

2000年出版的《中华创业功臣大辞典》③收录了为中华人民共和国的成立而在各条建设战线上涌现出来的各个省的功臣数万名，他们当中有战斗在工农业生产第一线的工人和农民，有在抗日战争、解放战争、抗美援朝等战争中立下赫赫战功的战斗英雄，有在敌人心脏里冒着生命危险为党工作的地下工作者，有为保卫人民生命财产安全英勇牺牲的公安战士，有为人民奉献精神食粮的人民艺术家，有传播知识的大学教授和中小学老师，有救死扶伤的医师和努力钻研的科学家，也有为国家建设呕心沥血、献计献策的人大代表和政协委员。他们都为祖国的发展贡献了自己的力量，值得我们学习。书中内容以功臣照片和个人一百字左右简介的形式展示出来，较之前的史料增加了图片史料，有助于我们更进一步了解劳动模范。其中涉及中华人民共和国成立至2000年吉林省的全国先进生产者20人，全国劳动模范13人，全国三八红旗手4人，吉林省劳动模范15人。

① 李永安、高明岐编《中国职工劳模大辞典》，中国工人出版社，1995。
② 《中华劳模大典》编委会编《中华劳模大典》，中国统计出版社，1997。
③ 《中华创业功臣大辞典》编委会主编《中华创业功臣大辞典》，中国统计出版社，2000。

2001 年出版的《让世纪更辉煌——中华纺织劳模大典（1950～2000）》①一书，收集了 1950～2000 年 50 年间纺织史料中的劳模资料，收录了 4500 名劳动模范的事迹、照片，收录了党和国家领导人有关劳动模范的重要讲话，国家及有关部门关于劳动模范的表彰决定，并附有国家关于劳动模范待遇的政策等，是中华人民共和国成立以来唯一的系统、全面记载全国纺织行业先进集体、劳动模范、先进工作者的事迹，以及党和政府对劳模无限关怀的大型历史文献，是一部集理论性、政策性、实用性和资料性于一体的大型工具书。书中记载了 71 位吉林省劳动模范的简单工作介绍。其中被授予全国纺织工业先进生产者称号的有 10 位，被授予全国纺织工业劳动模范称号的有 59 位，被授予全国"五一劳动奖章"的有 11 位。除个人称号外，书中还记载了 8 个被授予全国纺织工业先进集体称号的简单事迹。

2005 年由徐平主编的《延边商务阵赢》②一书中，提到了 2004 年吉林省特等劳动模范柏广新和郭淑芹；2004 年吉林省劳动模范袁秀月、李秉安、南光赫、崔真今、安书君等人；2005 年吉林省全国劳动模范孙国伟、刘德全、卢宗强、韩京爱、王永全、姜成模、李日善、牛印功。

2010 年石油工业出版社出版的《崇尚榜样：60 年英模事迹选编》③一书，主要收录了受到省部级以上的较高奖次表彰，而且在中国石油系统内有着重大影响的先进英模人物和在全国或石油系统做出了突出贡献，并受到中央、社会及石油媒体广泛而深入宣传的先进英模人物，其中对"感动中国"的石油人物和历届党组表彰宣传的重大典型人物进行了详细介绍，并有事迹报道，其余的只列出了名单。其中，提到吉林省全国劳模 19 人，包括 1995 年的张贞泉、刘树林，2000 年的赵文光、刘维彬、焦海坤，2005 年的何天伦、刘成、于力、何树山，2010 年的王金杰、高彦峰、杜海峰、王光军、侯启军、郑秋林，等等。其中还包括：全国先进生产者 18 人（1956～1978 年）；吉林省劳模 87 人（1989 年张立业、周喜录等 9 人，1994 年杨宝明、孙永刚、王虎等 10 人，1999 年董光、张建成等 16 人，2005 年范建坤、赵英民等 23 人，

---

① 杜钰洲主编《让世纪更辉煌——中华纺织劳模大典（1950～2000）》，中国纺织工业协会，2001。
② 徐平主编《延边商务阵赢》，延边人民出版社，2005。
③ 关晓红主编《崇尚榜样：60 年英模事迹选编》，石油工业出版社，2010。

2010 年王毓才、王凤玉等 29 人，等等）；特等劳动模范 5 人（1999 年的刘维彬，2005 年的吴颖、何天伦，2010 年的蔡小平、王景奎）。

以上几部专著都是关于吉林省全国劳模和全国先进生产、工作者的整体性研究的史料。阅读这些史料，我们对吉林省全国劳模和全国先进生产者人物名单及其基本资料有一个简单了解，方便学者进行深入的研究。

第三，除整体性研究外，学界对于吉林省劳模个人的著书立说成果颇丰，其中以全国劳模蒋筑英的传记或者相关研究数量最多。

蒋筑英（1938～1982 年），浙江省杭州人，中共党员，全国劳动模范，1956 年考上北京大学物理系。1962 年，他考取著名光学家、长春光机所所长王大珩的研究生，后一直在该所从事光学传递函数研究工作。1982 年 6 月，蒋筑英到外地工作，由于过度劳累，病情恶化，不幸在成都逝世，终年 44 岁。他去世后，聂荣臻、方毅、胡乔木等领导同志先后发表文章，呼吁社会向劳动模范学习。之后陆续出现了蒋筑英的传记，共搜集到 15 本，其中包括 1982 年的《时代英华：优秀共产党员蒋筑英、罗健夫、赵春娥、张华的事迹》①；1982 年的《知识分子的优秀代表蒋筑英》；1983 年的新华社新闻展览照片 "光辉榜样蒋筑英罗健夫"；1983 年 1 月的《向蒋筑英罗健夫同志学习》；中共吉林省委宣传部的《蒋筑英》；1983 年 3 月的《科学工作者的楷模——蒋筑英、罗健夫、孙冶方》②；庞先健的《连环画：蒋筑英》③；戴焕梅、范凯波编的《蒋筑英的故事》④；张岳琦、郑德荣的《中华魂百篇故事——记农民的好医生李永茂，知识分子的楷模蒋筑英》；王旭东的《蒋筑英》⑤；石仲泉、陈登才的《中国当代英模的故事之五、之六》；石磊的《蒋筑英的故事》；叶卫兵、李昕阳的《高洁无私的襟怀：知识分子的楷模蒋筑英》⑥；焦珊珊的《代代读道德模范 第 2 辑 蒋筑英》；《共和国

---

①　中共黑龙江省委组织部编《时代英华：优秀共产党员蒋筑英、罗健夫、赵春娥、张华的事迹》，黑龙江人民出版社，1982。

②　《科学工作者的楷模——蒋筑英、罗健夫、孙冶方》，云南人民出版社，1983。

③　庞先健：《连环画：蒋筑英》，上海人民美术出版社，1983。

④　戴焕梅、范凯波编《蒋筑英的故事》，吉林人民出版社，1983。

⑤　王旭东：《蒋筑英》，团结出版社，1999。

⑥　叶卫兵、李昕阳：《高洁无私的襟怀：知识分子的楷模蒋筑英》，吉林人民出版社，2011。

劳模》编写组编的《蒋筑英：一生追逐科学之光》①。以上资料主要撰写的是蒋筑英的生平事迹，目的则是歌颂这位知识界的杰出代表，号召大家向蒋筑英同志学习，努力为国家和人民做贡献、谋幸福。

除蒋筑英外，学术界著书立说的吉林省全国劳动模范人物还有侯桂芝、李翠英、苏才昌、崔文轩、沈学信、刘芬江、王亚洲、王大珩、唐敖庆等人。其中有陈星旦主编、吉林人民出版社出版的《王大珩：年谱文集》②，林梦海主编的《高山仰止——唐敖庆和他的弟子们》③。虽然也有传记撰写其他几人，但从质量或者数量来看，都远远不能与蒋筑英相比。除全国劳模外，关于省劳模人物的专著数量也较少，有全国工农兵劳动模范代表会议秘书处出版的《处处带头样样做模范的女劳模郭淑贞》④；1989 年的《蛟河文史资料（第 5 辑）》。国家电力公司政工办的《农民的儿子——贺广庭》⑤ 一书，讲述电力系统行业吉林省劳模贺广庭的光荣事迹。于海涛所写的《诚信筑丰碑　报告文学集》一书中部分篇幅记述吉林省劳模大石头林业局万宝林场场长吴壮的主要事迹。2006 年的《浪淘沙丛书——新闻纪实系列（第 26 辑）》，涉及吉林省劳模王丽梅的主要事迹。2010 年的《一个人的 47 公里》⑥ 主写吉林省全国"五一劳动奖章"获得者电力工人吕清森的模范事迹。王立民所著《爱的雕塑》⑦ 一书展现了吉林省孟凡维从学生到教师，从教师到校长，从校长到全国劳动模范的光荣之路。总体来看，对于吉林省全国劳模人物的传记类史料不多，且比较零散，还有进一步整理和研究的空间。

三　东北（吉林）老工业基地劳模人物
报纸、期刊类史料

首先，报道吉林省劳模人物的报纸主要有《吉林日报》《光明日报》

---

① 《共和国劳模》编写组编《蒋筑英：一生追逐科学之光》，中国工人出版社，2015。
② 陈星旦主编《王大珩：年谱文集》，吉林人民出版社，2015。
③ 林梦海主编《高山仰止——唐敖庆和他的弟子们》，厦门大学出版社，2015。
④ 全国工农兵劳动模范代表会议秘书处编《处处带头样样做模范的女劳模郭淑贞》，全国工农兵劳动模范代表会议秘书处，1950。
⑤ 国家电力公司政工办：《农民的儿子——贺广庭》，新华出版社，2001。
⑥ 秦岩、王江主编《一个人的 47 公里》，吉林人民出版社，2010。
⑦ 王立民：《爱的雕塑》，吉林人民出版社，2010。

《北方法制报》《中国人事报》《延边日报》《工人日报》《辽源日报》《中国职工科技报》《四平日报》《人民日报》《经济日报》《长春日报》《中国石油报》等。其中《吉林日报》《辽源日报》和《四平日报》是对劳模新闻报道最多的报刊。

其次，整理吉林省劳模的期刊类史料。这类史料在中国知网上搜索数量非常少，从国家图书馆、超星图书馆、维普网等途径搜索到的文章总共有 60 多篇。这些文章主要以一个劳模人物为主体介绍其主要事迹，并将其事迹精神用不同的语言概述。这些劳模包括各行各业的辛勤劳动者和突出贡献者，既有全国劳模，也有省劳模，主要包括以下文章。

论述吉林省全国劳模人物的文章有：1983 年许锦贤、吴玉琢、容观莲的《哀思绵绵忆往事　同心振奋学英雄——怀念蒋筑英同志》；1986 年的《全国金融系统劳动模范名单》，任建文的《鞠躬尽瘁创奇迹　为政清廉树楷模——记长春市大检查办公室主任张成兴》，郭丽坤的《普通中学教师的骄傲——记全国劳动模范、特级教师华淑秋》，杨奎臣的《女焊工的风采：石利军》；1994 年的《千里之行始于"足"下：牛玉霞》；王新云的《向全国劳模学习　促进中医药事业发展》；刘勃的《执着追求——记全国教育系统劳动模范、包头市公园路小学校长高建文同志》；曲庆学的《吉林省养蜂科研第一人——葛凤晨》；孟军的《列车的女儿——记全国铁路"劳动模范"、"红旗列车"车长张春成》；王福德的《"冰川"之魂》；《2000 年农垦系统全国劳动模范和先进工作者名单》；2001 年的《亿元村的领头雁——记全国劳动模范、北门村党总支书记王立祥》，《人望幸福树望村——记全国劳动模范齐宝恩》，《为了城市的安宁　记全国劳动模范、长春市人大代表、市治安警察大队副大队长钟臣》，《情系教育事业　记白城市、洮北区两级人大代表、文化小学校长吴佩臣》；2002 年的《创业者之歌——记省劳动模范、扶余化工有限责任公司董事长常东明》；2004 年的《擎起一方天宇　付出丹心一片——记全国劳模，吉林省辽源市中心医院党委书记、院长王绍文》；2005 年的《用铁肩担起责任——记全国劳动模范、吉林省通化钢铁集团有限责任公司董事长安凤成》、《引吭领唱振兴歌——全国劳动模范于力带领吉林石化公司重振雄风纪实》、《不辱使命写华章——记全国劳动模范、吉林石油集团公司董事长、总经理何树山》；2006 年的《既造福一方，又造福后人——记"全国绿化劳动模范"冯树义》；2007 年的《甘为公仆献赤诚——记全国劳动模范纪英林》等 3 篇；2008 年的《"出水芙蓉"的奥运梦——记全国劳模、全国"三八红旗手"、全国花样游泳冠军李婧》；2009 年共 3 篇；2010 年共 3 篇；2011 年 6 篇；2012 年 4 篇；2013 年的《"东北酒王"的内圣外王之道——记全国劳动模范、吉林省白山方大集团董事长宁凤莲》《打造自主创新品牌的民族英雄——追记全国劳动模范、长春大成实业集团党委书记、董事长徐周文》《冷春生：在不断创新中完善自己》；2017 年的《邓凤兰——一生追寻雷锋路》《从蒋筑英到黄大年——透视科技报国精神传承之"吉林现象"》等。

论述吉林省劳模的文章有：万福钟的《她把心血全用在税收工作上——记吉林省劳动模范、税务干部刘淑华同志》；1984 年的《把青春献给计划生育事业——访吉林省特等劳动模范、计划生育专职干部谭玉玲同志》；强晓初的《学习谭玉玲发扬革命献身精神》；全继罡的《钢铁铸成的脊背 省特等劳模 张玉文》；郑卫国的《她在默默耕耘：王晓华》；1990 年的《贵在十七年如一日——记内蒙古自治区通辽市余粮堡粮库门卫优秀共产党员薛有同志的先进模范事迹》；舒梧的《锐意改革进取开创企业发展新路——记吉林省劳动模范、优秀企业家于志刚》；唐梦馥的《在科研路上……——记吉林省劳动模范、高级工程师黄慧芳》；付红枚的《让档案工作与企业发展同步——记吉林省劳动模范、蛟河贮木场场长兼党总支书记徐广祥》；申作勤的《事故克星 全宗林——吉林省特级劳动模范》；1996 年的《胸外科专家于本泉》；张奉清的《爱心献孤儿》；1998 年的《当工人就要当个好工人——记吉林省劳动模范付少峰》《女儿情》；1999 年的《晚霞更辉煌——记吉林省劳动模范、双辽种羊场高级兽医师魏广祥》；2000 年的《铁骨潮头站 啼血唤春风——记吉林省劳动模范、省京剧院院长、国家一级演员欧阳甲仁》《从普通农民到农业专家——记省劳模、高级农艺师张卫中》《满目青山夕照明——记吉林市昌邑区人大代表常镇钢》《鲁晓敏》；2002 年的《以外号闻名的十六大代表——陈云莲》；《兰台润"瑞雪"创业逐波澜——记科技示范户李怀财的档案情怀》《金色盾牌的赞歌——记全国优秀人民警察、延边州公安局副局长、延吉市公安局局长金光镇》；2003 年的《呕心沥血创伟业 挥洒人生育英才——记吉林省孙进教育集团董事长、吉林省孙进技校校长　孙进》《飘扬的旗帜　记省人大代表李兆友》；2004年《心灵深处是太阳——记吉林省劳动模范、长春市第一实验小学校长兼党总书记姚国华》《浓墨重笔写华章——记省劳动模范、长春大学党委书记王彤》；2005年的《吉星高照辽河畔——访吉林省劳动模范、双辽市辽西街吉兴村党支部书记赵品青》《从装卸工到大老板——记吉林省劳动模范李万升的创业之路》《只为春光媚满园——记吉林省劳动模范、长春市南关区教育局党委书记、局长张亚媚》《拉动中国汽车的骏马——记吉林省特等劳模、一汽技术中心总工程师李骏博士》《责任重于泰山——全国人大代表、中国银监会吉林银监局局长肖玉淮履行工作职责纪实》；2006年的《忘我奉献写春秋——记吉林省劳动模范、长岭县第三中学校长李沐栋》《不倒的"小车"——记吉林省特等劳动模范、长春工业大学材料学院教授周振华》《情系农经　大有可为——记吉林省农村经济管理总站站长、省劳动模范张伟光》；2007年的《胸怀"大化纤"，开创吉林化纤新纪元　记全国"五一劳动奖章"获得者、吉林化纤集团董事长王进军》等5篇文章；2008年共2篇文章；2009年2篇；2010年2篇；2011年2篇。

　　吉林省全国劳模和省劳模人数过多，因而学界不可能对其进行一一详尽的研究，现有期刊文章不是很多，当然也存在收集资料不全面的问题，总体来看，对吉林省劳模的史料还可以进行更广泛、深入的研究。

四　东北老工业基地（吉林）劳模人物影视类、实物类史料

　　第一，吉林省劳模人物影视类史料，网上搜索到的内容很少，只找到关于全国劳动模范蒋筑英的一部电影。电影名字为《蒋筑英》，1992年由长春电影制片厂出品，影片通过一个个的回忆片段，描写了蒋筑英"刻苦学习、才华横溢、不计名利、为四化鞠躬尽瘁，坚持马列、光明磊落、忘我工作、对祖国无限忠诚"的光辉一生，生动地塑造了蒋筑英这一血肉丰满的艺术形象。影片主题深邃，结构精巧，形象丰满，情节生动，编剧王兴东，导演宋江波，主演巍子、奚美娟等，是第二届精神文明建设"五个一工程"获奖作品。

除此之外，还有 2015 年 4 月 28 日拍摄的一则"吉林省劳模公益广告"，该公益广告以"为创业创新喝彩 为劳动劳模点赞"为主题，由中共吉林省委宣传部、吉林省总工会联合摄制，先后有吉林省参加庆祝"五一"国际劳动节暨表彰全国劳动模范和先进工作者大会的同志以及一汽、吉化、敖东制药、吉林油田、长春轨道客车等企业的数百名劳模、一线职工参与拍摄，时长 30 秒，目前在 10 多个电视频道、10 多个网站播出，以期让全社会兴起创业、创新之风，让广大工作者都向劳模同志学习，发扬劳模精神。

第二，有关吉林省劳模人物的实物史料，由于能力有限，目前只查到蒋筑英科技馆、吉林省革命博物馆和王大珩纪念园、王大珩铜像。2008 年 1 月，以我国著名光学家蒋筑英的名字命名的科技馆，在其母校杭州市抚宁巷小学开馆。新开馆的蒋筑英科技馆由蒋筑英纪念馆、科技基地等部分组成。馆内收藏的图片、文字以及实物资料翔实地呈现了蒋筑英的生平事迹，馆内的科技基地还陈列了魔幻球、机器人等各式各样的科技展品，参观者可以亲身体验科技的魔力。吉林省革命博物馆是中国专门从事宣传和研究吉林近现代革命历史的博物馆。其位于吉林省长春市，1978 年 12 月成立，该馆建筑面积 5000 平方米，有藏品 20752 件。其中有蒋筑英同志先进事迹展览模块，其余主要是一些革命先烈的英勇事迹和实物展览。

2011 年 9 月 29 日，著名科学家、教育家、两院院士王大珩先生铜像在长春理工大学（原长春光机学院）揭幕。铜像矗立在该校东区第一教学楼前广场，铜像总体高 3.15 米。这是为了表达对老校长的敬仰和爱戴之情，更是为了弘扬他的伟大精神，推动学校持续健康发展，激励青年学子成长成才。2012 年 9 月 11 日，位于净月潭国家森林公园的王大珩纪念园正式开园，王大珩铜像同时落成揭幕。该纪念园占地面积 8000 平方米，园内敬立一座 3.6 米高的王大珩先生坐姿铜像，俯瞰整个净月潭湖面。这是为了更好地展示中国光学泰斗王大珩先生一生的丰功伟绩和科学精神，深切缅怀这位功勋卓著的科学家。

通过对以上各种史料的梳理，笔者认为学术界对于吉林省劳模人物的研究倾向大体一致，大多还是停留在介绍先进事迹方面，对于现在的启示性研究较少，主要是一些实物史料较少，且不易搜索，口述类史料的研究进程还需进一步加快。

第一章 20世纪50~60年代东北（吉林）老工业基地全国劳动模范

施玉海

施玉海（1901~1981），河北省阜城县邓庄村平民家庭出身，1939年来到日伪统治下的西安煤矿（今辽源煤矿）做下井矿工。东北解放后，广大矿工翻身当家作主。在党的领导和教育下，施玉海积极投入西安煤矿的恢复生产运动之中。从1947年起，作为组长的施玉海带领"八一"采煤小组，创造出以正规作业为主要内容的安全生产成功经验，连续7年无人身伤亡事故，并年年超额完成煤炭生产任务。1948年10月，施玉海光荣加入中国共产党。1950年，施玉海被评为"全国工农兵劳动模范"，出席全国工农兵劳动模范代表大会，并受邀参加1950年10月国庆庆典和全国政协第一届第三次会议，受到毛泽东、刘少奇等党和国家领导人的接见。1951年5月，全国煤矿工会号召全国煤炭工人学习施玉海采煤小组的成功经验。1954年他当选全国人大代表，出席了第一届全国人民代表大会。1956年施玉海调任中国煤矿工人大连疗养院任副院长，1966年退休，1981年2月28日在大连病逝，终年80岁。

20世纪初的中国，民族危机深重，中华民族在资本—帝国主义列强掀起的瓜分狂潮中，艰难度日。以义和团运动为代表的不甘屈服的中华儿女，以血肉之躯手握大刀长矛，抗击着侵略者的洋枪洋炮。腐朽至极的清王朝，像1840年鸦片战争以来的历次对外抗争一样，毫无例外地再次选择了屈服于侵略者。与之前的不同之处，在于进一步刺激了穷凶极恶的资本—帝国主义列强，使其变本加厉地搜刮中国的财富，奴役中国人民，中华民族最终沦为半殖民地半封建社会。施玉海就出生在这样一个中华民族屈辱、沉沦的时代。

1901年，施玉海出生于河北省阜城县邓庄村一户平民家庭，由于家庭贫困，18岁的施玉海外出山东给船主当纤夫。1939年为了生计，施玉海一家三口来到日伪统治下的西安煤矿，成为一名下井采煤工人。1931年"九一八"事变后，西安煤矿被日本关东军占领，并在原有基础上扩大生产规模，在这里筑起一个拥有16个课（所）、75个系和42个柜头的"满洲炭矿株式会社西安矿业所"。[①] 在日伪统治下的厂矿，矿工们每天都要在看守军警的逼迫下在坑下采煤12个小时以上，有的甚至累得吐了血，却过着"吃橡子面、糠菜和喝凉水"的生活，被称为"会说话的牲口"，终日衣不遮体，不得温饱。第二次世界大战后期，随着世界反法西斯同盟国家的共同艰辛努力，世界三大法西斯国家已到穷途末路之境。为做最后的垂死挣扎，日本军国主义法西斯侵略者在其侵略政策后方基地的中国东北，竭力推行"以人换煤""人肉开采"的疯狂的毫无人性的资源掠夺政策。其采用大冒顶等高落式采煤法，顾煤不顾人，穷凶极恶地开采东北的煤炭资源，伤亡事故几乎是天天都有，重大事故频繁发生，矿工们把煤坑看作"矿山地狱"。[②] 后来施玉海回忆道："天天都要从煤洞子里往外抬人，不是死就是伤，大批煤矿工人被夺去了生命。"而矿工们的家庭更是"年年少吃无穿，住间破土房，炕上除了一床破了开花的被子外，别无所有"[③]。

作为12名采煤矿工小组组长的施玉海，时刻牢记"别人不把我们当人看，我们自己要把自己当人看，保命是第一位"的思想，为了保护矿工的生命安全，他同工友多次同日本监工和汉奸把头进行机智勇敢的斗争。

安全生产是煤矿生产的中心环节。1947年6月西安煤矿解放后，广大矿工翻身做主，成为掌握自己命运的主人，生产热情高涨。为了尽快恢复

---

① 中国人民政治协商会议辽源市委员会文史资料委员会编《辽源文史资料·第3辑·解放前后的西安煤矿专辑》，1990。

② 《煤矿安全生产模范施玉海——工农兵劳模大会工业代表介绍之十》，《人民日报》，1950。

③ 施文祥、刘静秋：《施玉海家庭》，载工人日报社文艺组编《人财两旺》，工人出版社，1951。

生产，西安煤矿快速开展矿区民主改革和制度建设。当时，恢复生产最大的障碍就是不安全因素的问题。《安全章程》是西安煤矿制定的第一个规章制度。施玉海曾说："坑内干活保安为首要，只有生命安全才能谈得上生产。"① 平日里施玉海对事故一刻也不放松防御，像防御敌人一样。他认真执行交接班制，每次都是提前入坑，细心地倾听上班交代的各种情况，并按其情况检查顶板、砂子垛、采积场、棚子等有无变化、是否牢靠，排风道有无阻碍风流的地方，电线接头好不好，打眼毛头等工具有无毛病，开闭器是否灵活。他对这一系列的检查工作已经非常熟悉了，没有一次忽略掉。检查完了，他先向大家报告情况，再分配工作，并到每个人工作的地点再检查一次安全问题，自己才去工作。在施玉海的带领下，全组成员高度重视安全工作，组内定期召开小组会议研究开采场地的安全问题，并吸取别组在安全问题上的经验教训，改进作业方式。

1949年，西安煤矿在苏联专家的指导下，号召推行新采煤方法——用分层长壁式采煤法来代替高落式（大冒顶）采煤法，施玉海第一个响应了。施玉海第二天就开动员会，并利用在掌子里休息的时间，以旧采煤方法危害生命安全的实例，对工友进行动员教育，鼓励工友接受新的采煤方法。实行正规回采后，他就日夜用脑子想，琢磨如何去找煤层、沙口、勤沙墙子……他虚心地向技术人员学习，和老工友研究商量，很快成为一个熟练的正规回采作业者。根据小组的特点，他总结出每个工序的操作程序，规定了打眼、放炮、支柱、放顶4个工种的安全要点，建立了交接班、场子内检查、质量挂牌、煤质三拣、安全喊号5项生产制度，形成了一整套的科学管理方法。为了消除煤炭生产中的水、火、瓦斯、煤尘等自然灾害，施玉海采煤组建立了安全检查组织，制定了检查程序，严明了劳动纪律。这些科学的安全生产管理办法，把日伪时期那种伤亡率高、回采率低（只能采出蕴藏量的30%）的大冒顶采煤法，改为回采率高（能采出蕴藏量的60%~80%）、伤亡率低的分层正规采煤法，开创了煤矿安全生产先例。工友们从实际的体验中，看到了安全问题的改善，也看到了产量一天天提高，自己的工资也多了，因此坚定了推行新采煤方法的决心。施玉海的小组实行新式采煤法后，

---

① 《为东北煤矿建设而斗争的人们》，中国煤矿工会东北区委员会文教部，1950。

每日产量由 1.53 吨增至 1.61 吨，纯采煤效率由 3.85 吨提到 4 吨。施玉海生产小组成为西安煤矿乃至全国各大煤矿既超产又安全、无事故的典型，施玉海被工友称为"煤海英雄"。

1950 年，在共和国国庆一周年来临之际，施玉海、刘茂有等 5 位东北劳动模范，写信给沈阳市劳动日报社，说明他们订下了生产计划和保证生产的条件，为国庆日做献礼，后经《人民日报》原文转发。在信中施玉海满怀深情地写道："中华人民共和国第一个国庆日就要到来了，并且还要举行全国战斗英雄和工农兵劳模两个代表会议，真使我高兴得了不得。我为了迎接国庆节和工农兵劳模代表会议，拿我一点点的力量和过去在实际工作中摸到的点滴经验，领导我们小组订了一个生产计划。现在让我告诉你们吧：一、保证安全生产不发生责任事故，做到不伤人不死人；二、全班彻底执行责任制，遵守各种制度，不违犯劳动纪律，出勤率达到百分之九十六以上；三、保证在安全生产条件下要超过任务百分之二十；四、保证节省原材料，坑木减低百分之二十，火药减低百分之三十；五、保证全组团结并作到全班（一、二、三班）团结；六、全组参加技术、文化、政治等学习，提高文化、政治、技术水平。"① 1950 年 10 月，施玉海被特邀参加国庆典礼，并出席全国工农兵劳动模范代表大会和全国政协第一届第三次会议。施玉海家中"雪白的墙上挂着毛主席和朱总司令的照片，两旁挂着劳模生产奖状，还有出席全国劳动模范代表会议的照片……炕上铺的是在北京开会时毛主席发的毯子"②。同年 11 月，施玉海被选为中国矿工代表，出席在布拉格召开的国际矿工节第二届代表大会。

1951 年 5 月 1 日，施玉海生产小组通过《工人日报》向全国煤炭工人倡议开展安全生产友谊竞赛，形成了全国性的煤炭安全生产群众运动。其间，上海电影制片厂摄制"安全生产旗帜施玉海"专题片在全国上映。施玉海采煤组先后受到中央人民政府、煤炭工业部、全国煤矿工会、辽东省政府省级奖励 15 次以上。

① 《东北劳模代表刘茂有等五人订生产计划和保证书为国庆节日准备献礼》，《人民日报》，1950。
② 施文祥、刘静秋：《施玉海家庭》，载工人日报社文艺组编《人财两旺》，工人出版社，1951。

聚焦全国劳模施玉海的整个人生历程，他亲身经历从日伪残暴统治的旧社会到中国共产党领导中华人民共和国的新社会。在人民当家作主的新社会，施玉海不但迎来了自己人生的"春天"，整个中华民族也站了起来，施玉海本人更是由苦难到美好新时代的典型缩影。

编辑：田鹏颖　刘拥峰

王亚洲

王亚洲 (1911～1971)，男，原名王九龙，吉林省磐石县人，中国共产党党员，我国电石生产的第一代工人工程师，历任吉林江北化学电石厂工人、厂长，吉林四平联合化工厂电石车间主任。他一生都在不断钻研电石生产技术，为我国电石工业的发展解决了很多难题，做出了巨大的贡献。王亚洲 1950 年、1956 年先后在全国工农兵劳动模范代表会议、全国先进生产者代表会议上被授予"全国劳动模范"和"全国先进生产者"称号，并多次受到毛泽东和周恩来等中央领导同志的接见。

1911 年，王亚洲出生于一个贫苦的农民家庭，当时的中国正处于风云变幻的时期，底层人民群众的生活极其困苦。清廷灭亡之后，在北洋军阀统治下，中国更是混乱不堪。王亚洲就是在这样的背景下度过了自己的童年。在 1922 年王亚洲 11 岁时，他的父母相继过世，年少的他只能靠给地主放猪、扛活度日。1931 年日本帝国主义占领了东北三省，给中国尤其是东北三省的人民带来了深重的灾难。1939 年，为了掠夺中国的资源，日本在吉林省磐石县明城镇建立了石灰石矿，处于社会底层的王亚洲被迫到该厂当劳工。1941 年，王亚洲又在日本侵略者的压迫下被转到伪满株式会社吉林化工厂电石厂当劳工。王亚洲命运很坎坷，生活充满了苦难，但是这也使他变得更加坚强，同时也增加了他的工作经验，为以后解决技术难题奠定了基础。

1945 年，在中国共产党和国民党以及整个世界的反法西斯同盟的帮助下，中国的抗日战争终于迎来了胜利，吉林市江北化工厂也回到了祖国的怀抱中，王亚洲继续留在厂里，并将精力全部放到了工作中。在中共吉林市地下党的领导下，他和工友们利用所存的变压器与电极，在被日本侵略军破坏了的电石车间，修了一座100瓦的电石炉。1946年6月，战争爆发，国民党军队"接收"了吉林市江北化工厂。他们拆房屋、卖设备，中饱私囊，刚刚修复的电石炉成了一片瓦砾。面对这种情况，王亚洲痛心疾首，并于1948年加入了革命的队伍中，成为反对国民党反动统治的一员。同年3月吉林市解放，他回到吉林市江北化工厂工作。1949年2月，为早日恢复生产，厂里决定派他带领10余人，抢修明城子车站到矿山的铁路。施工过程中他合理地调动人力，很快就完成了任务。回厂后，发现制碱厂的电炉烧毁，他受领导之托前去进行修整。当时炉火还没有熄灭，他检查过后认为应该用水浇，但是很多人都觉得这是违反常规的，怕会爆炸。王亚洲全然不顾危险，为了恢复生产，把生死置之度外。他一个人坚持浇水3天，又在电炉的高温和瓦斯气中，用15天时间进行修补，终于使电炉恢复生产。可王亚洲却因修炉而被呛得吐血，被送进了医院。1949年6月他光荣地加入了中国共产党。

1949年7月，工厂开始恢复生产，厂领导把恢复生产电石的任务交给了王亚洲。当时整个工厂一片废墟，为了早日生产出电石，填补我国电石生产上的空白，他把行李搬到厂里，吃住在炉旁，和大家一起讨论，带领工人们在废旧堆、厂房周围以及炉边找之前的一些生产设备零部件和材料，用以修复电石炉。接下来，他和伙伴们发挥了自己的聪明才智和创造力，克服各种困难，仅用很短的时间就将专家判定两年才能恢复的炉电石修好且顺利出炉。这不管从数量还是质量来说，都远远超过了伪满时期的水平，是中华人民共和国成立后的第一炉电石，填补了我国电石生产上的空白，是我国化学工业的新开端。

王亚洲善于开动脑筋搞革新，生产中遇到的技术难题，他都一一攻克，为企业的发展做出了巨大的贡献。有一次，电炉炉温过高，铁水不断外溢，如果铁水流到炉体的耐火砖与铁板中间去，整个炉体将会被烧坏。在这紧要的关头，王亚洲赶到现场，仔细检查才知道是原料配比不当，果断调整了原料配比，顿时止住了铁水外流，避免了停炉事故的发生，为国家挽回了经济损失近10亿元（旧币）。王亚洲还用土办法解决生产中遇到的问题。有一次，电石炉卷扬机上的电机坏了，只好用手摇，操作工人上下楼跑动，既累，生产效率还低。王亚洲就从配电盘室到卷扬机电机处，安了约30米长的铁管进行送话，上下楼可以直接通话联系，节约了上下楼来回跑的时间，职工们都认为"王师傅这个办法真好"。

1950年7月，王亚洲向厂领导提出"安全生产月，坚决消灭事故"的建议。他带领全车间职工，排除了各种事故和隐患，保证电石炉的安全运行。同年7～9月，做到了安全生产100天，提前完成了国家下达的生产任务。这一年，他被选为劳动模范，光荣地参加了中华人民共和国成立后的第一次国庆观礼，受到了党和国家领导人毛主席、周总理的接见。1951年，他担任电视车间副主任，不久，组织派他到东北化学工业管理局干部训练班学习，由于学习刻苦，他被评为学习模范。同年6月，他在报纸上公开给毛主席写信，汇报他的工作和学习情况。同年9月，毛主席亲自签署了中央人民政府任命他为吉林省人民政府委员的通知。同年，他又参加了国庆观礼，又一次见到了毛泽东主席。1952年，他出席吉林省工农兵劳动模范代表会议，被评为一等模范管理员，他所在的电石车间被评为全省先进集体。

1953年，王亚洲响应党和政府开展爱国增产竞赛运动的号召，在电石炉"调合外"操作法上进行大胆的尝试。他经过科学的计算，画出了一张"原料配比图表"。工人们严格按照这张表操作，使电石日均产量由31.6吨提高到32.4吨，为生产逐步科学化开创了一个良好的开端，受到厂和市领导的肯定。为了改善工人的劳动环境，他提出了防热、防烟、防毒的"三防"措施，和工人们共同研制出炉口的"防烟罩"和"防护板"。工人们因此编了一个顺口溜："王亚洲，是英雄，哪里关键哪里冲；王亚洲，是好汉，操作环境他改善；王亚洲，智无穷，技术革新带头行；颂英雄，赞好汉，安心本职拼命干"。1954年，他出席吉林省第四次工业劳动模范代表大会，被评为一等模范职员。1956年，他出席全国先进集体、先进生产者代表会议，再次成为全国劳动模范。

1958年3月，王亚洲响应党关于支援重点工程的号召，主动要求调任吉林四平联合化工厂电石车间主任，负责筹建电石炉，他决心建设中国第二个电石炉。他到任后，拿出了当年恢复电石炉生产的那股干劲，带领车间全体职工，利用废旧材料，把日伪时期留下的两台10千瓦电机合在一起，改装成一个200千瓦的小电石炉，这是全国第二台电石炉。这一年，他又出席了吉林省工业交通劳动模范代表会议，被评为劳动模范。1959年，他投入兴建全省重点项目之一的一万千瓦电石炉的工作中。1961年，一万千瓦电石炉建成投产。到1963年，该厂电石生产的各项经济技术指标都列为全国同类型炉的一流水平。同年，他再次出席吉林省工业财贸先进生产者代表会议，被评为劳动模范。

王亚洲积劳成疾，身患八型肺结核，厂领导多次劝他就医休息，而他坚持上班。他带兵坚持工作很长时间，解决了不少生产技术上的难题。他刻苦钻研电石生产技术，对大电石炉设计不断提出改进措施。如加料装置，改为漏斗式的活动加料口；由手工加料改为自动加料；出炉用的烧穿装置，由笨重的改成了自动的，大大降低了工人的劳动强度。

虽然取得了如此大的成就，但他并没有将这些技术和经验看作自己的私有物，他认为这些都是党和人民给的，因而不仅将自己的技术经验耐心地传授给了青年工人，而且先后到北京第二化工厂、上海吴淞电石厂、抚顺化工厂等单位传授技术，希望将技术经验传承并发扬光大。之后王亚洲没有停止技术的革新，他依然带领全车间的工人和技术人员，不断改进技艺，不断提高操作水平，增加了电石的产量，电石质量也在不断提升，到1966年，特级品的产量占到了85%。王亚洲被誉为"电石专家""电石之王"。

不幸的是，"文化大革命"中，他受到"四人帮"的迫害，被扣上了"反动技术权威""三开人物""崇洋媚外"等帽子，遭到了残酷迫害，于1971年逝世，享年60岁。1978年，党组织为王亚洲平反昭雪，恢复了名誉。

王亚洲为我国电石工业做出的贡献，将会永远激励着后人，他不断创新以及大公无私的精神，也会永远闪闪发光。

编辑：田鹏颖　李彦儒

苏长有

苏长有（1925~1981），男，辽宁省开原县人，中国共产党党员，原东北工业部建设工程公司哈尔滨工程处瓦工班长，曾任吉林省通化市建筑公司副经理、中国建筑工会生活保险部副部长、通化市建委副主任。他是中国"分段连续砌砖法"——"苏长有砌砖法"的创造者，中国建筑战线上的著名劳动模范。"苏长有砌砖法"不但为中华人民共和国的建筑业科学地组织劳动力和劳动开创了一条新路，而且极大地启发了其他工程解放思想、合理改进劳动组织。后来的木工流水作业法、抹灰流水作业法等一批先进操作法，就是在"苏长有砌砖法"的启发下改进、创造出来的。苏长有也因此被授予"全国劳动模范"称号，并于1951年国庆节受到了毛主席的接见。苏长有于1953年出访波兰、苏联等国家，是我国第一位出国访问的建筑工人。

苏长有出生于动乱不安、风雨飘摇的旧中国，他的父母都是贫苦的农民，在父母的庇佑下度过了13年的童年生活之后，不幸来临了。1938年他的父母在饥寒交迫中双双去世，他从此成为孤儿，很长一段时间只能靠沿街乞讨为生。后来有好心人给他介绍，让他去给瓦工把头当徒工。四年的学徒，吃的是"猪食"一样的饭菜，过的是牛马一样的生活，整天替安家抱孩子、挑水、倒夜壶、干杂活，根本学不到任何技术。所以他偷着跑了出来，到开原另一个把头下当学徒，偷偷学会了一些砌砖技术。

1949年，人民解放了，苏长有也获得了新生。在旧社会吃尽苦头的青年人，无比热爱现有的幸福生活，将满身的干劲投入到了中华人民共和国的建设中。同年9月，苏长有参加本溪煤铁公司基本建设工作，不久由于表现优异，被提拔为瓦工班长。一天，他带领着工人在太子河附近维修宿舍。因为天热，工人们就把上衣都脱了，苏长有看到有的工人背心上印着"劳动模范"四个字，就向他们打听从哪里买的。结果发现这是政府奖励给有突出劳动贡献的工人的，买不到，而且成为劳动模范后还可以见到毛主席。苏长有大受鼓舞，下定决心，一定要好好劳动，为社会主义多做贡献，成为劳动模范。就在1949年这一年，他鼓足干劲，努力劳动，他带领的班连续获得11次奖励，年底他被评为本溪煤铁公司的二等劳动模范。

1951年1月，苏长有和他的瓦工班被调到哈尔滨市工程处。5月，工程处承建哈尔滨亚麻厂的7栋职工宿舍，苏长有担任工程处瓦工中队瓦工班长。当时正值国民经济恢复时期，东北地区的任务十分繁重，国家缺乏建筑技术人才，一些技术工人思想保守，不愿意将自己的技术传给别人。瓦工队中只有苏长有等8个人会砌砖，多数是学徒工，不会砌砖，要完成任务困难很大。当时国家规定的劳动定额是每人每天必须砌砖1200块，苏长有的班里，大多数工人完不成定额。一天，工程处的技术工人和技术人员到公司听工程师邓恩诚作"亚麻厂工地试行苏联舍尔科夫砌砖法"的报告，这种砌砖法就是要在工种和工种之间实行流水作业，砌砖工和徒工之间实行合理分工，以提高工作效率。

听完报告之后，苏长有对此进行了深入的思考，他认为这个经验可以培养徒工，提高工作效率，但是，想到工地的施工情况，他又觉得有些困难。主要是施工地工作段面积狭小的问题，10来米长的工作段要站10来个人，脚手架只有1.2米宽，既要放灰浆、红砖、水桶，又要给普通工人留出运料通行的地方，地方根本不够。所以应该先解决这个问题。第二天，天还没亮，苏长有就起床，带着徒工高珍上了工地。开始因为不熟练，两个人的动作总是不一致，他们边干边研究，高珍提出一次递4块砖，这样苏长有砌墙时就不用等砖了。工人们上班之后，经统计发现，他们两个人在这个时间里一共砌了1300块砖，提高了工作效率，而且质量完全合格。在公司工作组的建议下，苏长有小组由2人一组改为5人一组，由技工带徒工，2个技工砌里外皮，3个徒工分别递砖、铺灰、填心、灌浆。试验结果是，2名技工和3名徒工在两砖半宽的单面清水墙上，一天共砌砖6600块。

接下来，苏长有为提高效率，决定将舍尔科夫"三段砌砖法"结合自己的实践经验加以改进，由5人小组改为4人小组，2个技工带2个徒工。同时采用合理分工：一等瓦工挂线砌外皮；二等瓦工砌内皮；徒工摆砖、铲灰、填馅、灌浆、挑砖、和灰。另外配备运输小组，负责其他工作。这样每个人的工作都是单纯而有节奏的，质量有了保证，还降低了劳动强度。过去一等瓦工要一手包做8种工序，而不论技术高低都使用一根准绳，导致互相等待，平均砌一块砖要用16秒钟，现在只需要用4秒钟，徒工和师傅一起操作，还能从实际中得到锻炼和提高。这样的合理分工砌砖法试行的头两天，尽管工人们不熟练，但仍然取得了好成绩，平均每人每天超过定额110块。几天后，工人们普遍熟练地掌握了要领，平均每人每天超过定额50%。这种砌砖法被有关部门定名为"分段连续砌砖法"，又称为"苏长有砌砖法"，并在公司推广。

苏长有创造的"分段连续砌砖法"将分散的个体手工业生产，经过科学的分工，合理地组织起来，提高了劳动生产效率。过去该公司规定每人每天砌砖 833 块，自从推广了"苏长有砌砖法"后，平均每人每天砌砖 1900 块，超过定额 128%，既保证了质量，又培养了技术工人，为国家创造了大量财富。这种方法还被其他工种采纳，木工组提高效率 300%，抹灰组提高效率 60%。全国建筑业实行这种方法后，生产效率提高 50%。"苏长有砌砖法"启发了其他工种，改进了劳动组织，又创造出木工流水作业法、抹灰流水作业法等先进操作法。因而他的小组在武汉钢铁公司的建设中，获得了先进生产者光荣称号。1952 年 5 月，苏长有被评为东北地区一等劳动模范。

　　1952 年，工业部在《关于建筑企业中推行新砌砖法与改进劳动组织的决定》中指出："工业部研究了哈尔滨亚麻厂推广苏长有先进砌砖法的经验，认为这一先进经验是好的，劳动生产率突破定额 128%，质量也同时提高"①。同时还指出新砌砖法的特点是："在劳动组织上有根本的改进，在砌砖过程中，由过去个人手工业方式进行生产，变为连续式生产。结果一个 8 人的小组中节省了 5 个技工、节省了 5 套工具，效率提高了 20%，质量较好，消灭了废品。"总之，"苏长有砌砖法"的出现，掀起了建筑工业中一系列的改革运动，这是中国建筑工业在生产方法上革命的开始，是建筑工业中增产节约的主要途径，是加速我们国家建设进程和在建筑工业中培养劳动后备力量的重要源泉。

　　苏长有具有突出贡献，所以在 1953 年作为工人代表的一员出访了苏联、波兰等国家，成为我国第一位出国访问的建筑工人。他还将其出国见闻口述由别人整理成书，给我们留下了珍贵的史料。1956 年 7 月，苏长有调到北京，任中国建筑工会生活保险部副部长。他曾被选为中华全国总工会第六届、第八届全国委员会执行委员。1981 年 1 月，苏长有在通化市逝世，终年 56 岁。

　　无论作为一个平凡的瓦工还是之后的领导干部，苏长有始终以一个普通劳动者的标准要求自己，他经常深入工地，和工人同劳动，与工人打成一片，并且经常与青年工人谈心，讲述在旧社会中自己所受的苦，以及在

---

　　①　江涛主编《吉林党史人物·第八卷》，吉林大学出版社，1991。

新社会中的甜，教育青年工人要做企业的主人，要有不断创新的精神，不能过于保守。苏长有这种不拘泥、不保守、敢于实践、大公无私的精神，为我们国家的建筑业做出了巨大的贡献，永远值得我们学习。

编辑：田鹏颖　李彦儒

刘子玉

刘子玉（1926～），男，直隶（今河北）玉田人，我国著名的保温材料专家，中国共产党党员，1962 年毕业于长春职工业余大学建筑工程系，历任长春市保温材料厂技术员、副厂长、厂长、副总工程师、总工程师。1955 年，刘子玉主持研制成功我国第一批保温材料矽藻土保温砖，建成我国第一座无燃料循环窑，以轻质砖、泡沫砖、吸音砖等产品为主，远销 10 多个国家。投身保温材料行业几十年以来，刘子玉先后对多项技术进行创新升级，研制成功 10 余项重要的技术发明，填补了我国保温材料的空白。刘子玉的科研成果在很多领域已经达到了国际先进水平。1974 年研制出连续铸轧铝板供料嘴，后研制成功我国最新型熔触指数仪保温圈，1977 年以来与团队共同研发出我国电厂急需的建筑材料——保温砖，列车电站锅炉所需的泡沫轻体砖和新型轻体建筑材料，填补了我国保温工业的技术空白，为国家节省了大量的资金和外汇。1956 年、1959 年、1979 年，刘子玉被授予"全国先进生产者"称号，1979 年被授予全国劳动模范荣誉称号。1982 年，刘子玉当选为中共吉林省委委员。

1940 年，14 岁的刘子玉随父母逃荒到东北，进入吉林省九台县一个日本人开的陶瓷厂当童工。中华人民共和国成立后，只有小学二年级文化水平的刘子玉深深感觉到知识的匮乏，他意识到以自己目前的能力，想要为国家工业发展做出重要贡献是不符合实际的。他自学了数学、物理、化学、工艺学、耐火材料工艺学、硅酸盐工艺学、地质学、矿物学、微生物学等多学科的知识。

1949 年刘子玉光荣地加入了中国共产党，他立志要为党和国家的保温材料工业发展奋斗终生。1955 年以前，我国的保温材料全靠从苏联进口。为了节省外汇，上级责成刘子玉所在的吉林省耐火材料厂研制新型保温材料，以代替进口的保温材料。这项科研工作的担子最终落在刘子玉的肩上。他和工人、技术人员一起，刻苦钻研新产品的性能，反复试制适合新产品的材料，经历了无数次的失败后，终于在 1955 年研制出我国第一批保温材料——矽藻土保温砖，代替了苏联的保温材料——苏维利特板。当时把这两种材料同时做对比试验，试验结果证明，我们的矽藻土保温砖的理化性能超过了苏维利特板。当时，苏联专家还自负地认为中国生产的保温材料不能代替苏维利特板。但是，事实证明了一切，从此我国结束了保温材料靠进口的历史，填补了我国一项技术空白。仅这一项科研成果，1958～1963 年就为国家节省外汇折合人民币 1600 多万元。由于这项贡献，刘子玉被选为全国先进生产者，光荣地出席了 1956 年全国先进生产者代表会议。

由于吉林省耐火材料厂设备陈旧，保温材料的生产不能满足生产需要。刘子玉带领大家一起解放思想，大胆创新，建成国内外窑业史上从没有过的"烧砖不用煤，见火不见灰"的无燃料循环窑。中央许多领导同志都来视察过。他们给予了很高的评价，说它是"社会主义永不熄灭的火焰"。这个窑从 1959 年到现在，一直都在使用。这种窑已推广到全国，不仅每年可为国家节省煤 2000 多吨，而且大大提高了生产效率和保温砖的质量。由于刘子玉开创的无燃料循环窑为国家所做的贡献，他出席了 1959 年的全国群英会，第二次被选为全国先进生产者。

在"文化大革命"时期，吉林省的工业发展停滞不前，在那艰难的岁月里，刘子玉遭到了各种诬陷，被扣上了各种各样的"帽子"。刘子玉信念坚定，他认为这些苦难都是暂时的，一切都会重新好起来。刘子玉被下放到农村劳动改造，在当地他利用自己烧砖的技术，帮助农民建房，为百姓造福，帮助这个偏远的山村建起了红砖新房。

1973 年，刘子玉回到了长春保温材料厂，他决心通过更加努力的工作，来弥补国家的损失。重新上班后，他被任命为革委会副主任、副总工程师。为了尽快降低工人的劳动强度，提高产品质量，他接受了耐火车间七十米大型隧道窑的主体设计和工程指挥工作的任务，日夜和技术人员、工人生活战斗在工地上。

1974 年，刘子玉担任了党委书记兼厂长、副总工程师，担任领导职务的刘子玉增加了许多行政工作，他比平时更加忙碌了。但无论他多忙，研制新产品、大搞技术革新却从来没停过。他在一无资料、二无设备、三无经验的情况下，亲自动手，和工人一起，经过反复试验，于1974年试制成功了连续铸轧铝板用的供料嘴，为我国有色金属加工工业填补了空白，他的这项发明在1978年召开的全国科技大会上获得嘉奖。1975年，他还试制成功了流动粒子电炉上的关键部位——透气砖，使用户节电百分之七十。

1976年10月，"四人帮"被粉碎，"文化大革命"结束，壮志未酬的刘子玉决心干出一番大事业。恰逢唐山元宝山发电厂从法国引进了一台设备，在安装过程中，急需一种保温砖。如果没有保温砖，误了工期就会使国家遭受很大的经济损失。当时法国专家建议从瑞典进口。元宝山发电厂派人来求援，刘子玉决心把这种保温砖做出来，不用从国外进口。他和技术人员、工人一起，经过反复试验，终于在1978年初把保温砖试制成功，并进行了大批量生产，为国家节约了大量外汇，保证了元宝山发电厂引进的机组按期安装、投产。

1978年夏天，"长春市第二材料试验机厂准备试制我国最新型的熔触指数仪，急需一种保温圈。刘子玉和试验组的同志们刻苦钻研，凭借团队的配合、丰富的经验，他们很快就解决了这个技术问题。他又带领试验组的同志们研制成功泡沫轻体砖。泡沫轻体砖经鉴定表明：在列车电站中具有极大的使用价值。它可以减轻车体负荷7.32吨，使每台列车电站锅炉节省基建投资4284元，同时增强了发电能力，节约了燃料，改善了劳动环境，为我国列车电站的建设闯出了一条新路"①。

1979年初，刘子玉又接受了研制新型轻体建筑材料的任务。经过试验组的共同努力，利用废料研制成了轻体空心保温层和内墙壁用的建筑材料，为城市居民住宅建设做出了贡献，为吉林省建材工业填补了空白。刘子玉在20世纪70年代为"四化"建设做出了突出贡献，同年9月，刘子玉在获得第三次全国劳模荣誉称号后说："过去的成绩只说明过去，现在还要重新开始"。

刘子玉经历了耐火材料行业的改革调整，在行业变化的时候他深深感

---

① 高明岐、黄耀道编著《中国职工劳模列传》，中国工人出版社，1985。

到自身的压力。他非常清楚，要跟上行业发展的趋势，只有进行调查，根据市场需要研制新产品，以市场为导向进行新品的研发工作。此后，电阻炉的"超轻体耐火、保温定型组合块""轻质浇注料"等新产品不断研制成功，在研制成功后很快都投入生产中，使工厂在历史发展的大潮流中变被动为主动，对企业的快速发展具有重要作用。1983 年，他研制成功具有国际先进水平的"微孔硅酸钙超轻质保温材料"，用这种材料做电阻炉的炉衬，可节约电力百分之四十，这项成果突破宣告了从日本进口这项材料的历史结束，又填补了我国的一项保温材料空白。

1984 年，刘子玉为解决我国热处理设备陈旧、耗能大、热效低、生产周期长这一长期困扰热能处理设备的问题，他带领团队又研制成功了"超轻质耐火保温定型组合块"和"高温黏合剂"两种新材料，不仅节电百分之四十，而且炉子的使用寿命也得到了延长，还比旧材料的成本降低了很多。现在全国已有多家工厂在应用，收效显著。刘子玉带领着推广队到外厂登门服务，不计报酬，不留后手，为新技术、新产品的推广、普及做出了巨大贡献。

编辑：田鹏颖　陈宇驰

李川江

李川江（1920~1998），男，山东巨野县孙庄人，中国共产党党员。他是"李川江榨油法"的创造者，是全国油脂工业的一面旗帜。1948 年李川江进入吉林省四平东茂泰油厂当工人。中华人民共和国成立后，他历任四平植物油厂车间主任、工人工程师、党委副书记、副厂长，他还是中国科学院吉林省分院学术委员。李川江 1950 年加入中国共产党，1953 年发明"李川江榨油法"，1954 年被选举为全国人民代表大会代表。1956 年，李川江出席全国劳模大会，荣获全国轻工业先进生产者和全国先进生产者荣誉称号，并获得金质奖章。1959 年他出席全国群英会，受到毛主席和周总理的亲切接见。在 1978 年全国科技大会上，李川江被授予全国先进科技工作者称号。1979 年在全国劳模表彰大会上，李川江被授予全国劳动模范称号，先后被选为中共八大、十大代表，第一、二、三、五届全国人民代表大会代表，吉林省第五、六届人民代表大会常务委员会委员。1998 年 10 月 29 日，李川江因病逝世，享年 78 岁。

李川江出生在贫苦雇农家庭，从小历经磨难，由于家境困难他一天书都没有念过，年幼的李川江就给地主家干活，长大一些后又进入日伪的榨油厂工作，被日本侵略者奴役。中华人民共和国成立后，千千万万个像李川江一样的穷苦农民翻身做了主人，开始新的生活。由于榨油厂工人的经历，李川江被分配到国营四平胜利油厂（后改为四平油酒厂、四平植物油厂）当榨油工人。踌躇满志的李川江要在自己的工作岗位上绽放光彩，大干一番事业。但是由于缺乏文化知识，他在工作中遇到了非常大的困难。李川江没有被眼前的困难吓倒，而是暗自努力，将所有的业余时间都充分利用起来，在单位、同志们的帮助下，他不断地学习技术知识，十几年的时间从未间断学习。下班回到家后，他的子女就是他的老师，帮助他学习文化理论知识。外地出差时，他的同志是他的老师。他发挥了愚公移山的精神，走到哪里就学到哪里，终于补上了自己的这块短板。

我国是农业国家，东北地区物产十分丰富，在一望无际的黑土地上孕育着无限的生机。大豆是当时东北地区的主要粮食作物之一，但是 1950 年时，我国油厂的工艺水平比较低，正常大豆中含油率为 17% ~ 20%，而我国榨出的油只有 10%。李川江在实际工作中摸索出：天冷出油少，天暖出油多，证明冷酒、热油之说是对的。另外，他还发现大豆的水分多时，就不易榨油，出油率也会降低。所以，他建议领导通过加温的方法增加保暖措施。经过各方面的努力，李川江的愿望实现了，每百斤大豆出油十二斤零七钱，李川江在全国开展的"创造新纪录活动"中，刷新了当时的纪录。在同年的冬天，李川江再创纪录，他带领同志们创造了每百斤大豆出 13 斤油的好成绩。"李川江在实践中找出了杠子短、筛子小、火炕小三种影响出油率进一步提高的原因，然后他们将七尺杠子换成九尺的，将一平方米的小筛子，改为三平方米的大筛子，将小炕改为比原有面积扩大一倍的大炕。又总结出铺炕快、翻炕快、下炕快的'三快'操作法，这'三大'、'三快'经验，当时在全国油脂工业单位得到广泛推广。"①

---

① 陈伯平：《李川江大豆榨油操作法》，《科学大众》1956 年第 1 期。

1952 年 3 月，李川江的大豆出油率达到 13.83%，再次刷新了全国纪录。此后不久，他的大豆出油率又突破了 14% 大关。在当年的五一劳动节活动中，他受邀到北京，参加了"五一"节观礼，受到毛主席亲切接见。李川江受到了巨大的鼓舞，立志将自己的青春和热血奉献给"油脂工业"这个战场。

1954 年在全国油脂工业第一次技术交流会上，有关部门向全国推广了"李川江榨油法"，命名李川江为"全国油脂工业的红旗"，向他颁发了金质奖章。1955 年，党提出增加油脂生产产量的号召，李川江积极响应，并向全国兄弟油厂提出挑战，开展多增产食油的友谊竞赛。同年，全国许多油厂使用了李川江的榨油法，先后有 29 个油厂创造了出油率新纪录。李川江清楚地意识到，现在工厂所采用的榨油法是在陈旧落后设备条件下创造的，这种榨油法虽使每百斤大豆出油量增加了 1 倍，但仍然无法满足油脂工业发展的要求。在此后的几年时间里，他致力于改变现有的榨油工艺，他建议改进设备，实现浸出机械化生产，满足油脂工业发展的需求。他勤学好问，积极钻研，阅读了大量的相关理论书籍，在实践中不断地摸索，同时带领团队，不断出访学习先进经验，他先后带领技术工人外出 17 次，学习了兄弟厂的"分蒸合装"等 9 种先进经验，对这些先进经验进行优化升级，再应用到自己的生产中来，使他们厂的出油率不断上升，一直引领油脂工业的技术发展。

1959 年 7 月 1 日，在李川江对技术进行改进、对生产工艺和生产设备进行升级后，榨油工序的工人由 102 人减到 36 人，每百斤大豆出油达到 16.2 公斤，油的质量也达到了一级标准。李川江代表他的车间，又光荣地出席了全国群英会。

1964 年，李川江带领工人、技术人员一起，在粮食部科研院的帮助下，制成了"葵花壳仁分离机"，自制了"磷质加热罐"和"磷质浓缩机"，为葵花油的生产和从废油中提取磷质闯出了一条新路。

1973 年，在李川江的建议下，吉林省新建和改建了 29 个浸出油厂。这时，李川江又担任了吉林省浸出油厂设备更新小组组长，全面操刀吉林省浸出油厂的设备升级和技术改革工作，在他的带领下，整个吉林省的浸出油厂生产水平达到了全国领先的水平，为吉林省的经济发展做出了巨大贡献。1977 年，李川江用一年多的时间，在对原有设备改造的同时，增修了 8

个自动入仓、自动倒仓、自动投料的立筒库，把间歇式蒸发器改造为连续式蒸发器。李川江还改造了漫出器，使其转动周期由 220 分钟缩短为 160 分钟，将日处理大豆能力由 100 吨增加到 130 吨。

"文化大革命"结束，全国的经济发展回到正常的轨道上来，到处是生机勃勃的景象。1978 年 9 月，吉林省四平植物油厂新建的机械化浸油车间进行试车时，由于原设计存在问题，出不了油。李川江带领工人、技术人员奋战五个昼夜，利用废旧材料，制作了一个过热炉，终于出了油。

改革开放后，李川江又实现了 3 项技术革新，一年可为国家增加 60 多万元的收入。他还试验成功从苍耳子、山黄麻等 10 多种野生植物中提取油脂的方法。

李川江一生都在为自己热爱的事业奋斗着，他感到荣誉和地位都是党和人民给的，也是党和人民群众对自己的鼓舞和鞭策。他时刻严格要求自己，牢记为人民服务的使命，他用自己的实际行动教育影响着身边的人，为培养油脂工业的技术人才做出了巨大贡献

编辑：田鹏颖　陈宇驰

武文焕

武文焕（1924～），男，出生于黑龙江省佳木斯市，中共党员，研究员，卫生部长春生物制品研究所高级工程师，原室主任。1946 年，武文焕到东北民主联军卫生部卫生技术厂（即卫生部长春生物制品研究所前身）就职，任技术助理，进行生物制品的生产及研制工作。1948 年，武文焕毕业于中国东北民主联军卫生学校，专攻生物医学工程专业。他自 22 岁开始从事疫苗制品研究与生产工作，到 1977 年共参与主持、领导完成重大科研成果 10 项。[①] 武文焕同志将他的毕生心血都倾注到对生物制品的研究和开发上，他在疫苗研究方面所取得的成果为保障军民健康做出了突出的贡献，一方面，这成为解放战争和抗美援朝战争取得胜利的基本保障，另一方面，这也促进了国民经济的稳定发展。由于在生物医学领域取得了显著的成绩，

---

① 《中华创业功臣大辞典》编委会主编《中华创业功臣大辞典》，中国统计出版社，2000。

武文焕"曾获得全国科学大会奖四项，部甲级科技奖两项，国家科技进步三等奖一项，甲型肝炎减毒活疫苗获 1992 年卫生部批准试生产文号"①。

20 世纪 40 年代，武文焕参与"斑疹伤寒灭活疫苗研究""痘苗株培育"两个重大项目。抗日战争取得胜利的同时也遗留下了许多问题，连年战乱给老百姓造成了严重的伤害。东北地区经常有斑疹伤寒局部流行，给当地百姓造成了严重的伤害。1947 年春天，技师带领武文焕进行斑疹伤寒灭活疫苗研究，他们采集大量患者材料，开展了病原体分离、毒种、疫苗试制等多项研究。② 1948 年，武文焕团队试制斑疹伤寒灭活疫苗取得了成功，为保障东北军民健康发挥了很大的作用。

20 世纪 50 年代，武文焕主持"森林脑炎灭活疫苗研究"，参与"小儿肺炎病原学研究"。1952 年，东北林区发生森林脑炎，对林业工人的生命安全和木材工业的发展造成了严重的威胁。时任卫生部长春生物制品研究所所长的崔其盛对武文焕委以重任，将研制预防森林脑炎疫苗的任务交给他。1953 年，武文焕试制的实验性疫苗在林区进行人体接种观察，研究工作由辛均教授指导完成，该项成果于 1978 年获得全国科学大会奖。③

武文焕在小儿肺炎病原学的研究方面也卓有成就。1958 年，在我国北方地区，小儿病毒性肺炎流行，这种肺炎造成了较高的死亡率，严重威胁着婴幼儿的生命安全。为此，武文焕着手对这种病毒性肺炎的病因进行研究。经实验检测，这种肺炎的病原体为腺病毒 317 型所致，这一研究为临床诊断、治疗及抗病毒血清化疗提供了科学的依据，该项研究于 1978 年获得全国医药科学大会奖。④

20 世纪 60 年代，武文焕主持"麻疹减毒活疫苗研究"⑤，参与"海岛麻疹疫苗免疫持久性研究"。根据吉林医科大学儿科所进行的麻疹病毒减毒过程的临床观察，武文焕同朱既明、张宗德、曾国华、肖俊针对列 - 4 株麻

---

① 庄毅主编、中华人民共和国人事部专家司编《中华人民共和国享受政府特殊津贴专家、学者、技术人员名录》（1992 年卷第一分册），中国国际广播出版社，1992。
② 金铮主编《二十世纪中国医学首创者大辞典》，黑龙江人民出版社，1994。
③ 金铮主编《二十世纪中国医学首创者大辞典》，黑龙江人民出版社，1994。
④ 金铮主编《二十世纪中国医学首创者大辞典》，黑龙江人民出版社，1994。
⑤ 中国微生物学会编《中国微生物学会 1963 年学术会议论文摘要》，中国医学科学院科学情报研究室，1963。

疹病毒在人羊膜细胞、鸡胚羊膜腔与鸡胚细胞中的传代过程及毒力变化，根据多系病毒接种易成儿后的发热反应与血凝抑制抗体的观察结果，他们一行人对病毒的减毒过程提出几点初步意见。"在人羊膜细胞中传45代有初步减毒作用，但是从45～69代之间作继续传代，进一步减毒的作用不显著；麻疹病毒在羊膜细胞及鸡胚细胞传代的过程中可出现不同程度的减毒；在鸡胚中传代减毒作用最明显；通过鸡胚后再适应于鸡胚细胞的各系毒种均能达到高度减毒，但免疫之性似有一定损失，其极端者如鸡胚26鸡胚细胞系不但抗体水平降低，阳转率也显著下降；同时，武文焕一行人认为除了传代系统与次数以外，病毒的原始毒力，传代方法与培育强度都可能影响减毒的性质与程度。"①

　　武文焕在海岛麻疹疫苗免疫持久性研究方面也取得了丰硕的成果。在研究工作中，他发现在有自然麻疹干扰的情况下，会影响麻疹疫苗免疫持久性的观察。1965年，武文焕一行人用四株不同减毒水平的疫苗在大连长海县岛屿建立防护带，在无麻疹条件下进行疫苗免疫持久性的研究。经过10～15年的实验观察，这项研究的结果对麻疹疫苗免疫方案提供了科学的根据，成为世界首创。② 同时，这项研究成果填补了国际上在该领域研究的空白。

　　20世纪70年代，武文焕参与组建"诸暨麻疹疫苗再免疫研究"，领导"支原体实验诊断研究"。他热衷于对支原体的研究，面对麻疹疫苗在产生过程中被支原体污染的情况，经过不懈的观察和研究，武文焕研究组于1977年发现了污染产生的根源。"污染由疫苗产生所用的鸡豚引发，是鸡群鸡败血性支原体通过母鸡垂直传代污染所致。经过鸡群净化和疫苗产生工艺的改进，此污染问题得以解决。"③ 这项研究于1978年获得全国医药科学大会奖。

　　20世纪80年代，武文焕领导"麻疹疫苗冻干保护剂研究"④。自从麻

① 中国微生物学会编《中国微生物学会1963年学术会议论文摘要》，中国医学科学院科学情报研究室，1963。
② 金铮主编《二十世纪中国医学首创者大辞典》，黑龙江人民出版社，1994。
③ 金铮主编《二十世纪中国医学首创者大辞典》，黑龙江人民出版社，1994。
④ 朱光亚、周光召主编《中国科学技术文库》，科学技术文献出版社，1998。

疹疫苗使用以来，麻疹发病率普遍下降，但是，在某些国家和地区麻疹的发病率仍旧很高，并且面临着疫苗的稳定性差、接种效果不理想等诸多问题。为此，武文焕与刘同伦、廉锦章、赵克俭一同开始进行冻干麻疹活疫苗保护剂的实验研究。在实验过程中，他们选用长 47 疫苗株用鸡胚细胞制备的疫苗作为实验材料，疫苗保护剂采用原保护剂和长 8 号保护剂以形成对照。实验结果表明，长 8 号保护剂对疫苗稳定性的作用明显优于原保护剂。经卫生部药品生物制品检定所抽检，疫苗滴度和热稳定性全部达到 WHO 的新规程，而且可与世界最先进的疫苗相比。这种保护剂已经推广到国内其他生物制品研究所使用，取得了明显的效果。可以说，武文焕一行人对冻干麻疹活疫苗保护剂的研究和开发属于国内首创，其各项指标已经达到国内和国际先进水平，具有重大的社会效益和经济效益，对我国医疗卫生事业做出了重大的贡献，而这项研究于 1987 年获得国家科学技术进步三等奖。

20 世纪 90 年代，武文焕领导 "甲型肝炎减毒活疫苗研究"。1986 年，武文焕等人与上海市卫生防疫站协作进行甲肝 L - A - 1 株减毒研究。1992 年，甲肝减毒活疫苗的研究取得成功。这项研究 L - A - 1 和 H_2 株 （浙江毛江森研究） 由卫生部正式批准试生产号，这一成果成为世界首创。[①]

武文焕在医药卫生领域取得了如此巨大的成就，受到了国家和人民的一致肯定。他于 "1978 年获全国科学大会奖，1982 年获吉林省科技二等奖，1984 年获卫生部甲级科技成果奖，1978 年获全国医药科学大会奖，1987 年获国家科技进步三等奖，1984 年获吉林省优秀新产品奖，1993 年获国家科技进步二等奖。先后被评为长春市劳动模范七次，吉林省劳动模范三次，卫生部全国卫生先进工作者，国务院、全国总工会全国先进工作者，省委直属机关党委优秀共产党员，享受国务院政府特殊津贴"[②]。

医疗卫生事业的发展和繁荣是人民得以健康幸福生活的基本保障。顺应时代发展的要求，沐浴着改革开放的春风，武文焕凭借着对生物制品研究的兴趣，全身心地投入到我国医疗卫生事业中去，在生物医学工程的不同分支都取得了卓越的成果。他对生物制品研究的执着、对生命无私的关

---

① 金铮主编 《二十世纪中国医学首创者大辞典》，黑龙江人民出版社，1994。
② 《中华创业功臣大辞典》 编委会主编 《中华创业功臣大辞典》，中国统计出版社，2000。

爱和奉献时时刻刻都感染我们，激励着我们学习他的崇高品德。

编辑：田鹏颖　豆莹莹

吕凤春

　　吕凤春（1933～），男，汉族，出生于吉林九台，中国共产党党员。吕凤春于1951年进入吉林电石厂当工人，历任组长、车间主任、吉化公司龙山化工厂党支部书记，1953年加入中国共产党。1958～1959年，他先后进行过20多项技术革新，成功地研制出一氯醋酸、敌百虫等8种化工新产品，仅改进三氯化磷工艺流程一项，一年就为国家节约资金180多万元。吕凤春于1959年、1960年两次被吉林省政府授予省先进生产者称号，1959年在全国"群英会"上被授予全国先进生产者称号。

　　1951年，吕凤春进入吉林电石厂当工人时，正是中华人民共和国成立之后，国民经济恢复时期，百废待兴，吕凤春也一直兢兢业业地坚守在自己的岗位上，不断积累经验，提高技术水平。由于表现优异，他被评为厂、市、省的劳动模范和工业标兵，也曾出席过省市劳动模范先进生产者代表大会和全国青年社会主义建设积极分子大会，为我国"一五"计划的实施贡献了自己的力量。

　　1958年党提出了社会主义建设的总路线和"大跃进"的号召，当时的厂领导让吕凤春到三氯化磷工段当组长。这时"大跃进"已经到达高潮，生产捷报不断传回党委办公室，但是三氯化磷工段却落后于兄弟工段。这个工段所有的生产过程都是自动化的，但这些复杂的设备并没有充分发挥作用，生产情况非常不好，产品质量总是不合格，更严重的是氯气外漏，工人很容易中毒。因此有一些同志不安心工作，要求离开，厂领导针对这个问题，采取了很多措施，也请来了专业技术人员和一位经验丰富的工人进行改进，但是没有解决问题。另外，三氯化磷是农药、染料、医药等工业的重要原料，全国各地急迫需要，三氯化磷一天不能供应，就会影响十五万八千元的产值。在这样的情况下，吕凤春出于对集体事业的高度责任感，非常焦急，他暗下决心，一定会完成党交给自己的任务，让现在不愿意来这里工作的人，以后都愿意来这里工作。

下定决心之后，吕凤春开始思考怎么样才能够解决问题，他开始怀疑自己："只念过三年书的人能解决这样大的问题吗？技术人员都没有解决，我能解决吗？"但随后他又想到："要想解决生产上的问题，再大的困难也不应该害怕，有党组织的支持，只要大胆革新，难关终究会被突破。"① 经过他多次研究，苦战了几个昼夜，改进了设备，但由于技术不熟练，发生了事故，他受到了车间主任的批评，不再让他掌握主要设备，他怕自己给党和国家造成巨大的损失，主动要求不做组长。这时党组织给了他很大的支持和力量，从此吕凤春开始顽强地学习。对操作技术不懂，就向老工人请教；对设备和仪表构造不理解，就向技术人员学习；边学习、边摸索，经常连续几天不回家或连续苦战十几个小时甚至二十几个小时。经过刻苦钻研之后，吕凤春对三氯化磷工段存在的问题有了透彻的了解，提出了自己的建议，认为如果做一个蒸馏锅，进行二次蒸馏，就有可能解决问题。这个建议虽然开始被质疑，但是最终被采纳，经过苦战，长期存在的产品质量问题终于得到了解决。

产品质量关过去之后，设备腐蚀和中毒现象还在严重地威胁着生产和工人。通液体氯气的钢管不够严密，经常跑气，厂房周围的植物也都坏死，原本健康的工人们，也都逐渐黄瘦。为了解决这个问题，他和同志们一起研究其他工厂生产三氯化磷不跑氯气的原因，最终提出了用液氯气化的方法，以胶皮管代替通氯钢管，用蒸汽加热液氯钢瓶，这样不仅保证了氯气系统严密不漏，保证整个工段的正常生产，也省去了承受槽、蒸发槽、事故放出槽等七台设备，简化了工序。后来他又和工人、技术员共同研究，用 U 形玻璃管盛上水银，代替了许多复杂的贵重仪表，使生产效率提高一倍，整个生产系统的造价也由原来的二十万元降低到三万元，为以后建厂提供了条件。

党的八大二次会议向全国人民发出了庄严的号召：我国工业要在十五年或者更短的时间内，在钢铁和其他主要工业产品的产量方面赶上和超过英国，化学工业部部长也提出化学工业要同资本主义国家较量较量。吕凤

---

① 化学工业出版社图书编辑部编《化工战线上的尖兵：全国群英大会化工系统代表的先进事迹选辑》，化学工业出版社，1959。

春经过学习之后，对完成这一任务充满信心。从此他有了创造新产品的念头。但是由于自己学识有限，对于试制什么产品，叫什么名字，他都不懂，但他仍然没有放弃，在党组织的支持下开始了新的工作。当时，上海派来实习队，学习三氯化磷技术，准备生产农药敌百虫，并带来一份资料，这对吕凤春的思想启发很大。他与实习队的一位同志互相帮助，学到了很多东西，实习队的同志还告诉他，有一种产品"二四替"，是一种植物生长刺激素，能够使植物提早半个月成熟，它还是一种除草剂，一公斤原粉能够杀死一公斤稻田的野草。但是试制这种产品极不容易，需要很多设备、劳动保护和时间。本来原定是在这位同志的帮助下进行，但是尚未开始，实习同志就回去了，增加了试制困难。最终靠着吕凤春的炽热之心和不怕困难、坚持不懈的精神，完成了试制。一次失败了再做第二次，有的反复试制六七次，而且整个试制工作是在业余时间进行的，有的试验要连续七昼夜才能做一次。在这样的情况下，经过两个多月的连续苦战，终于试制成功了二氯酚、一氯醋酸、二四替、氧氯化磷、三甲酚磷酸酯、敌百虫六种产品。

在1958年大搞钢铁运动中，他和同志们建成了一座1.5立方米的小高炉。这个小高炉连续生产三十二天，出铁三十八吨，获得了"长寿炉"的光荣称号。吕凤春在完成炼铁任务的过程中被评为钢铁尖兵。1959年是继续跃进的一年，该厂一车间集中产品的生产指标都有很大提升。当时很多人认为要完成指标，就必须增加设备、增加人员。而吕凤春却认为，应该进一步发挥设备潜力，设法改进设备。经过多次研究后，他提出了自己的改进意见，受到领导的认可和工段同志的支持。改进之后的设备发挥了显著效能，产量提高了20%～50%。同时也对其他方面进行了改进，为检修设备节约了时间和人力，大大提高了劳动生产率。

在工作生产中，吕凤春总是能最先发现问题和解决问题。看到车间环境不好，四周磷烟弥漫，到处是磷泥、磷渣，他就想到将这些磷烟回收起来做成磷酸，经过大家共同献智献策，多次实验后，终于提高了回收率，制成浓磷酸。吕凤春很注意节约原材料和降低成本。气化工序的通氯胶管是很不好买的材料，并且成本也高，于是他和工人同志们在一起研究用铁管代替胶管，经过几次试验效果良好，节约了很多胶管，又采用了液氯钢瓶内计量的方法，去掉了磅秤设备，胶管、磅秤等一年的节约价值可达八万多元。吕凤春是一个合格且优秀的共产党员，总是积极地响应党的号召，并且具有不断革新的精神。党的八届八中全会公报和决议的公布，给了他很大的鼓舞，为了响应国家增产节约的号召，吕凤春又改进了三氧化磷的设备，提高了冷却效率，使产量显著提高。

吕凤春同志虽然生活在一个特殊的年代，尽管当时的很多政策存在错误，但是就吕凤春本人而言，他始终干劲冲天、意气风发，大胆革新创造，有很多惊人的事迹。同时他善于依靠党的领导、依靠群众，克服困难，给国家创造和节约了大量财富，不愧为化学工业战线上的尖兵、技术革新的能手。他不断创新的精神，正是我们当今新时代的工人以及整个社会应该学习的。

编辑：田鹏颖　李彦儒

王德泽

王德泽（1921～1984），男，出生于河北省交河县，曾是吉林省长春市动力机械厂八级车工，曾任长春精密铸造厂厂长等职，1959 年被评为全国劳动模范。王德泽来自一个农民家庭，由于家庭条件比较差，他小学没毕业便辍学了。1937 年，他跟随父母闯关东来到吉林省长春，迫于生计，随即进入工厂当了一名学徒工。1951 年，王德泽在长春市铁北一路北大机械厂（私营企业）当了一名车工，1956 年，公私合营后，他一门心思搞生产，生产技术水平不断提高，取得了显著的成绩。同年 5 月，王德泽成为中共党员。

王德泽始终把精力用在提高生产效率上。1957 年冬至 1958 年春，为了支援生产，在工厂原有规模的前提下，长春市动力机械厂要求生产锅驼机的任务由年产 200 台增加至 800 台。当时工厂的设备比较陈旧，基本上都是 30 年前的旧机床。有些零部件还需要拿到其他工厂进行加工，常常因为不能及时供应螺丝、丝对等部件，不能如期完成生产任务，生产成本较高。面对这种情况，只有提高技术水平，完成对机器设备的改进和创新，才能提高生产效率。于是，王德泽计划制造一台生产螺丝的机床，他的想法立即得到了所在党支部的支持。在一番鼓励之下，他立刻投入到新机床的研制过程中，不分昼夜画好图纸，三天三夜连轴转，终于把一台旧车床改造成一台自动板牙套丝车床。但是，在第一次投入试生产的过程中失败了。试验的失败并没有使王德泽退缩，他总结经验，咬紧牙关，继续前进。王德泽的举止深深地打动了党组织和职工们，党组织派来一名工程师帮助他解决技术上的难题，提出改进的方案和措施。终于，在大家的共同努力下，自动板牙套丝车床研制成功并投入生产使用，取得了良好的效果。当时，仅用一台自动板牙套丝车床生产出来的螺丝就能满足全厂生产的需要，生产进度有了质的飞跃。为了提高工作效率，减少人力，王德泽致力于把手工攻丝改为机械攻丝，发明了摇臂式攻丝机①，推动了生产的机械化进程。除了"活板牙套丝床""摇臂式攻丝机"，王德泽还带领大家用一些废机器零件创造出了"六角套丝床"等九种先进工具，提高生产效率3～10倍，从1957年8月到1958年5月顺利完成了八年的工作量。

　　1958年春，社会主义改造基本完成，推进农业现代化的进程显得尤为迫切。此时，长春市动力机械厂接受了一项艰巨的任务，为了扶持我国农业的发展，需要生产一批用于农业灌溉的大型吸水管。吸水管不仅体积大，而且重量很大，每根管重600多公斤，运输非常不便，并且这次生产的要求和标准远远高于以往生产的许多产品，这就给王德泽及其他工人带来了新的挑战。起初，厂里安排2个小组、4台车床和200多名5级以上的高级工匠分成3个小组，加班加点地生产这种大型吸水管，但是收效甚微，仅完成了预定工作量的10%。鉴于这种情况，厂里贴出告示，鼓励大家集思广益，踊跃提出可行性高、可操作性强的方案或措施。在这样的关键时刻，王德泽积极组织小组成员交流讨论，鼓励小组工人们为攻克生产难关贡献自己的智慧和力量。终于，在小组集体智慧的推动下，王德泽想出了改用"地下车床"②的办法，为了减少浪费，节约资金，他们找来一台破旧的机床埋在地下，要求机床操作面和地面平齐，保证生产操作的顺利进行。经过反复试验，地下车床开始投入生产使用，不仅省工省时，而且便捷高效，提

---

① 全国群英会机械系统先进经验交流会资料组编《全国群英会机械系统先进经验汇编·第一册·群众运动及生产组织》，机械工业出版社，1959。
② 吉林市地方志编纂委员会编《吉林市志·地理志》，吉林人民出版社，2014。

高工作效率 14 倍，按时保质保量地完成了生产大型吸水管的艰巨任务。

王德泽始终坚持改革创新，勤于思考，勇于探索。一次，他接受了一项特别的任务，要求制作一批形状不规则的生产零部件。对王德泽小组来说，这个任务既令人惊奇，又充满挑战性，完全是一种不同于以往产品特征的生产要求。秉持提高生产效率、改进工艺、创造效益的决心，王德泽刻苦钻研，凭着一股韧劲儿创造出了功能齐全的凸凹铣床，成功破解了生产形状各异零部件的难题，在技术水平上实现了新的突破。1959 年，在生产竞赛中，王德泽研制出了锯床，节约了大量的人力成本，推动了技术运用向自动化发展的进程。

王德泽不断革新旧工具，改进技术，累计"改制了 20 余台机床，发明与改进的大小工具、胎具 40 多种，创造价值达 1.7 万元"①。他不仅致力于把废机床变成活机床，而且已经成功研究出多刀盘切削法，使生产效率提高 12 倍。他改进了六刀平面铣床，解决了开闭器大身平面关键问题。不仅如此，他还革新了作水泵架的工具，改刨为车，提高效率 9 倍。把王德泽研制出的曲轴多活胎等先进工具投入生产使用后，既省时又高效，生产效率提高了 3 倍以上。凭借着一股钻劲儿，他甚至把一台没有牙轮和丝杠的废床子改造成为一台靠模挑扣床子，实现了生产技术的新突破，节省了大量的劳动力。使用这种改进的设备进行生产，仅需要一名徒工就能按时完成生产任务，甚至是超额完成既定工作量，生产效率提高了 10 倍以上。1958 年 4 月 27 日，《长春日报》报道了王德泽同志技术革新的先进事迹，号召大家学习他勇于创新、与时俱进的精神品质。王德泽从不吝啬去分享自己在技术革新方面的经验和想法，主动帮助在技术革新方面有困难的同志。一次，杨启生师傅在关于车连杆革新的过程中陷入了瓶颈，面对这种情况，王德泽提出合理化的建议和改进的措施，问题便迎刃而解了。同时，他非常注重技术的协作和传承，成为长春市职工科技协会组织的发起人之一。

王德泽同志爱厂如爱家，他始终将国家利益和集体利益放在首位，从不计较个人得失。在创造自动板牙时，为了减少设备运行中的摩擦，王德泽毫不犹豫地把家里的食用豆油拿来做实验，从无怨言，体现出爱岗敬业

---

① 吉林市地方志编纂委员会编《吉林市志·地理志》，吉林人民出版社，2014。

的奉献精神。"1959 年，他被选为吉林省农机协会理事，吉林省科技协会常委。同年，他荣获全国先进生产者称号，并出席了全国群英会。1962 年，他任长春市技术协会副主任，同时任长春动力机械厂副厂长。1972 年，他任长春精密铸造厂厂长、党总支副书记。1974 年，他带领技术人员试验成功了 14 种 36 个规格的机加道具，使全厂提前 40 天完成了生产任务。1979 年任厂党总支书记。"① 尽管职位发生了变化，他仍然坚持在生产第一线劳动和研究。日夜的操劳，终日的奔忙，染白了他的头发，拖垮了他的身体，1984 年 10 月 26 日，王德泽同志因病在长春逝世。但是，王德泽这个名字让世人所铭记，激励工人阶级学习他的执着精神和无私奉献的高贵品质。

创新是引领发展的第一动力，王德泽同志始终保持着与时俱进的精神状态，坚持在实践中发展，不断开展技术革新，发明创造，可以称得上是"技术革新的能手"。尽管王德泽所处的家庭环境和工作环境都非常普通，但是我们可以发现他身上所体现出的自强不息的奋斗精神和一心为公的奉献精神。王德泽同志将毕生心血都投入到社会主义建设的伟大事业中，在平凡的工作岗位上做出了不平凡的贡献，表现出崇高的共产主义风格。他的先进事迹赢得了人民的尊重和赞扬，给后人留下了宝贵的精神财富和丰富的物质财富，值得大家学习。

编辑：田鹏颖　豆莹莹

尤凤太

尤凤太（1922 ～），男，生于河北东光，中国共产党党员，1952 年进入长春机械厂任铸造工，历任组长、工程师、厂工会主席，1954 年加入中国共产党。他在任期间，刻苦钻研技术，创造了一整套铸造生产和管理的先进经验，降低了铸造废品率，并在全国同行业中推广应用。他于 1961 年开始参加技术协作活动，带领职工为全市改造 100 多台旧式锅炉，传播先进技术和操作经验 1000 多项，1959 年、1978 年先后在全国"群英会"、全国科学大会上被授予全国先进生产者和全国先进科技工作者称号。

---

① 中共吉林省委党史研究室编《吉林党史人物传略》，吉林人民出版社，2001。

尤凤太是一名有着 23 年丰富经验的老铸工，而这一时期国家刚刚完成经济恢复，即将进入工业化的发展阶段，尤凤太正是国家所需要的人才。他从 1952 年进入长春机械厂后一直致力于产品的质量问题。1952～1959 年为国家生产了七千多个铸件，仅在 1956 年 9 月报废了一个变速箱，除此之外，从 1956 年 9 月到 1959 年 10 月这 36 个月的时间里创造了不出废品的优异成绩，他所领导的机械五组也保证了生产质量。1952 年车间实际废品率 14.6%，到 1958 年下降到 2.43%，1959 年的第一季度下降到 1.36%，第二季度下降到 1.09%，第三季度下降到 0.16%，创造了全省废品最低纪录，竖起了保证铸件质量的一面红旗。因此，他从 1952 年至 1959 年一直被评为省市的劳动模范，1959 年 4 月还被评为全省机械工业铸造行业的红旗标兵。

早在 1956 年，尤凤太就提出要消灭废品的倡议，他自己常说："工人是国家的主人，要建设社会主义和共产主义，做出的铸件不能用，往小的方面说糟蹋了材料，往大了说岂不是影响国家的工业化？"① 因而他认为一定要保证铸件的质量，而且必须从思想上重视。他在接受每项任务时都先要把图纸反复看几遍，找出并掌握哪些地方容易出废品，使自己在操作中留意。一旦检查出图纸和木型有问题，就立刻拿到工艺员那里，设法改进，避免铸件报废。同时，他在操作的过程中遇到组内其他人出废品，一定会及时帮助大家找出废品的原因，帮助大家都提高技术。

只有思想上的重视，并不能完全达到不出废品的要求，尤凤太认为，要保证铸件质量，关键问题是要做好砂型配比，必须认真掌握各种铸件砂型的性能。因此他总结了他所掌握的各种性能，供大家参考。他认为，要掌握砂型的成型性、透气性，首先要掌握黏土含量，应根据产品要求不同，在能保证足够的强度下尽量少用黏土；在不影响透气性的条件下用淡黄泥水或清水来处理砂子，增加强度。他根据湿法造型的实际操作，发现一般含水量为 5%～7%，大件干型含水量为 7%～10%，加水后必须放置一定时间，使水分充分发挥作用。关于掌握砂子粒度的均匀性，粒度越细，强度越大，但透气性就越差，所以这一点他是根据铸件的性能要求不同，分别配制砂型，这样不但增加了砂型强度，还可以增加透气性。他对砂型处理

---

① 铸工编辑部：《老铸工尤凤太八年如一日——保证铸件质量好》，《铸工》1959 年第 12 期。

共分为以下几个过程：加水、搅件、放置至松散、检查、外形制作。即打箱后根据经验，按之前的标准加清水或淡黄泥水，加完水后停 5~7 分钟，进行搅拌。用筛子筛出砂子中的杂物，然后把新砂均匀地混在一起（每隔1~2 星期加一次新砂）。将其放置至松散，使水分充分包围黏土，30 分钟后开始造型。造型前凭自己经验用手摸一把砂子，确定水分、粒度与强度是否合适，然后开始制作。外形制作方面，在砂型烤干后开设适当冒口。他生产的产品，大部分是非固定性的，造型方法一般也很复杂，关键问题就是加强砂型制作工作，并且自己检查松紧、干湿程度，以及扎气孔的情况；检查起模后修型时是否用水过多，特别对湿型修完后要检查砂型有没有损坏，在高出箱体部分要插打子以增加其强度；检查湿型是否打扫过，干型的铅粉是否过厚或过薄；检查是否有错箱；修型时要检查砂型松紧度、均匀度，在样子元根、浇口根楞插钉子，防止冲砂；检查冒口是否合乎规定，冒口要比浇口圈高出型体面积 200~400 毫米；除小件用湿型外，大件均用干型，烘窑内温度应徐徐上升，不要忽高忽低，一般烘干温度为 200~800℃，时间为 8~11 小时。洗铸时要掌握铁水温度，铁水温度一般要达到1300℃，采取高温出炉，低温浇铸；浇铸的速度不可过快过慢或中断，必须顶流倒，再净渣子、浇铸。尤凤太将自己的经验告知众人，提醒大家注意，共同提高质量。

尤凤太小组建立了严格的三检四好制度，三检是：检查木模与工具，检查砂型，检查铸件质量。四好是：生产前操作方法研究好，生产工具准备好，芯子及操作过程检查好，浇铸前压箱把箱检查好。为了提高小组成员的技术水平，组里经常召开技术研讨会，讨论和研究计划，学习和推广经验，找出原因及时改进，共同提高大家的技术。尤凤太同志不仅能够保证自己的工作质量，还毫不保留地把经验传授给别人，提升技术力量，几年里他帮助工厂培养了不少徒工。1958 年在"大跃进"的号召下，他认为之前的技术力量明显不足，车间党支部也对他提出了新的要求，因此在提高自己技术力量的同时也为工厂培养了大量的优秀徒工。他培养徒工的特点之一是抓思想，做好思想政治工作。如 1958 年进厂的徒工不好好干活，怕脏怕累，认为手工劳动没有前途，存在"学翻砂不如学车、刨、钳好"的思想，严重影响学习技术的积极性，他就向徒工说明翻砂工种的发展方向，并向他们讲述自己在旧社会当学徒时遭受的痛苦和现在当学徒的幸福，两者做对比，使徒工在思想上受到很大的启发和教育，认识到旧社会徒工学习技术的困难和新社会党和国家对他们无限的关怀和珍惜。他培养徒工的另一个做法是在实际操作中进行指导和讲解铸工技术知识，有的徒工出了废品，他就用此作为教育资料，证明废品生产的原因和克服的方法，使徒工在实际操作中改正和提高。因此，在生产中徒工也很积极地向师傅学习，夜以继日地工作，不仅学到了技术，也学到了师傅身上的干劲，超额完成了任务。在尤凤太的培养下，其徒工在几年的时间里已经达到四级工的水平。

1960 年 3~4 月制作排灌设备——柴油机筛件时，他创造了柴油机主要件"缸头"芯铁工具，提高工效 6.6 倍，突破了技术、人力、设备三关键。与此同时，他与小组工人共同研究，解决了高级泥芯的质量问题，荣获了集体功一次。5 月从兄弟厂学习泥型回来后，即在小组内推广实现，提高生产效率 1.5 倍，在 6 月就节约焦炭 15 吨多。8 月在试制 3 吨大铜锭模时，实现了技术革新 11 项，在短期内完成了试制任务，并为国家节约 1432 元。

老铸工尤凤太几十年如一日地奋斗在生产的最前线，保证每一件铸件的质量好，他重视产品质量的思想和他摸索出的一套技术操作经验已被全车间工人所掌握，变成了每个铸工的具体行动。他在国家工业化的进程中不断付出自己的全部努力，为国家的生产发展奉献了自己的全部，这种精神永远激励着我们，值得我们学习。

编辑：田鹏颖　李彦儒

申淑子

申淑子（1939~），女，出生于吉林和龙，朝鲜族，中国共产党党员，1955 年进入和龙县德化乡幼儿园任教养员，后历任龙井镇吉盛街主任、延吉市药品包装厂党支部书记，1959 年加入中国共产党。她在幼儿教育中注重抓幼儿智力开发，改进了当时的一些旧的教学方法，进行实物教学，使幼儿教育有了突破性的改革。因此，她于 1960 年在全国"文教群英会"上被授予全国先进工作者称号。

1953 年全国开始了第一个五年计划和三大改造的伟大进程，全国人民都为了实现国家的工业化而不懈奋斗。1955 年正是农业生产大发展的关键时期，也是在同一年，当时 16 岁的申淑子从高小毕业，面临着升学还是工作的选择。这一时期，农业正需要更多的劳动力，但是要动员所有人进行大生产就必须让他们没有后顾之忧，所以，和龙县德化乡的党支部决定办一所幼儿园，将所有的孩子都统一管理和照顾，让更多的人能够安心投入生产。因此，妇女主任到申淑子的家里动员，希望她可以担任教养员工作。当时 16 岁的淑子认为教养员就是"孩子头"，没出息，一心想要继续上学远离农村，而且她自己都刚出校门，还不知道谁教自己呢，所以并不愿意接受这份工作。这之后妇女主任曾经多次找她进行谈话，反复说明办幼儿园的重大意义，党支部也耐心地向她进行什么是前途的教育。有一次，她和妇女们在地里劳动，看到她们有很多人因为把孩子留在家里无人照管，不能安心在田间生产。有的孩子哭着来找妈妈，孩子的妈妈不得不扔下活计领着孩子回去。这个时候她想起了党组织的教育，认识到办幼儿园并不是一件小事，于是向党组织表了决心：一定把幼儿园办起来。很快，申淑子做教养员的消息，传遍了整个乡，有的社员恭喜她，叫她小先生，也有人讽刺她，认为她当个"大鼻涕队长"能有什么出息，加上孩子们不听话，常常打架，家长不放心也常来找她，她的思想又有了动摇。党支部和管理区的领导同志，抓紧了对她的教育，向她一再说明保育工作的重要性，并且对她进行了"干革命没有容易的事，克服了困难就是胜利""只要热爱自己的工作，行行都可出状元"的教育。随后派她去县保育训练班学习，在学习过程中，她与模范教养员廉连玉住在一起，受到很深刻的教育，申淑子的斗志被激发，她坚定了为培养祖国的下一代做出突出贡献的信念，也坚定了热爱保育工作的事业心。从此她开始了保育之路。

在山沟里要办好一所幼儿园是有许多困难的，开始在整个乡也找不到一所能容纳六七十名儿童的大屋子，只找了一个连门窗都没有的大房框子，房子多年失修需要修理，又不能麻烦正在埋头进行生产的人们，因而只能是联合另外一名教养员方金淑，亲自动手抹墙、糊窗户、清理房子。在党支部及群众的积极支援下，幼儿园算是建起来了。孩子们入园之后没有玩具，游戏不能引起孩子们的兴趣，但是向社里要钱买又会加重群众负担。

于是她们到处搜集了木块、纸片、碎布、黄泥等制作玩具、教具，几年里，共制作了五百多件。她解决了玩具、教具不足的问题，大大丰富了孩子们的生活内容。幼儿园的教材都是淑子自己创作的，白天她和孩子们一起歌舞，晚上就备教案，研究创作，共编出歌曲、舞蹈、童诗、童话、游戏等三百五十多种节目。1958 年 11 月她到北京参加全国青年社会主义建设积极分子大会，各地英雄们的事迹鼓舞着她，回到工作岗位后，她响应了党的号召，实行幼儿全托。为了勤俭办好幼儿园，不影响生产，她自己抽出时间上山打柴，有时风雨交加，有时天黑才回家，没有车运柴，都是用顶、背的方式运到家的。有时管理区的米送不来，他们就自己用碾子加工。为了改善儿童生活、增加儿童副食，他们还领着儿童们养了一头猪、三只兔子，种了六百坪玉米、西红柿和蔬菜，又栽种了二十三棵果树，建立了做信封的小工厂，支援了供销部。在党的八届八中全会的号召下，她积极贯彻增产节约精神，还带领孩子到田里捡了一百三十余斤粮食。

单单在生活上照顾孩子是不够的，为了把儿童培养成一个具有热爱祖国、热爱人民、热爱劳动、爱护公共财产的优良品质的新人，申淑子经常和儿童的父母取得联系，根据儿童们的特点开展各种各样的教育活动。为了使孩子们热爱劳动，她组织孩子们到地里参观社员们的劳动，并在幼儿园的房前种上各种花草，或组织孩子们打扫卫生、喂猪、喂兔子等。这些办法增强了孩子们的劳动观念。

她经常用讲故事的方法，纠正孩子们的缺点，对孩子们进行品德教育。经过她独特的教育方式，班上的小朋友捡到钱会上交，捡到任何小东西也会交给老师，都是善良可爱的好孩子。除此之外，她还对小朋友进行国内外大事教育，增强他们热爱祖国、热爱领袖的思想。最初有些孩子路过烈士碑时扔石头，她就给孩子们讲革命烈士刘胡兰、董存瑞的英雄事迹，使小朋友们流下了感动的泪水。此后再也没有孩子向烈士碑扔石头了，而是每到夏天就在烈士碑前种花草，美化烈士碑。为了培养小朋友们的集体主义思想，她还进行了团结互助友爱的教育，增强了孩子们的集体观念，使小朋友们亲密无间。她还教育孩子们要爱护环境、搞好个人卫生，让小朋友们认识到讲卫生的好处，养成爱清洁卫生的良好习惯。在集中教育的同时她也注重对个别儿童的教育。比如李昌杰小朋友是个比较固执的孩子，一哭就是一天，见人也不爱说话。为了教育他，淑子有意识地接近他，亲切地对待他，发现他的优点并且及时表扬鼓励，逐渐引导他，让他的性格变得开朗活泼起来，还被选为模范儿童。李昌杰在入学后仍是一名三好学生，三年一直保持优等成绩，他的父母常到幼儿园对淑子表示感谢。

实行了全托之后，六七十名不同年龄、不同性格的孩子，就交托给了淑子和另一名教员。她感受到了任务的光荣，同时也预料到了担子的沉重。孩子们起初并不适应集体生活，半夜哭着闹着要回家，整个幼儿园的哭声响成一片，家长也不放心，一天跑来看孩子十多次，甚至半夜也来到幼儿园看孩子。面对这种情况，淑子犹豫过，但最终还是克服了困难，鼓起了勇气。她认为要使孩子尽快习惯集体生活，只有无微不至的关怀，使他们觉得比在妈妈眼前还要温暖，这样才能消除家长的牵挂，使之安心生产。于是，淑子就挨家挨户地访问家长，向他们了解每个孩子的情况，并学习抚育孩子的办法。在农忙时节，孩子们的妈妈忙不过来，孩子们衣服破了、脏了，淑子都趁着孩子睡觉的工夫给他们洗洗缝缝，家长们都很放心。在一次家长座谈会上，有的妇女说："申老师这么个年轻的小姑娘，可真比我们这些当妈妈的还强，把孩子们照顾的多周到啊！"[1] 淑子勤勤恳恳地照顾孩子们，所以几年里幼儿园的孩子从未得过传染病，都身心健康地成长。人们说：淑子对孩子比母亲还亲。

申淑子1955～1960年共教养了352名儿童，其中有78名学生都继续上学了，成绩都是优等。幼儿园搞得好，孩子们的妈妈大批参加了生产。全管理区参加生产的七十多名妇女中，有四十名是幼儿园孩子的妈妈，有二十名还被选为五好社员、先进社员和劳动模范。孩子的妈妈被评为全社的先进生产者后，先跑到幼儿园报喜，她说，这份荣誉属于幼儿园里辛苦的老师们，如果没有放下千斤担，连做梦都不可能成为模范。

申淑子在党的领导教育下，于1959年参加了共青团，1959年6月加入了中国共产党，并且被评为公社、县、省、全国的幼儿模范教养员，并在广大妇女的拥护和爱戴下，当选为州县妇女代表。她与孩子们一同成长，为教养后一代献出了自己的一切。正如她所一直坚信的"克服了困难就是

① 《一颗赤心献给党》，吉林人民出版社，1960，第65页。

胜利"。在特殊的历史时期，申淑子为祖国的生产发展解除了后顾之忧，而且创造了很多新颖的教学方法，为后来的儿童教育留下了宝贵而有效的经验。

编辑：田鹏颖　李彦儒

第二章　20世纪70~90年代东北（吉林）老工业基地全国劳动模范

唐敖庆

唐敖庆（1915~2008），男，江苏宜兴和桥镇人，中国共产党党员，我国著名的高分子物理化学专家，特别是量子化学方面的专家，中国现代理论化学的开拓者和奠基人，被誉为"中国量子化学之父"。唐敖庆曾获国家自然科学奖一等奖两次、二等奖两次、三等奖一次，1974年获得哥伦比亚大学荣誉奖学金，并获1993年"陈嘉庚奖"和1995年"何梁何利基金科学与技术成就奖"。他历任北京大学教授，吉林大学教授、副校长、校长，吉林大学名誉校长，复旦大学兼职教授，国家自然科学基金委员会主任，国家自然科学奖励委员会主任，国务院学位委员会委员，中国科协副主席，中国科学院主席团成员，中国化学会理事长，《国际量子化学杂志》编委，《高等学校化学学报》主编等职务，共发表学术论文260多篇；与其研究集体合作出版了《配位场理论方法》（英文版）等8部学术专著。他还曾经是第二届、第三届全国人民代表大会代表，第六届全国政治协商会议委员，第七届和第八届全国政治协商会议常务委员，中国共产党十大至十二大代表。他先后被授予"全国先进工作者""全国劳动模范"的荣誉称号。

1934年7月，唐敖庆毕业于江苏省无锡师范学校，1936年2月，进入江苏省立扬州中学大学补习班学习，1936年8月，他考入北京大学化学系学习。"七七事变"爆发后，他随校南迁，先在长沙临时大学学习，1938年随校到昆明，在西南联合大学化学系继续学习，1940年7月从西南联合大学化学系毕业，留校任教。

1946 年 5 月，在吴大猷的推荐下，唐敖庆开始了在美国学习研究核物理的生涯，1949 年 11 月毕业于美国哥伦比亚大学化学系，获博士学位。

中华人民共和国成立伊始，唐敖庆学成归国，面对百废待兴的国家，他毫不犹豫地投身到教育事业中，试图通过教育改变国家落后的面貌，提升全民的综合素质，为国家培养输送科技人才。1950 年，唐敖庆进入北京大学化学系任教，在此期间被聘为副教授、教授。1952 年 9 月，全国高等学校院系调整时，唐敖庆到长春支援东北高等教育事业，调到东北人民大学（吉林大学前身）任教授，与蔡镏生等创建化学系。为了提升化学系基础课教师业务水平，唐敖庆亲自在吉林大学先后主讲过多门基础性课程，为其他教师做出了榜样。随着化学系基础课教师业务水平的不断提高，唐敖庆将工作重点转到培养年轻学者和学科带头人的层级上，并将这一培养模式成功推广扩大到全国。唐敖庆通过指导研究生、办进修班、学术讨论班等形式，培养出很多更高一级的专业基础理论人才。20 世纪 50 年代初，他提出计算复杂分子旋转能量变化规律"势能函数公式"，为从结构上改变物质性能提供了比较可靠的依据；1955 年，他凭借有关分子内旋转的阻碍势函数及高分子反应动力学的统计理论研究当选为第一批中国科学院学部委员（现改为院士），成果发表后，引起国内外学术界广泛重视。[①] 1958 年 6 月，唐敖庆光荣地加入了中国共产党。

1963 年，教育部委托唐敖庆在长春办一个物质结构讨论班，就是在这次讨论班上唐敖庆挑选了八位青年才俊，闻名国内的科学研究集体就此诞生，他们就是著名的"八大弟子"，他们是孙家钟、江元生等 8 人，他们后来在各自的领域做出了巨大贡献。孙家钟为中国科学院资深院士，江元生为南京大学化学系教授，邓从豪为中国科学院院士，张干二为厦门大学教授、中国科学院院士，鄢国森为四川大学校长，戴树珊为云南大学化学系主任。[②] 在唐敖庆的带领下，他们瞄准了"配位场理论"进行攻关，20 世纪 60 年代初，化学键理论中的重要分支配位场理论，是这一科学前沿的研

---

①　乌力吉：《中国理论化学学派的缔造者》，《自然辩证法通讯》2011 年第 2 期。
②　江福康、赵静宜：《著名理论化学家唐敖庆教授》，《化学通报》1990 年第 10 期。

究课题。他们创造性地发展、完善了配位场理论及其研究方法，得到了从连续群到点群的群分解链，扩大了维格纳—卡特定理的应用范围，建立了一种计算旋轨耦合作用的新方案。此项成果被 1966 年北京国际暑期物理讨论会评为十项优秀成果之一，讨论会认为这项成果"丰富和发展了配位场理论，为发展化学工业催化剂和激光发射的科学技术提供了可靠的理论依据"。这个开始于 20 世纪 20 ~ 30 年代一直无进展的难题，最终被他们攻克了。1963 ~ 1965 年，在长春先后主办了以学术前沿重大课题为研究方向的高分子物理化学学术讨论班与物质结构学术讨论班，在这两个讨论班上，唐敖庆在国内首先开出了高分子物理化学方面的系列课程和群论及其在物质结构中应用方面的系列课程。

1978 年 5 月，唐敖庆任吉林大学校长，党委副书记，开始全面主持吉林大学的工作，他自觉地贯彻重点高等学校要办成"既是教育中心，又是科研中心"的精神，使学校各项事业取得了新的发展，在教学质量和科学水平的提高上又有若干新的突破。20 世纪 70 年代，唐敖庆和江元生联手，经过十多年的攻坚克难，提出和发展了一系列新的数学技巧和模型方法，他主要的贡献是提出了三条定理（本征多项式的计算、分子轨道系数计算和对称性约化），使这一量子化学形式体系，不论就计算结果还是对有关实验现象的解释，均可表达为分子图形的推理形式，概括性高，含义直观，简便易行，深化了对化学拓扑规律的认识。唐敖庆还将这一成果进一步应用到具有重复单元分子体系的研究，得到规律性的结果。基于上述科研成果，他还提出了"分子轨道图形理论方法及其应用"研究，并得到相关的科研成果。[①]中国科学院沈家骢院士、徐如人院士、黎乐民院士、颜德岳院士、陈凯先院士、方维海院士、吴通好教授等人均师出唐敖庆。1978 ~ 1980年，以吉林大学为主，联合国内著名大学在长春共同举办了量子化学研究班和进修班，意在培养各科研单位、高校一线教师的业务能力，在此培训班中包括山东大学、四川大学等知名高等学府，此次培训为各高校培养了大批中青年学术骨干。

20 世纪 80 年代，唐敖庆主要进行分子固化理论与标度研究以及原子簇

---

① 江元生：《唐敖庆与中国理论化学》，《化学进展》2011 年第 12 期。

化学的研究工作。针对这一学术领域，多次组织了全国范围内的研讨会议、研修班、讨论班等形式的学习，其中大部分课程由唐敖庆亲自讲授，他的科研水平为当时国内一流。"受高教部委托吉林大学主办《高等学校化学学报》，经过筹备于 1980 年开始正式出版，并从 1984 年开始同时出版英文版。《高等学校化学学报》由杨石先任主编，唐敖庆任副主编，1985 年杨石先逝世后，一直由唐敖庆任主编。"① 1982 年，唐敖庆当选为中国化学会第二十一届理事会理事长，在主持工作期间，他制定了"团结全国化学界，学习前辈，共同为祖国化学事业奋斗"的方针。他严格要求自己，以自己严谨的治学态度去影响学术界的学风建设，身体力行去维护学术界的团结，为我国化学科研领域带来了一股清流。"他在中国化学会领导体制方面也做了一些改革，与其他三位理事长卢嘉锡、严东生、钱人元教授联合倡议，设立执行理事长制度，理事长通过选举任命轮流当选，任期均为一年时间，此举措大大促进了学会的民主和团结。20 世纪 80 年代后，唐敖庆致力于硼、碳原子簇的化学键和结果规则研究，提出了硼－碳原子簇结构的拓扑共轭关系，阐明其化学键特征和结构规则，在国际上产生广泛影响。"②

卸任吉林大学校长之职后，唐敖庆回到了北京。1990 年 11 月，唐敖庆又当选为中国化学会第二十三届理事会理事长，进入老年之后，唐敖庆仍然坚持在教学第一线，继续进行开拓性的教学工作，将自己的余热奉献在培养科学技术人才的事业上。2008 年 7 月 15 日 11 时 15 分，唐敖庆在北京逝世，享年 93 岁。

编辑：田鹏颖　陈宇驰

侯德武

侯德武（1935~），男，吉林磐石人，大专文化，高级工程师。他 1952 年参加工作，1957 年加入中国共产党，1966 年毕业于吉林业余工学院机械

---

① 江元生：《唐敖庆与中国理论化学》，《化学进展》2011 年第 12 期。
② 姚建年：《科教酬勋业　风范昭后人——纪念唐敖庆先生百年诞辰》，《中国科学基金》2016 年第 1 期。

专业，中国共产党第九次代表大会代表，第五届、第六届全国政协委员，先后17次被授予省、市先进生产者、化工部劳动英雄等称号。20世纪70年代，侯德武被评为"又红又专的工人工程师"，曾14次见到毛主席。1977～1979年他先后在工业学大庆、全国科学大会、全国劳模表彰大会上被评为全国先进生产者、全国先进科技工作者，1979年国务院授予他全国劳动模范的光荣称号。侯德武历任吉林化学工业公司染料厂加工班班长，吉林化学工业公司副经理、党委副书记、工会主席，高级工程师，中国化工学会理事，吉林省化工学会副理事长，吉林市政协副主席，吉林市老年科技工作者协会会长，吉林市企业联合会会长。参加工作二十五年间，侯德武带领团队实现技术革新170多项，填补了我国化学工业中4项技术空白。

　　侯德武出生在战火纷飞的抗日战争年代，东北地区在"九·一八"事变后沦为日本殖民统治区，人民生活在水深火热之中，幼年的侯德武生活十分困苦，只读了一年半的书就辍学在家。1952年，怀着报效国家的豪情壮志，侯德武进入当时的吉林省化工厂工作，是一名普通的钳工。1957年，侯德武晋升为化工厂技术员，从此开始了化学工业的科研之路，1959年他晋升为工程师，1987年晋升为高级工程师。

　　吉林化学工业公司染料厂是在国家"一五"计划期间建立起来的，当时我国化学工业百废待兴，实现"四个现代化"的目标深深震撼了侯德武的内心，他立志要为国家实现"四个现代化"的宏伟目标奉献自己的青春和汗水。在工作中他发现只有对国家的热爱和对工作的激情是不能促进国家化学工业发展的，必须用知识武装自己，提升报效国家的能力。"侯德武这个昔日的放牛娃，用惊人的毅力在业余时间完成了文化知识和技术知识的学习，在长达14年的光阴里，他自学了初中、高中、大学的工科课程，完成了从扫盲班的学生到工人工程师的蜕变。"

　　1959年他成功地研制出了多线的弧形蜗轮、蜗杆，"这种技术的应用解决了生产中急缺材料的问题。在研制成功的基础之上，侯德武及其团队为了延长泵的使用寿命，经过反复的实验，在失败中寻找问题，不断摸索，最终用玻璃钢制成了水环真空泵，使用时长比原来的金属泵长几倍到几十倍"①。这项技术在全国范围内得到了大力推广，为全国各化工企业解决了一个技术难题，为我国自制化工设备开拓出一片新的天地。

化工行业的特征是污染性强、腐蚀性大，化工设备的管路及其他附属部件极易被腐蚀，在当时被认为是一个不可避免的问题，大量的污染、腐蚀给侯德武所在的染料厂带来了巨大的损失。当时，全厂共有水环真空泵（也叫 MK－3 泵）七十一台，分布在二十多个车间里。有的泵叶轮结构复杂，因铸铁叶轮不耐酸碱腐蚀，使用寿命非常短，有的铸铁叶轮短短几个小时就会被腐蚀掉，最长使用寿命也超不过三个月，每年就有上千吨的钢材被酸、碱腐蚀掉。侯德武看在眼里记在心中，决心要解决管路腐蚀、设备腐蚀的问题。一次偶然的机会，他看到自家装酱的缸是由陶瓷制成的，不会被腐蚀，这给了他很大的启发。侯德武从陶瓷联想到玻璃和玻璃钢。他茅塞顿开，决心利用非金属材料玻璃钢找出一条新的防腐蚀之路。

侯德武带领加工班的同事们，主动请缨把改造 MK－3 泵的任务承担过来，玻璃钢并非罕见，但用它制造复杂的机械零件，当时确是罕见的。侯德武带领他的团队，最后用二百四十八个零件组成大型模具，成功地制造出我国第一只玻璃钢 MK－3 泵的叶轮。他用玻璃钢压制成功耐酸泵、污水泵叶轮和耐酸泵壳等 20 多种产品，解决了我国耐酸材料不足的现实问题，改善了工人的工作条件。这种叶轮重量轻、强度高、防腐蚀性能好，使用寿命达到半年以上，有的使用了一年零三个月。仅这一项，一年就可以为国家节约十五万元。玻璃钢叶轮一问世，在我国化工企业间引起了不小的轰动，全国各地的同行业、同类型企业纷纷引进此项技术。北京制药厂、江苏宜兴非金属机械厂、抚顺硫酸厂等企业很快加以应用。1979 年在四川泸州召开的全国化工防腐蚀会议上，侯德武详细地对此项技术进行了讲解，交流了经验，成为开辟新的化工防腐道路的先行者。

侯德武和他的团队再接再厉，在试制成功 MK－3 泵叶轮的基础上，又采用大型组合模具整体成型的做法，把这一经验扩大到其他机械设备上去。侯德武研制成功的燃料高速喷雾机喷沙盘，提供了燃料生产的关键部件，用非金属代替金属的新工艺，为我国化工防腐闯出了一条新路，延长了产

---

① 《中国工人阶级大百科》编委会编《中国工人阶级大百科》，中国国际广播出版社，1992。

品的使用寿命，节约了大量的有色金属和稀有金属。

侯德武看到吉林电石厂丁辛醇车间因从法国引进一套先进设备，每年都要花大量外汇进口阀门密封口环等备品备件。他为了给国家节约外汇，毅然承担了研制阀门密封口环的任务。他总是在研发的第一线，从原料的选择，到加工工艺的安排，他都事必躬亲。经过反复试验，终于制成了阀门密封口环。经过鉴定和实际应用，效果良好，质量完全达到进口阀门密封口环的标准。

在1977年以后，侯德武逐渐担任领导职务，他承担了研制六号联苯胺自动化包装和三号B色盐自动化包装的任务。他和团队的同志们一起设计方案，一起进行试验，经过一年多的努力，终于研制成了联苯胺自动化包装和三号B色盐自动化包装设备。过去，工人用小车放料，大锹装料，磅秤称料，塑料袋要人一个一个往桶里套。B色盐常常溅进工人的眼睛里，许多工人都患有眼炎，这成了一种职业病。另外，由于过去的设备落后，每个班差不多有五十公斤的染料白白被水冲走。现在，染料都密封在包装机内，工人在操作室里一按电钮就行了。这项改革不仅保证了包装工人的身体健康，而且使染料不受损失，每年可为国家节约5万元，又避免了对江河的污染。化工部的领导看到这一创造兴奋地说："这台自动化包装机，很科学，也很先进。我到过德国、英国、法国，没有见到他们在染料后处理岗位上有自动化包装机。瑞典一家工厂有自动化包装机，但是很土。这是我国的专利。以后要逐步应用到全国同行业的工厂中去。"不久，侯德武又将二号车间自动化包装机研制成功。

侯德武始终胸怀科技报国的理念，带领团队不断攻坚克难，勇于创新，在技术革新的研发道路上，始终坚持自力更生的方针，从不给国家添任何麻烦，不向国家多要一分钱。他们自力更生，自己制造设备，自己修盖厂房。在短短的两年时间里，他带领加工班的同志制造了三十吨油压机两台，研磨机两台，抛光机一台，盖起厂房二百一十多平方米，为国家节约了上万元的资金。

化工企业生产在促进经济发展的同时，不可避免地会面临环境污染和水污染的问题。为了保住绿水青山，他又致力于解决松花江工业污染问题。1978年他去联邦德国考察学习，取得了宝贵的经验，经过两年的筹备和建设，一座日处理 20 万吨污水的我国当时第一大污水处理厂建成了。松花江水又重新恢复了生机，获得了新生命。

侯德武在职业生涯的后期，仍然在市政协副主席的岗位上为现代化建设贡献自己的余热。侯德武将自己的一生毫无保留地奉献给了生养他的这片热土和热爱的化工行业，为国家化工行业发展做出了巨大贡献。

1998 年从吉林市政协副主席岗位上退下来后，侯德武仍想为国家多做贡献，他担任了吉林市老科技工作者协会会长。老科技工作者都是专家、教授、高级工程师、研究员，应组织他们发挥余热，他说，这些人各有专长，身怀绝技，非常难得，得把他们组织起来，为吉林市的经济献计出力。他退而不休，勤耕不辍，业绩突出，被吉林省、吉林市评为老干部先进标兵、全国老干部先进个人及中国老科协优秀老科技工作者。他说："我要活到老、干到老，要努力学习实践，让余热生辉，为振兴发展吉林做出新贡献。"

编辑：田鹏颖　陈宇驰

王大珩

王大珩（1915～2011），男，出生于日本东京，祖籍江苏省吴县（今苏州市），中国共产党党员，著名光学家、教育家，中国科学院院士，中国工程院院士，国际宇航科学院院士。王大珩历任中国科学院长春光学精密机械研究所所长，中国科学院长春分院院长，中国科学院技术科学部主任，中国科学院空间科学技术中心主任；解放军原总装备部科学技术委员会顾问；长春光学精密机械学院（现长春理工大学）院长，哈尔滨科学技术大学校长；中国科学技术协会副主席，北京市科学技术协会主席，中国光学学会理事长，中国仪器仪表学会理事长，中国计量测试学会理事长，中国高技术产业化研究会理事长，大连大学物理与光电学院院长等职。王大珩是中国近代光学工程的重要学术奠基人、开拓者和组织领导者，被誉为"中国光学之父"。他是"两弹一星功勋奖章"获得者，倡议并促成中国工程院成立，是国家"863"计划的主要发起人。他对中国技术光学、激光、光学计量、光学玻璃和光学工程等研究较为深入，指导研制成功多种光学观察设备，为中国应用光学、光学工程、光学精密机械、空间光学、激光科学和计量科学的创建和发展做出了杰出贡献。[①]

王大珩1978年10月加入中国共产党，曾当选中国共产党第十二次全国代表大会代表，第三至六届全国人民代表大会代表，第三、七届全国政协委员。他于1978年和1979年先后两次被评为全国科技先进工作者，1980年被授予全国劳动模范荣誉称号，1985年获得国家科技进步特等奖，1995年1月获得1994年度何梁何利基金科学与技术成就奖。[②] 2011年7月21日，王大珩在北京逝世，享年96岁。

青岛礼贤中学是由德国人理查德创办的，1929年王大珩就读于此，天资聪颖的王大珩在礼贤中学期间就完成了高中课程的学习，数学成绩尤其优异。1932～1936年，王大珩就读于清华大学物理系，与钱三强等为同班同学，1936年顺利毕业后，他开始对核物理领域进行研究。1938年，王大珩考取留英公费生，由香港乘船奔赴英国伦敦帝国理工学院，攻读应用光学专业研究生，1940年获得理学硕士学位。1941年，他转入英国谢菲尔德大学攻读博士学位，从事有关光学玻璃的研究，并在国际著名的物理学刊物 *Proc. Phys. Soc.* 上发表论文。1942年，王大珩被伯明翰昌司玻璃公司聘为助理研究员，从事光学玻璃研究，同年加入留英工程师学会。

1948年，王大珩回国后被北平研究院物理研究所所长严济慈先生聘请，到该所从事光学研究工作。后来，他到大连担任了中国共产党创建的第一所工科大学——大连大学（现为大连理工大学）应用物理系主任、教授。1951年，中国科学院邀聘王大珩去北京筹建仪器研制机构。1958年，王大珩作为主要创始人、第一任院长（1958年8月至1965年2月），创办了长春光学精密机械学院（现长春理工大学），他担任院长，亲自进行专业、系的设置，并讲授基础课，后任名誉校长。

1958年，长春光机所以研制高精光学仪器而声名鹊起，他们的科研成果闻名全国科技领域。"以王大珩为核心的科学家们研制出一秒精度大地测量经纬仪、一微米精度万能工具显微镜、大型石英摄谱仪、中型电子显微

---

① 吴幼华：《追思王大珩院士》，《办公自动化》2011年第17期。

② 《光电领域专家》（二），《光电工程》2017年第8期。

镜、中子晶体谱仪、地形测量用多臂航摄投影仪、红外夜视仪以及系列有色光学玻璃。与此同时也孕育了中国第一台激光器，1961 年我国第一台激光器在这里诞生。" 20 世纪 60 年代初，为适应国防工程的要求，国家提出研制大型精密光学跟踪电影经纬仪的任务。王大珩带领同事们克服重重困难，历时 5 年时间，研制出中国第一台大型光测设备，这一科研成果超出了设计的指标。从此，我国向世界证明，在光学工程研制领域，我国已经可以独立完成科研工作，不能大批生产的历史从此画上句号。随着光学事业的不断发展，彩色广播电视事业也得到了国家的重视。王大珩再次勇挑重担，带领团队进行科研攻关，在长春及西安举办了彩色电视学习班。王大珩为此编写了《彩色电视中的色度学问题》一书，作为第一代电视技术人员的培训教材，这本书里详细讲述了彩色电视摄像机中的分色棱镜，并致力于制定中国色度标准的工作。1974 年，他带领激光科技代表团去美国考察，对促进中美激光科技学术交流颇有影响，对中国的激光科技发展有深远的意义。

1980 年 5 月，中国向南太平洋发射远程运载火箭。长春光机所研制的电影经纬仪和船体变形测量系统两项光学工程，出色地完成了火箭的跟踪测量任务，独立解决了当今世界远洋航天测量的平稳跟踪、定位、标定、校正的抗干扰等技术难题。王大珩在测量船的光学测量布局和船体摇摆及挠曲与实时修正方面均有重要创造。1983 年，国家开始致力于重大科技项目的研发工作，调王大珩同志担任中国科学院技术科学部主任，在此工作岗位上负责技术咨询、政策建议等重要顾问工作，在此期间，王大珩提出了很多对我国科技、经济发展具有战略性意义的重要建议。

1984 年美国提出开展中美太空科学与应用合作建议，王大珩积极支持并参与由国家科委牵头的中美合作相关工作。王大珩、王淦昌、陈芳允、杨嘉墀四位科学家给邓小平写信，提出要追赶世界先进水平，发展我国高科技，这封信得到了中央重视，批准实施了《国家高技术研究发展计划纲要》。1986 年 8 月，国务院常务会议通过了这个纲要并决定拨款 100 亿元。因为信件的提交日期，该计划又得名为 "863" 计划。这个计划的主要目的是在选定的生物、航天、信息、自动化、新材料、能源、激光七个高技术领域内，跟踪世界先进水平，通过不断创造和实践，缩小同发达国家的差距。"863"计划对中国科技发展有着深远的影响，把中国推到了世界高科技竞争的起跑线上。

1988年，在他的积极倡导下，国家成立"全国颜色标准化技术委员会"，他任第一届委员会主任委员。1994年，由他主持的"中国颜色体系问题研究"课题组制定的《中国颜色体系》《中国颜色体系样册》正式通过国家标准审查，并作为国家标准公布实施。在他的倡议和推动下，《国旗国家标准》《国旗颜色标准样品》等国家标准快速制定、制作完成。

1996年，中国科学技术发展基金会，在王大珩努力奔走并出资的情况下正式成立，奖金中的部分用于"中国光学学会科技奖"的颁发，以此来鼓励后来的学子们，为国家光学技术的发展努力工作，其在2000年3月31日正式更名为"王大珩光学奖"，以此来纪念王大珩所做出的杰出贡献。2005年7月，王大珩科学技术学院成立，此学院在原长春光学精密机械学院的基础上建立。学院的办学宗旨就是以培养创新型人才为目标，实行导师负责制，采取两段式培养，执行单独的教学计划，以学生的实践、创新能力为出发点和落脚点，为国家培养了大批应用型人才。凡通过选拔进入王大珩科学技术学院创新实验班的学生，均可享受专项奖学金的待遇，每生每年1000元。

进入21世纪后，王大珩虽然年事已高，但仍不遗余力地为国家的科研事业奔波忙碌，有时还亲自指导博士研究生。在选定研究课题上，他十分重视理论水平和实际动手能力并重。课题要有继续开展工作的前景或应用前景。他对学生论文的审阅修改，详尽而严格，对自己提出的新概念、新思想等内容，从不计较个人署名。2007年8月29日，王大珩与丁衡高、母国光、周炳琨三位院士致信温家宝总理，正式提出建设"中国光学科技馆"的建议。

王大珩的一生，忠于国家，精于学术，几十年如一日地探索、奉献，为科技强国提供了最现实的力量支撑。正如他去世时，有人感叹："王大珩先生这样的实干家，才真是共和国的脊梁"。

编辑：田鹏颖　陈宇驰

蒋筑英

蒋筑英（1938～1982），男，1938 年 8 月 13 日出生于贵州省贵阳市，7 岁时，他随父母回到祖籍浙江省杭州市。蒋筑英为我国著名的光学家，师从我国著名光学专家王大珩先生，曾任中国科学院长春光学精密机械研究所副研究员、室副主任、代主任。他用自己的一腔热血，为我国光学事业的发展开拓出一片新的天空。在他的不懈努力下，攻克了光学传递函数理论基础难题，并研制出我国第一台光学传递函数装置，编制出光学传递函数计算程序，领导建立了具有现代化水平的光学传递函数实验室。他编制出彩色电视摄像机校色矩阵最优化程序，在我国第一次将色度学应用到实践中去。他应用色度学原理找出了我国 10 多年没有解决的电影镜头彩色还原不好的原因，通过对成因分析进而提出了解决途径，在实践中取得了成效。1982 年 6 月，蒋筑英到外地工作，由于过度劳累，病情恶化，不幸在成都逝世，终年 44 岁。同年，蒋筑英被吉林省人民政府追授为特等劳动模范，1983 年被追授为全国劳动模范，是中华人民共和国成立以来第一位被追授为全国劳动模范的知识分子。2009 年 9 月 14 日，他被评为 100 位"新中国成立以来感动中国人物"之一。

1953 年夏天，蒋筑英毕业于百年名校杭州初级中学。同时，他又以优异的成绩进入著名的杭州高级中学。高中时期蒋筑英多次申请加入共青团，都因为其父亲的历史问题没有被批准。1954 年，蒋筑英的父亲因历史问题，被错判劳改入狱，这突如其来的祸事，彻底改变了蒋筑英的家庭。年仅 15 岁的他承受了精神上和生活上的巨大压力，他不得不承担起了家庭的负担。蒋筑英没有抱怨因为父亲错判给家庭带来的不幸，将压力转化为学习的动力，凭借过人的天赋和毅力，以优异的成绩于 1956 年考入北京大学物理系学习。家庭的拮据为蒋筑英的大学生活增加了很多困难，他只能通过精打细算来暂缓经济上的压力。学校的老师知道他的特殊情况后，为蒋筑英申请了助学金，他是靠人民助学金完成学业的。蒋筑英曾说"生育我者父母，教养我者党"[1]。他自知无以回报国家和学校，唯有刻苦学习才能对得起党

---

[1]　黄莺、莫细细：《坚贞无私的信仰》，《广西党史》2005 年第 3 期。

和国家对他的培养。

在北京大学，蒋筑英如饥似渴地学习知识，他的业余时间几乎都是在图书馆度过的，在校期间的每个寒暑假他都泡在图书馆，刻苦钻研专业知识。因为当时的光学研究水平欧美发达国家领先我国很多，许多先进的理论都是外文的，这给蒋筑英的学习造成了很大障碍。为了能读懂外文材料，蒋筑英同时学习三门外语。他经常一边做实验准备，一边背外语单词，到大学毕业时他已经掌握了英、俄、德、日、法五门外语。

1962年，大学毕业前夕，蒋筑英面临选择。母亲希望他留在南方，在上海或杭州工作，以便照顾家庭。蒋筑英清楚"自古忠孝难两全"的道理，也理解母亲的苦衷。再三思忖后，他决定去东北，去我国最大的光学基地——长春。在苦口婆心说服母亲后，他踏上了自己从未来过的这片土地，将青春与汗水洒在长春这片光学研究基地的沃土上，成为中国科学院长春光学精密机械研究所著名光学科学家王大珩的研究生，并在此扎根。[1] 导师王大珩从国家发展需要出发，为蒋筑英选定了建立光学传递函数测量装置这个课题。1963年，蒋筑英和同学组成4人攻关组，一边学习理论，一边设计装置和进行实验。他每天5点起床，一直忙到深夜，经过近两年的不懈努力，终于在1965年研制成功了我国第一台光学传递函数测量装置，这台装置达到了国际水平，受到国内外专家的一致认可。蒋筑英的这一科研成果引起了国际光学科学界的广泛关注。蒋筑英再接再厉，之后又设计了中国第一台电子分色机的分色特性和镀膜要求，先后解决了国产镜头研制工作中的许多关键性技术难题。蒋筑英在光学传递函数研究方面取得了一个又一个重要成果，发表了多篇学术论文。

"文化大革命"时期，蒋筑英尽管没有工作可干，但他还是经常到实验室，把实验室打扫得干干净净，并坚持每天读书，蒋筑英要在科研的道路上做一块"垫脚石"，他相信科学是使国家强大的唯一途径。正是靠着这种执着的韧劲儿和爱国奉献的精神，他在科研道路上创造出了许多优异的成绩。他编写了《彩色电视变焦距镜头技术标准方法》，撰写的《关于摄影物镜光谱透过率》一文，为中国广播电视事业的理论发展做出了巨大贡献。

---

[1] 《共和国劳模》编写组编《蒋筑英——一生追逐科学之光》，中国工人出版社，2015。

彩色复原技术一直是过去中国彩色电视的痛点，由于达不到标准，彩色电视显示出来的颜色非常凌乱且难看，蒋筑英所著的《彩色电视摄像机校色矩阵最优化程序》，为解决彩色复原质量问题提出了新的方案。他的研究成果，使 X 光射线的检测精度达到一根头发丝的十万分之一，以其高超的水平和独创性，受到同行们的高度评价。蒋筑英逐渐成为一个在光学传递函数的计算、装置、测试以及编制程序、标准化等多个领域的全能专家。

改革开放以后，党和国家提出"科学技术是生产力"的重要口号，科研工作的发展再次被放到国家发展的战略层面。全国各个科研院所犹如久旱逢甘霖一般，迅速发展起来。国家号召各个科研单位派人出国深造学习，长春光机所的领导经商量后决定派蒋筑英去联邦德国进修。由于当时我国经济发展水平相对较低，国家对外出学习人员的补贴也是捉襟见肘。蒋筑英在海外期间省吃俭用，"在这次学习结束回国时，用节省下来的外汇给所里买了一台英文打字机、一部录音机、十九台电子计算器和一些光学器材部件，剩下的钱，则全部交给了所里"①。由于科研成果显著，蒋筑英被单位领导定为重点培养对象。1981 年，蒋筑英第二次出国，验收进口机器。为了节省差旅经费，他自己带了一大包四川泡菜，将省下来的经费，给所里增添了更多的光学器材。

在个人利益面前蒋筑英也发扬风格，将本该属于自己的副研究员，主动让给年龄大些的老同志，本该 1979 年就聘任副研究员的他，直至 1982 年才被聘用。他常常翻译好最新的外国科技资料，放在资料室供大家查阅。他常说："我就是一块铺路石，我要做更多的铺路工作，为祖国的科技现代化，为更多的年轻科技人攀登高峰创造条件。"②

1982 年 6 月 12 日，积劳成疾的蒋筑英还带病收拾了新建的实验室，为单位修好被破坏的马路，又忍着腹部的疼痛到成都替一位家有急事的同事出差。6 月 13 日飞抵成都的当晚，他就召集验收组的人员开会直到深夜 11 时。次日一大早，他换乘两次公共汽车，步行了三段路程到达某工厂，忍着病痛开展工作。6 月 14 日深夜，他因腹痛难忍被送进医院。医生诊断他

---

① 石仲泉、陈登才：《中国当代英模的故事（之三）》，中共党史出版社，2004。
② 《共和国劳模》编写组编《蒋筑英——一生追逐科学之光》，中国工人出版社，2015。

因为积劳成疾，患有化脓性胆管炎、败血病、急性肺水肿等多种疾病。经抢救无效，蒋筑英于 6 月 15 日下午 5 时 3 分去世。蒋筑英的病逝，使无数个蒋筑英活下来了，整个一代人都感受到了他永恒不息的心跳。蒋筑英为了科学事业献身，捐躯于他乡异地，他把自己生命中的最后一束光，照耀在他挚爱的光学事业上。聂荣臻曾说，蒋筑英是"知识分子的优秀代表"。他去世后，聂荣臻、方毅、胡乔木等领导同志先后发表文章，呼吁各部门要彻底肃清"左"的影响，真正落实知识分子政策，从生活上切实关心他们，为他们创造良好的工作环境。

蒋筑英由于家庭出身的问题，一直没有被批准入党，但这丝毫没有影响他入党的坚定信念，最终在他病逝后被追认为中国共产党党员，了却了一生最大的愿望。蒋筑英在长春光学精密机械研究所辛勤耕耘，为我国光学事业的发展奠定了坚实的基础，做出了不可磨灭的贡献。他死后，人们都说"蒋筑英的一生是追逐光芒的一生。"

编辑：田鹏颖　陈宇驰

耿昭杰

耿昭杰（1935～），男，安徽省巢县（今巢湖市）人，中国共产党党员，第七、八、九届全国人民代表大会代表。耿昭杰 1954～1971 年在第一汽车制造厂技术处、工艺处、中央设计室、机械处、机电分厂等单位担任技术员、设计师、工程师，1971～1981 年任第一汽车制造厂秘书处副处长、铸造厂党委副书记，1981～1985 年任第一汽车制造厂党委副书记、副厂长兼汽车研究所所长，1985～1999 年任第一汽车集团公司总经理、董事长、党委书记。他主持第一汽车集团工作以来，在不停产、不减收的前提下进行产品的创新、换型，解决了老解放牌汽车 30 年不能换型的技术难题。耿昭杰为一汽制定了"横向联合、有偿兼并"的发展战略，通过采用积极引进先进技术、消化吸收、合资等多元发展方式，使一汽从单一的中卡生产厂，成功转型升级为可同时生产中卡、轻卡、轿车的全国特大型企业集团，跻身全国企业 500 强，为中国民族汽车工业发展，为一汽的发展做出了不可磨灭的贡献。他带领一汽获得了全国"五一劳动奖章"、全国优秀管理和国家一级企业等荣誉称号。耿昭杰在 1989 年，被省、市政府授予特等劳动模范，同年在全国劳动模范和全国先进工作者表彰大会上被授予全国劳动模范荣誉称号。2008 年，耿昭杰入选"中国改革开放 30 年经济百人榜"。

1952 年，耿昭杰从安庆第一中学高中毕业，进入哈尔滨工业大学电气自动化专业学习。1954 年，耿昭杰以优异的成绩提前两年学完所有课程，被分配到刚刚建立的第一汽车制造厂。20 世纪 50 年代初，恰逢中国开始大规模进行经济建设，开始发展工业化，汽车工业有了快速发展的基础。1953 年第一汽车制造厂破土动工，这是中华人民共和国有史以来第一次建设自己的汽车厂，毛泽东主席为奠基仪式题写了"第一汽车制造厂奠基纪念"。作为一名优秀的大学毕业生，耿昭杰怀着对祖国的一腔热情投身于祖国的工业建设中，立志工业报国。耿昭杰被分配到第一汽车制造厂任技术员。第一汽车制造厂为耿昭杰提供了施展才华的平台，他在这里迅速成长起来。1956 年我国生产的第一辆解放牌汽车下线，对于当时工业整体水平非常落后的中国来说，是一次经济上的解放。时任第一汽车制造厂技术处技术员的耿昭杰，受到了鼓舞和激励，他暗自立下鸿鹄志，要在第一汽车制造厂干出一番事业。

"文化大革命"时期，耿昭杰没有因为国家的政治运动，而放弃对汽车工业技术的钻研，通过不断的学习、实践，耿昭杰从一名普通的技术员逐渐成长为优秀的工程师，并承担了一些重点技术课题的攻关任务。耿昭杰逐渐在众多人才中脱颖而出，担任起更加重要的技术研发任务。耿昭杰在这一时期迅速成长起来，逐渐走向领导岗位，成为第一汽车制造厂的领军人物。

党的十一届三中全会以后，耿昭杰担任第一汽车制造厂党委副书记、副厂长兼汽车研究所所长。在改革开放方针的指引下，市场经济占据了我国的主导地位。新形势下，国内的大型企业都面临着转型发展的问题，第一汽车制造厂也同样要经历改革发展的阵痛。耿昭杰要率领第一汽车制造厂打赢这场改革之战。在他的带领下，经过"六五"换型和"七五"扩建改造，企业的产品开发能力和引进技术消化吸收能力显著增强，装备设计、制造能力和手段得到了进一步的扩充和完善。汽车零部件生产能力和产品生产水平也有了长足的发展，这些都为第一汽车制造厂生产轿车提供了必要条件。

20 世纪 80 年代中期，国家解除了县团级以下单位不得配用轿车的规定，轿车市场需求的浪潮瞬间形成，巨大的市场份额吸引了所有汽车制造企业的目光，几十万辆外国轿车在几年间源源不断地涌进国门，填补了中国轿车工业因弱小而形成的巨大真空。耿昭杰意识到，中国应该发展自己的轿车工业。我国的实际情况决定了我们的轿车工业已无法从头做起，必须走技术引进与合资生产这条路。中国轿车梦，一直是耿昭杰魂牵梦绕在心头的目标。他清楚地认识到，第一汽车制造厂上不了轿车，今后就没有发展道路，最后终将因为无路可走而走向衰败。耿昭杰早早地进行了战略部署，早在换型改造最艰难的时期，"一汽就买下了从老厂区向西延伸 4 公里的土地，总面积 293 万公顷，比老厂区还要大 15%，他默默地在心中种下一粒种子，立志要带领一汽在这里填补 30 年留下的空白"①。

1985 年，耿昭杰开始担任第一汽车制造厂厂长，1986 年春节后他上任不久，就领导完成了第一汽车制造厂的第二次创业——解放换型和上轻型轿车。对于当时技术水平相对落后、资金不足的第一汽车制造厂来说，二次创业的艰难绝不亚于 30 年前的建厂期。与此同时，"新型解放 CA141 准备投产，工厂改造也迫在眉睫。1986 年 2 月，耿昭杰做出坚定的抉择：工厂改造与新车投产同时进行。"在此之后，轿车 3 万辆先导工程正式拉开序幕，耿昭杰带领员工怀着壮士断腕的壮志，坚定地完成了改革，成功实现了世界汽车工业史上少有的老产品单轨制垂直转产，使传统老国企焕发青春，从此迈入发展新时期。换型改造结束，第一汽车制造厂由单一的卡车生产企业转型为现代化汽车制造企业。

1990 年，党中央国务院批准了一汽大众合资的 15 万辆轿车项目。同年11 月 20 日，一汽和大众 15 万辆轿车的合资合同在北京人民大会堂签字，耿昭杰和哈恩博士代表双方在协议上签字。在耿昭杰的带领下，一汽从此走进新的历史纪元。

在轿车先导工程正式拉开序幕后，一汽以惊人的发展速度再次领跑国内汽车行业。1991 年，耿昭杰领导成立了一汽与德国大众合资公司，一汽

---

① 周维维：《耿昭杰：半个世纪的汽车传奇》，《新京报》2013 年 7 月 24 日。

大众汽车公司成立，一汽开始建设世界一流水准的轿车生产企业。一汽大众的成功实践，引领了中国汽车改革开放、合资合作新一轮发展浪潮。

1995年11月，奥迪进入一汽大众，正式引入奥迪A6，奥迪轿车国产化率达到了60%以上。1996年，历时五年的15万辆轿车工程终于全面建成。奥迪轿车车身匹配上一汽CA488-3发动机、016变速器以后，成为小"红旗"轿车，创出了中国轿车唯一的民族品牌，知识产权完全归属一汽。

1999年秋天，中国第一款全球同步生产的高档轿车奥迪A6下线，"加长"后在中高级轿车市场取得巨大成功，打消了奥迪总部所有的困惑。至此，奥迪在中国市场正式打开了全面启动模式。2003年，A4正式引入中国，2010年，国产Q5正式上市。2012年，奥迪在中国销量创下最高纪录，汽车销量首次突破40万辆。而这一切，都是耿昭杰等一汽人所铺设的成功。

时至今日，耿昭杰这位一汽的老厂长最关心的事情仍然是一汽的自主轿车发展。早在引入奥迪100时，耿昭杰就埋下了另一个伏笔，就是从先导工程入手，通过技术引进、消化吸收奥迪先进技术，加速形成自我开发能力，提高制造技术水平，同时建立起一套符合一汽模式的产品技术文件，来指导产品的国产化生产。耿昭杰高瞻远瞩的战略布局，为我国民族汽车工业的发展开辟了新的道路，是中国民族汽车工业继往开来的"航标灯"。耿昭杰还在做着民族汽车品牌的梦，就像他自己说的："我有两个梦想，一个是一汽换型改造，这个梦想基本实现了。另一个是轿车梦，这个梦只实现了一半。我们引进了很多国外知名品牌，与大众合资，引进马自达的技术，都干得很成功，但这只成功了一部分，在民族品牌方面如果也干好的话，那我的轿车梦就算圆了。所以我一辈子都在为'解放''红旗'奋斗"。耿昭杰的民族汽车品牌梦也是中国人民的梦想，一辈辈的"汽车人"都在努力奋斗，为了他们心中那个民族汽车品牌的梦想早日实现。

编辑：田鹏颖　陈宇驰

田同德

田同德（1938~），男，河北磁县人，中共党员，长春市文教锅炉厂厂长，高级工程师。田同德1963年毕业于长春光机学院物理系（现长春理工大学），是 1989 年和 1995 年两届全国劳动模范，国家级有突出贡献的专家，国务院政府特殊津贴享受者，吉林省政府命名的教育企业家，振兴吉林一等功臣，吉林英才奖章获得者。他的主要称号有"全国先进工作者""吉林省特等劳动模范""长春市特等劳动模范""振兴长春特等功臣""长春市有突出贡献专家""长春市先进工作者""2006 年吉林省优秀共产党员""2006 年长春市优秀共产党员标兵"。

1963 年，田同德毕业于长春光机学院光学物理系，之后在长春市七十中任教，1964 年到九台师范学校进修，1965 年在长春市十七中学任教。从1974 年 1 月起，田同德服从组织分配，放弃了优越的教学条件，带领 4 名临时工白手起家，创办起长春市三十中学校办工厂，即长春市文教锅炉厂，担任厂长职务。10 多年里，他先后主持研制开发了 7 个系列、24 种规格的锅炉产品，有 3 个系列达到国内先进水平，两个系列获部、省优秀新产品奖。其中 Dzc/N 系列螺纹蒸汽锅炉，热效率比国家规定值提高 15%，传热系数提高近 2 倍，排烟温度降低 71 度，共为企业创利税 1600 多万元。同时，随着工厂效益的提高，长春市文教锅炉厂为振兴长春三十中学做出了很大的贡献。工厂富了，钱应该往哪用，厂长田同德想得很远。他认为学校既能办工厂，工厂也能够办学校，振兴教育事业。1974～1976 年这三年共获利 6.52 万元，除上缴税金近万元，给三十中学补充经费 2.7 万元外，其余的 3.12 万元，全部投资于刚刚起步的工厂。为后来制造锅炉创造了条件，奠定了基础。1977～1980 年，工厂共向学校投资 22.72 万元，为学校修建了围墙、校舍，更换了新锅炉，安装了暖气设施；组建了"三室"，即化学实验室、物理实验室、图书阅览室，购置了学生桌椅、体育器材。田同德在省、市有关部门的大力支持下办起了长春市能源职业技术学校。1990年，投资 92 万元征用土地，用 130 万元修建了瓷砖挂面的新教学楼，又投资了 5 万多元购买了桌椅及其他教学设备。全校已有学生 100 多名，开设了锅炉制造和能源两个专业，从而填补了长春市职业技术教育专业的空白。

田同德在白手起家创办工厂的过程中深深认识到，企业兴旺靠产品，产品兴旺靠人才，他正是在不断加强人才和智力开发的道路上，战胜了一个又一个困难，使企业迅速走上兴旺之路。他实行了多种开发人才的措施，选拔技术骨干到大学培训，拿出 14 万元先后把 17 名骨干送往西安交通大学、上海机械学院、东北电力学院、中央党校等学校深造学习。1987年，田同德与东北电力学院签订协议，在该院计划招生内定向培养2名大学生，并且利用生产淡季对全厂职工进行专业技术培训和初高中文化补习。最重要的是学习联邦德国实行双元制教育培养人才的经验，工厂自筹资金办起长春市能源职业技术学校，为工厂培养第一线技术工人。在人才开发上，田同德是靠两条腿走路，一方面是自己培养本厂人才，另一方面是采取优惠政策吸引社会人才到企业施展才能。他先后聘请了20余名锅炉专业工程师、设计师和行政管理人才。1987年在全省高等学院毕业生分配会议召开之际，田同德亲赴会场，以解决二室标准住房、工资上浮两级、福利待遇从优的优惠条件引进7名大学生。智力投资和人才开发给企业带来了生机勃勃的繁荣景象。1987年底，工厂被国家破格晋升为国家定点DI级锅炉制造企业，工厂产品有七种获奖，经济效益不断提高，连续七年实现利润超过百万元，人均利润过万元，自有资金在全省同行业最多，经济效益列全省锅炉行业榜首。1989年，工厂受到国务院总理的肯定和表扬。在田同德的科学管理下，长春市文教锅炉厂连续七年被评为省、市勤工俭学先进单位，连续四年被长春市政府评为先进单位、富翁企业和最佳企业，1989年被吉林省人民政府评为优秀集体企业。

　　1998年4月，田同德随中国劳动部代表团赴美参加世界锅炉协会水处理协会年会期间，"太空水"这一课题引起他浓厚的兴趣，他详细考察了美国宇航中心和几家净水设备公司，获得了大量的太空水资料及文献。他了解到太空水是运用当代高科技成果——逆渗透技术制造出来的高品质水，该项技术最早作为美国宇航局"阿波罗登月计划"中的一部分，在太空舱里，人们把宇航员的尿液及其他废弃水回收起来，通过逆渗透纯水机将其处理为纯水，再循环使用，以解决用水问题，以后凡用逆渗透技术制造出来的纯水便被形象地称为"太空水"。在考察中，田同德还注意到，欧美国家有80%～90%的人在饮用太空水，在盛产石油的阿拉伯国家，国民100%饮用太空水，风靡全球的富氧活性太空水已被越来越多的人所推崇。回国后，田同德马上请有关专家经过反复论证，认为"太空水"前景广阔、大有可为，遂投资上千万元，引进美国逆渗透技术设备，创建了长春可利尔太空水厂，使勤工俭学园地又添一朵奇葩，这成为田同德的三期"希望工程"的延续。长春可利尔太空水厂创建初就站在很高的起点上，具体表现在管理一流，技术设备一流，产品一流。在田同德的直接领导下，可利尔太空水厂快节奏、超常规运作，仅用一个月时间设备就已安装调试完毕，5加仑桶装及600毫升瓶装太空水已隆重上市，满足广大消费者需求。同时，田同德还在狠抓企业经营管理上下功夫。他成功借鉴了文教锅炉厂的管理办法及模式，把从严治厂、从严管理、严把产品质量关引入水厂的管理中来，并制定了完备严格的组织、生产、检验、销售、送水制度，专人负责，分兵把口，保证了水质的清纯、服务的周到。可利尔太空水厂采用美国最先进的净水技术及设备，包括逆渗透、臭氧杀菌、液氯杀菌、自动洗瓶灌袋系统，生产出可利尔牌富氧活性太空水。市技术监督局的同志来厂考察后一致认为，在长春市众多的纯净水生产厂家中，可利尔太空水厂的设备、工艺是最好的。长春可利尔太空水厂总建筑面积为1200平方米，设施齐全，检测水平先进。美国的技术专家曾先后4次到厂进行设备调试、技术指导，产品生产完全实行封闭式运行，避免了人为等原因造成的二次污染，采用现代化、科学化的管理手段，从而保证了可利尔太空水的高纯度品质。经省卫生防疫站和市产品质量监督检验所抽检，产品质量优于国家标准，达到国内同行业一流水平。

田同德在教育的影响下发展经济，又利用经济创造的效益来发展教育。他在教育改革过程中探索出了一条教育－科技－经济－教育相互作用、共同发展、良好循环的路子，在全国率先闯出一条"科技兴企，以企兴教"的全新之路，在全国同行业中有广泛的影响。田同德既发展了吉林省的经济，又促进了当地教育事业的发展，为我国的物质文明和精神文明建设添砖加瓦，贡献了自己的一分力量。

编辑：田鹏颖 李彦儒

傅万才

傅万才（1936～2004），男，汉族，吉林长春人，中共党员，1964年毕业于吉林化工学院，同年，分配到吉林化纤厂工作。他先后担任技术员、车间副主任、车间主任、机动处长、副总工程师，1985年3月任吉林化纤厂厂长，1989年兼任厂党委书记，1996～2002年任吉林化纤集团有限责任公司董事长、总经理、党委书记，并被吉林市政府授予终身董事长。傅万才先后获得省部级和国家级荣誉70多项，1993年被批准享受国务院政府特殊津贴，1994年被评为全国优秀企业家，1995年被评为全国劳动模范。他同时也是第八届全国人大代表和党的十五大代表，1998年被中共组织部、宣传部、国家经贸委树为全国学习典型，2004年2月在北京去世，享年68岁。

1964年傅万才被分配到吉林化纤厂，开始兢兢业业的工作，随着改革开放的不断深入，国有企业受到冲击，这时受过高等教育的傅万才因此被推上了企业领导人的位置。担任厂长之初，这个20世纪60年代建成投产的厂房陈旧、设备老化的厂子，只有黏胶短纤维一个品种，企业没有生机，职工缺乏活力。面对这种局面，他提出："一不等，二不靠，三不向上伸手要"的口号。他首先进行了大刀阔斧的内部管理机制改革，制定了大大小小1471个技术管理和工作标准，无论是工人们的怨声载道还是恐吓举报电话，傅万才都始终坚持自己的原则，严肃厂内纲纪。傅万才在10年里用一身正气和以身作则让人们对他的"绝"心服口服，称他为"铁腕厂长"。严明的纪律为吉林化纤厂的发展奠定了很好的基础。1990年，吉林市委作出了"开展向傅万才同志学习的决定"，吉林省委将他评为优秀共产党员。

1985年傅万才任厂长伊始，就赶上纺织市场能源危机，他把目光投向我国广阔的棉区，利用可以跨省区联合办厂的政策，"三下江南，四闯龙江"，使吉林化纤厂有了自己的原料基地，解决了能源危机。他利用工厂现有锅炉自行设计，自办电站，实现热、电联产。仅此一项每年创效益600多万元，1986年在资金短缺的情况下，坚持生产，避免了损失。1992年，长丝销售疲软，产品严重滞销，售价一路下跌，他查阅了大量资料，汇总了各地反馈的信息，抓住机遇，提出了再建900吨长丝生产线的设想，就在项目全面进行的时刻，长丝价格由原来23500元/吨，猛涨到44500元/吨，化纤厂库存被抢购一空，等货的汽车排成队。

当人们感叹"国企小改造小垮，大改造大垮，搞改造必垮"的时候，傅万才上任之后，敢为人先，大规模的技术改造就有十几次，而且个个盈利，无一失误。他靠一身硬功夫，带出了一支铁队伍，创造了一个又一个的奇迹：1.5 万吨黏胶短纤维移地大修工程，国家标准建设期是 28 个月，他们用了 15 个月就投产运行；一项需要 3 年才能完成的投资 3 亿元的 2950 吨长丝工程，他们只用了 16 个月；6 万吨腈纶工程的 3 台十几米高的打包机的安装，德国专家预计至少要两个月时间，结果他们只用了 18 天……傅万才在不断学习、不断改造的过程中探索出一条在发展社会主义市场经济条件下搞活国有大中型企业的新路。1985～2002 年，吉林化纤厂的产值由 4551 万元增加到 218586 万元，利税由 645 万元增加到 23181 万元，总资产由 3805 万元增加到 38 亿元。企业也因此进入了全国重点国有企业 500 强。

傅万才视质量为企业的生命。他靠着高度负责的精神和严谨的工作作风，保证了产品质量的绝对合格。同时，他不断追求国际先进的管理模式，严格按照国际标准规范企业的质量管理行为，完善质量保证体系，使黏胶长丝质量位居世界前列，腈纶纤维质量也在行业领先。在他的主持下，吉林化纤厂于 1993 年组建了吉林化纤股份有限公司，并于 1996 年在深圳挂牌上市。在与外商的交流中，他了解到三种异形丝在国际上有需求，但生产厂家不多。于是傅万才立即组织开发，使这 3 个产品迅速打入国际市场。之后，他着重研究了韩国市场，并将其确定为产品出口海外的突破口，他善于经营，黏胶长丝远销日本、韩国、中国台湾地区、美国、德国等许多国家和地区，长丝出口的产量达到总公司总产量的 45%。在经济不算发达的吉林，国有企业停产、半停产日趋增多，而吉林化纤却如一匹黑马，不仅令国人啧啧称赞，来这里参观后的老外也竖起拇指。与 20 世纪 60 年代中华人民共和国孕育而生的 7 个相同规模的化纤厂同在一个起点上，而吉林化纤却名列第一，成为化纤产业的"常青树"，不得不说与傅万才的领导息息相关。他推广以职工名字命名的检验法、操作法和工作法达 57 项，并且规定将降低成本、改进工艺所创效益的 10% 奖励给个人。这鼓励了大量的发明创造，为公司增加了大量的效益。

傅万才具有国有企业领导人的许多优秀品质：信念坚定，实事求是，团结同志，艰苦奋斗。然而，在振兴东北老工业基地的大潮中，最值得企业经营管理者学习的，是他身上体现出来的共产党员的开拓创新、敬业奉献的时代精神和踏实朴素、清正廉洁的高贵品质。傅万才生活简朴，不沾烟酒，不讲究吃穿。他除了爱好篮球、象棋外，没有其他娱乐项目。傅万才把人生的追求与事业紧紧地连在一起，几乎到了如醉如痴的地步。他每天早晨5点多钟就向厂里打电话，询问夜班生产情况；6点钟以前进厂，挨个车间查看一遍，然后提前来到生产调度室准备开调度会；晚上5点钟下班后，他还要留下来批阅文件，分析市场，研究战略，常常九十点钟才拖着疲惫的身体回家。在任10多年时间里，无论春夏秋冬，他风雨无阻，始终如一。傅万才心里时刻装着职工，事事为职工着想。他像一团火，既为职工照亮了前程，又为他们带来无限的温暖。每年过节，不管多忙，他必须到医院看望住院的职工，过春节，班子成员都要和在岗的职工一起过年，即使自己生病，也要忍痛把慰问品和饺子送到工人手中。谁思想上有疙瘩，谁工作上或生活上遇到困难，傅万才都会实心实意地帮助解决。他一身正气，两袖清风。一生中有数不清的发财的机会，可他偏偏把机会放走了，企业上项目外包工程，无论投资多大，他从不一个人做主，而是进行公开招标；产品走俏时从不擅自批条子，更拒绝从中谋利；他有病住院，从不让人去探望，因公出差也从不住高级酒店、不进入娱乐场所，吃饭总是自己掏钱……傅万才廉洁自律、关心职工、爱企如家，赢得了吉林化纤厂全体职工的衷心拥护和广泛赞誉。连续多年，吉林化纤厂全体职工代表对他的满意度都达百分之百。

傅万才同志是国有企业带头人的楷模，在他身上体现出公仆的风范，凝聚着人格的力量，昭示着时代的精神。吉林化纤厂成功的经验有力地证明，事在人为，路在人走，企业在人管。要办好企业，必须培育出"傅万才式"的好带头人，这是办好企业的根本保证。与傅万才相比较，在国有企业改革处在攻坚阶段时，一些企业经营管理者的精神状态、思想政治素质与党和政府的要求不相适应。有的考虑国家利益少，为自己考虑多；有的养尊处优，畏难怕苦；有的甚至贪污受贿，由一度的功臣成为罪人。许多事实已经证明，让这样的人管理国有企业，党和国家制定的政策再好，遇到的机遇再多，企业仍然是不可能搞好的。因而要学习傅万才，在对领导干部的选用上体现从严考核，对领导干部的教育上体现从严培育，对领导干部的约束上体现从严监督。只有选出懂经营、善管理、廉洁自律、一心扑在工作上的领导班子，苦练内功，励精图治，才能从根本上改变国有企业的经营状况。而领导班子建设的关键在于选好一个带头人，有了好的带头人，才能带出一个好班子，带出好的过硬的职工队伍，党和国家的方针、政策才能得到正确贯彻。

2004 年傅万才在北京去世，享年 68 岁。他虽然离开了，但他的精神永远存在。正如他自己所说："共产党人不仅能把国有企业搞好，而且可以搞得很好！"① 有着这样的信念和对党的忠诚，何愁我们的国有企业没有更好的发展呢？

编辑：田鹏颖　李彦儒

黄振山

黄振山（1947 ~ ），男，汉族，吉林怀德人，1968 年参加工作，1974 年加入中国共产党，1982 年毕业于吉林工学院企业管理专业，历任长春市汽油机厂党支部副书记、副厂长、厂长，长春汽油机股份有限公司董事长、总经理、高级经济师，长春长铃集团有限公司、长春长铃实业股份有限公司董事长兼总经理；兼任省高级职称评审委员会委员、长春市人民代表大会常务委员会委员和长春市企业协会副会长等职；曾获全国优秀青年企业家、中国行业 100 名企业创业者、国家级专家等荣誉称号；1993 年起享有政府特殊津贴，1994 年被长春市和吉林省授予特等劳动模范称号，1995 年被评为全国劳动模范。

长岭集团是以摩托车制造为主，集机械与塑料加工、机电产品经销、宾馆、房地产、运输业为一体的大型企业集团。但是它的前身只是一个生产小型内燃机的专业厂——长春市汽油机厂。该机厂自 1965 年一直以生产林业采伐用的汽油锯为主导产品。20 世纪 70 年代末，由于林业以采伐为主转为以营造为主，汽油锯产品严重滞销，工厂开始亏损。1980 年，这个厂利用生产小型汽油锯的条件，先后自行研发并试制生产了飞翼 95 和飞翼 80 型摩托车，但由于产品档次低、质量差，销售困难，加之经济改革的浪潮冲击，汽油机厂濒临绝境。1984 年，黄振山任汽油机厂厂长。

强烈的责任感催促着他，必须尽快为企业寻找一条新的生路。在开展

---

① 苏威、张树斌：《傅万才：国有企业优秀带头人》，《党建杂志》1999 年第 1 期。

了为期三个月的市场调查和分析的基础上，黄振山得知当时全国摩托车产量仅有 4.8 万辆，人均占有率极低，市场发展潜力大，前景可观。经过反复讨论和专家论证，他认为转产摩托车的方向没有错，问题在于自己生产的摩托车档次低，质量也不适应市场的需要。经过了无数个不眠之夜，他终于悟出了一个道理，综观世界各国的发展，都离不开科技进步，引进国外先进技术，依靠科技进步脱胎换骨地改造工厂是汽油机厂唯一的出路。经过大量的市场调查论证和艰苦的谈判，他决定以技贸结合的方式作为起步产品，从日本铃木公司引进具有国际先进水平的适合中国用户需求的 AX100 摩托车的全套技术软件和主要生产设备，大批量地生产高水平的摩托车。顶着非议和压力，他深知一旦失败，企业面临的就是比破产还要艰难的境遇，但是他还是坚信一个企业不能适时地进行技术改造是不会有发展动力的。他组织召开多次会议，得到了广大职工的支持，他还多次拜访各层领导干部，争取谅解和支持。功夫不负有心人，1984 年长春汽油机厂的技改项目终于被批准，1986 年开始批量生产。该产品投放市场后，深受广大用户的青睐，当年该厂就扭亏为盈。但是黄振山认识到引进名牌不等于拥有名牌，在激烈的市场竞争中，只有高标准、高质量才能使产品上档次。为此，他确立了"抓管理创先进，抓质量争第一"的治厂方针。为加强质量管理，增强全员质量意识，他花重金派员工和骨干到国内先进厂家以及日本铃木公司学习。之后长春汽油机厂声名鹊起，黄振山也荣获省十佳厂长、全国优秀青年企业家和省特等劳动模范称号。1991 年该厂跻身中国大型企业行列，1993 年长春铃木摩托被评为"中国公认的名牌摩托车"，1994 年整车质量达出口水平，1995 年通过 ISO9001 国际质量认证，之后几年产量、产值和利税均以 50% 的速度递增，摩托车行业中人均利税列榜首。

随着摩托车行业的发展，各种品牌的摩托车开始了"比价格、比质量、比服务"的竞争，而在价格和质量又很相近的情况下，"服务"显得尤为重要。黄振山及时提出要把"服务"作为决胜市场的第二次竞争，在追求一流质量的同时也要在服务上狠下功夫，以"千里万里，千方百计"作为服务方针，以用户满意度作为检验一切工作的标准。除服务之外，黄振山还认为：企业要保持技术优势和发展速度，必须不间断地进行技术改造，使企业形成多品种、系列化的产业结构。随着工厂生产能力的提升，为筹集资金，他采用股份制，成立了长春汽油机股份有限公司，之后集合了多家经济实体成立了长岭集团。

在综合分析研究预测的基础上，按照生产一代、研制一代、开发一代、储备一代的良性发展轨道，长铃集团又不失时机地引进了具有 20 世纪 90 年代世界先进水平的 GS12SR、GS150R 型摩托车及 AF50 座式踏板车，提高了产品档次。黄振山清醒地认识到，高起点的产品引进仅仅是企业提高水平、缩小差距的捷径之一，这是一座桥，而不是一条路，只有消化、吸收与创新相结合，形成自我开发能力，才是真正的发展之路。因此，公司一方面通过引进新产品、学习国外先进技术，加速提高国产化率，另一方面，又灵活运用老产品的良好性能，开发多功能、多用途的变型车、专用车。经过大胆实践，成功地研制开发出 AX100J 型警车、造型流畅的 AR100 型跑车、载人载货两用的 AX100ZH 型正三轮等摩托车，形成了以 100 型摩托车为基本型，以 125 和 150 为开发型，以座式踏板车为发展型，以各种变型车、专用车为补充型的产品系列，之后又通过引进、改进和自我开发生产了十几种市场急需又有竞争力的短平快速冲程新潮车，为长铃集团参与市场竞争注入了活力。

黄振山带领长铃人经过十余年的不懈努力，使长铃集团发生了翻天覆地的变化，市场份额不断扩大。然而此时企业之间的竞争已由局部竞争发展到整体竞争——企业形象的竞争，经济学家们大声呼吁：文化是继第三次浪潮（新技术和信息革命）之后，企业所面临的第四次浪潮，文化管理、文化经营已成为企业求生存、求发展的最有力的管理模式。黄振山顺应民意，及时建议导入 CIS，用 CIS 对企业形象进行全面管理，深刻挖掘企业的特点、个性和企业文化内涵，用与众不同的形象，抢占竞争制高点。1996 年 3 月，长铃集团开始 CIS 形象策划。企业新标志、标准字、标准色及企业新名称的出台标志着长铃集团塑造企业形象的首战告捷。1997 年公司全面实施 CIS，这一举措成为长铃再一次腾飞的助燃器。

企业的发展和成功，离不开全厂职工的参与，脱离了职工，企业就会变成无源之水、无本之木。黄振山在工作中始终坚持全心全意依靠职工办好企业这一根本方针。首先建立了行之有效的工作制度，以身作则，让每一位员工都遵守。其次广开言路，确保职工整体意志能真正得到体现，企业充分发挥职工代表大会的主渠道作用，凡属企业重大决策，如技术改造、合资等，在企业最后决定之前，都提交职工代表进行讨论。黄振山认为只有全心全意依靠职工，征求职工的意见，职工才能真心实意地爱护企业，以公司为家。在初期，公司先后为职工盖了4栋职工宿舍，解决了300多户职工的住房问题，市内小区改造凡不超过厂内规定标准的，一律支付扩大面积款；为解除分配来的外地大学生的后顾之忧，1994年投资35万元购买了一座大学生小楼，使已婚大学生喜迁新居。企业发展了，职工也得了实惠，工资连年上调，1996年职工人均收入已达到9600元，可以说是十分可喜的成就。

黄振山担任企业领导职务风风雨雨十几年，时刻不忘自己的党员身份，怀着对党的事业的忠诚信念，把全部心血都倾注到企业的发展建设上。他虚心好学，廉洁自律，时刻把企业和职工的利益放在心上，在荣誉面前不居功自傲，他总是讲："成绩是大家共同努力的结果，是集体意识的体现，我仅仅是领导集体的代表"。正是由于他勇于探索，大胆创新，企业才由一个名不见经传的小厂，发展成为一个集机械加工、机电产品经销、对外出口装卸运输、饮食服务产业于一身的跨地区、跨行业的大型现代化企业集团。他本人也在1995年获中国经营管理大师、全国劳动模范称号，1996年获国家级科学技术管理专家称号。

编辑：田鹏颖 李彦儒

李汝勤

李汝勤（1945～），男，汉族，吉林省梨树人，中共党员，1990年毕业于长春大学企业管理专业，高级工程师。李汝勤1958年在四平农业机械厂工作，1980年任四平阀门厂生产科长，1981年在四平机械局企管科工作，1983年后在四平换热器厂工作，先后担任四平维卡勃换热厂厂长、维卡勃换热设备有限公司总经理、党委书记。在任期间，李汝勤先后开发板式换热器、管式换热器13个系列、100多种规格，其中4个系列产品获省质优产品称号，有3个系列产品获省、市优秀新产品称号。他领导开发研制了5

项 BR 系列新产品，获部、省级优质产品称号，填补了国内及亚洲空白，他还组建了计算机操作热工实验室。1986 年，李汝勤被评为吉林省劳动模范，1987 年被评为吉林省优秀厂长，1988 年被评为东北优秀企业家，1990 年获全国"五一劳动奖章"，1995 年被国务院授予全国劳动模范称号。① 此外，他还获得全国优秀经营管理者等荣誉称号。

四平换热器厂是 1963 年成立的街办企业，1973 年开始生产板式换热器，1983 年四平换热器厂"一分为二"后，分出的国有企业带走了好的设备和技术人员。在这种情况下，1984 年李汝勤走马上任了。上任之初，换热器厂固定资产只有 37.4 万元，债务却高达 30 多万元，基本属于空壳企业。且企业机构臃肿，设备陈旧，管理混乱，产品单一，效率低下，人浮于事，严重影响职工的积极性。有人劝李汝勤，让他找一个更好的单位，但是他却说："工作随着志向走，成功随着工作来。党派我到换热器厂工作，把 321 名职工交给我，我有责任把它搞好，让我们一起干吧！"② 就这样，李汝勤开始整顿和发展企业的道路。

李汝勤担任厂长之后的第一件事就是整顿劳动纪律。他针对职工纪律松散和"无政府"状况，在厂内实行"上班挂牌，下班摘牌"，工作人员外出办事要逐级签发出门证制度，给昔日的"自由神"套上了"铁夹板"。他以身作则，两个月后，出勤率提高到了 97%，将一盘散沙攥成了拳头。之后，他率领一班人，以非凡的胆识，在全市率先取消了铁工资、铁交椅、铁饭碗，并且打破了年龄、文凭、资历、工人与干部、全民与集体的界限，实行平等竞争、优胜劣汰、多劳多得、人尽其才的原则，实现了企业内部的经营机制转换。当时，厂内调整时期有一位卫生所大夫，他利用职权，中饱私囊，对人区别对待，几届领导都不敢动他，但是李汝勤毅然决定将他调离卫生所，编入服务大队，稳住了全厂的生产秩序。经过人才和工资的调配之后，企业渐渐焕发出了勃勃生机，并且接受了国内有名厂家都不敢承接的项目，把产品提前拿出来了，给企业带来了显著的效益。当年创产

---

① 桑逢文主编《中国吉林大典（下）》，吉林人民出版社，1997，第 3300 页。
② 《光辉的足迹：四平市全国劳动模范专辑》，政协四平市文史资料委员会，1999。

值 400 万元，比上年增长 167%，实现利润 29 万元，职工人均收入比上年增长 28%。

企业有了一定进步之后，李汝勤认识到：没有质量过硬的产品和不断创新的技术，再好的纪律也不过是一个装饰门面的空壳。他意识到了企业的危机，靠生产了十年的老产品维持生计，连个商标都没有混上，无异于"枯井舀水"。就这样，他带着新提拔的技术副厂长开始了开发品种、扩大市场的"长征"。他们曾 4 次南下，3 次北上，行程十几万里，在全国各地走访了 6 个行业 317 家企业、12 所大专院校、8 个研究所，搜集了 9 个国家、18 个公司的情况资料。特别是北京钢铁学院之行使他们大开眼界，看清了"板式换热器不是滞销货，只要品种多样，质量达到国际标准，肯定供不应求"，从而确立了企业的主攻方向。而后，李汝勤开始率领企业向科技尖端靠拢，与院校搞联合。为此他不怕碰钉子，遭白眼，忍着病痛，先后 8 次到清华园，找热工系的专家和教授们请教。精诚所至，金石为开，他们渴求知识的满腔热情和一步一拜的虔诚精神，终于感动了"上帝"，清华热工系同意在技术上给这个小厂做后盾，两家达成了联合协议，签订了《热交换器咨询实验协议书》，这无疑是向人们宣布：四平市换热器厂产品的设计以及产品的鉴定，有了国内一流的检验和测定水平。这对该厂技术领域各项工作的开展，特别是对新产品的开发均产生了深远的影响，无疑是一个至关重要的决策。此后，企业开始了加速产品更新换代、赶超国际先进水平的步伐。在清华大学等单位的支持下，四平市换热器厂将老产品全部更新，并陆续研制、开发了 11 个系列、定名为"雪山"牌的板式换热器新产品。其中三个系列还填补了国内空白，成为供不应求的紧俏货。这期间，企业还承接了长江葛洲坝水利工程征求冷却设备的项目。长江葛洲坝电站工程设计部门为慎重起见，曾以四平换热器厂的产品同一家国内大厂的产品相比较，结果表明，"雪山"牌换热器的工作压力大 10 公斤，传热系数高 1200 大卡，波纹深度多 2 毫米，被认定是最理想的产品。因而葛洲坝工程所需要的 42 台换热器全部改用李汝勤的产品。这是我国核工业的一项重点科研项目，李汝勤不负众望，于 1986 年 4 月将货按期发往北京，四平换热器厂声威大震。之后，李汝勤的产品迅速占领了东北，进而挺进华北，突破长江，打入了两广，出口到美国、东南亚等国家和地区。1988

年，工厂被冶金部评为"进口备件国产化工作先进单位"，1990 年，获省机械工业厅"四杯两先八最优"竞赛"贡献杯"。其连续三年获省机械行业人均利税第一名。

尽管如此，李汝勤却并没有满足，反而充满了忧患意识。他认为，企业发展犹如逆水行舟，不进则退。要想在市场经济的大潮中立稳脚跟，就必须审时度势，具有超前的意识，做到超前准备、超前决策。虽然当时企业的规模、能力和技术水平在国内同行业中已处于领先地位，但与国外同行业相比尚有很大差距。只有借助外力，引进外援，走合资这条路，利用国外的技术、资金对企业进行嫁接改造，才能使企业尽快达到国际先进水平。经过长时间的认真调查和考察，他选中了法国的维卡勃集团。1992 年12 月 4 日，经过双方前后十轮的谈判，四平换热器厂和法国维卡勃公司合资兴建的四平维卡勃换热设备有限公司的合同签约仪式隆重举行，从而成为中国换热器行业第一家与国外合资的企业。合资后，企业的管理水平、技术水平、规模和生产能力都产生了质的飞跃。1999 年末，由于世界经济变革，维卡勃母公司出售，子公司也相应出售，与法国维卡勃的合作基本结束。这时，李汝勤审时度势，又做出了两项重大决策：一是于 2002 年对企业进行了股份制改造；二是加入了国际维克斯集团，更名为四平维克斯换热设备有限公司，继续保持与国际换热器巨头的合作与同步发展。2009 年 10 月 19 日，李汝勤在北京参加了隆重的庆功典礼并接受了中国科学院高能物理研究所颁发的证书和牌匾。四平维克斯换热设备有限公司获得国家重大科学工程——北京正负电子对撞机重大改造工程（BEPC Ⅱ）突出贡献奖，企业更上一层楼。

李汝勤在上任之后的 13 年间，实干兴业，把一个濒临倒闭的小厂改造成亚洲最大、世界第二、功能齐全、技术国际一流的换热设备制造公司。这与李汝勤超前的理念与独特的思维息息相关。正如他自己所说："世界上没有走不通的路，只有不肯迈步的脚。取天下之长，补己之短，借五洲之力，兴我之邦。"李汝勤被称赞为"神"的背后同样凝聚着血汗、艰辛、冒险和牺牲，巨大的代价才换来了累累果实。即使年过花甲，李汝勤仍然老当益壮，并且为维克斯规划了一个更为宏伟的发展蓝图。这种不断前进、不断创新的精神，正是我们中国在经济不断发展深入时期需要的，也是值得我们在人生路上借鉴学习的。

编辑：田鹏颖　李彦儒

刘亚钦

　　刘亚钦（1944 ~ ），女，中共党员，毕业于电校，长春电业局局长，高级工程师。她以敢开先河的创业气魄、刚柔并济的管理风格、运筹帷幄的大将风度、率先垂范的工作特色，赢得了人们的钦佩和信赖。在她和电业局一班人的率领下，企业先后被评为吉林省"有突出贡献的企业""全国供电系统为用户服务优秀集体""全国水电系统先进企业""省六好企业""全国思想政治工作优秀企业""学雷锋先进集体"。她自己也多次被东电、省电力局、省市委、省市政府评为"三八红旗手""改革女能人""优秀党委书记""优秀思想政治工作者""东电劳动模范"。1994 年她又分别被电力部和长春市总工会授予"全国电力系统特等劳动模范""长春市特等劳动模范"等光荣称号，1995 年被评为全国劳动模范，曾参加长春市第八次党代会和吉林省第八次人代会。

　　刘亚钦所在的长春电业局是东北电网大型供电企业，担负着市区、五县（市）的供电任务。电网线路长 3976 公里，电网辐射面 19380 平方公里，供电、农电加集体职工近万人。刘亚钦 1982 ~ 1989 年任该局副局长，主管经营和后勤工作，1989 ~ 1991 年任局党委书记兼局长，1991 年后一直担任电业局局长。要管好这样一个大型供电企业和庞大的职工队伍很难，但是刘亚钦充满信心，用柔弱的双肩担起了这副沉甸甸的担子。

　　电业部门是一个有企业经营和公益事业双重属性，并行使电业的行政职能，集三位于一体的专营企业，必须实行层层的严格管理。因而刘亚钦在上任局长伊始，首先制定了"励精图治，为政清廉，务实创新，永攀高峰"的十六字施政方针。她说："我们将继续发扬争排头、创一流的长电精神，使我局各项工作在任期内都达到一个新的水平。"安全生产、经济效益、优质服务是供电企业的三大支柱，而安全生产是主导、是统帅。虽说发生事故是绝对的，不发生事故是相对的，但是刘亚钦却坚持要将事故的发生率降到最低。她经过深思熟虑之后明确提出了"四步走"的措施。第

67

一步，组织有关人员编写了《从严治局管理规定汇编》，使安全生产有章可循；第二步，在全局实行"百元抵押无违章承包合同"，层层签订合同书，人人落实安全生产责任制；第三步，实行机关处室包点制度，每个处室包一至两个变电所或工区，实行责任同担，同奖同罚；第四步，在各供电局和一、二次变电所中开展"争金牌"活动，强化职工安全生产意识。"四步走"措施出台后，全局上下都绷紧了安全生产这根弦，使刘亚钦一上台就创造了 505 天的安全生产纪录。电力行业是独家经营的垄断行业，各行各业都想方设法和他们拉关系套近乎，吃喝问题控制不住会酿成后患。刘亚钦严格要求自己，从自己做起，不准吃用户一顿饭，更不准到营业性娱乐场所吃喝玩乐，并制定了处罚条例。1993 年 12 月，由于电力负荷加大，急需对市内管区的安达变电所进行增容改造。这个变电所场地窄小，而且又是部分停电作业，工作现场危险性极大。刘亚钦带领主管生产的副局长一起到现场办公，共同筹划整改措施。第二天她早上 5 点多钟就来到施工现场，冒着严寒，和工人们一起干，工人们看到局领导和他们一起进行施工都很受鼓舞。

除经济效益和安全意识外，刘亚钦还非常重视为千家万户排忧解难。多年来坚持深入基层调查研究，了解民众需求与困难，出资为卢家村新上了线路，更换了变压器，使该村居民用上了电；为部队购置了电能表箱、导线等供电设备，为二航院供上了电。为降低农村电价，减轻农民负担，电业局在农电系统中实行了清理乱收费等项措施，使农村照明电价得到了降低，每年减轻农民负担 796 万元。多年来，她总是牺牲企业与个人的利益，帮助失学儿童、照顾孤寡老人，为社会无偿提供支援和服务。

刘亚钦一直强调长春电业局每个人的工作都代表着电业局的整体形象，绝不允许不正之风在局内蔓延。因此经过考虑在党委会上提出了建立"一把手工程"的构想，提出：要把行风建设与经济工作和安全生产等同看待，作为企业发展的三大支柱来抓。行风建设作为硬任务由一把手亲自抓，负全责，实行纵横联网。纵向由她同全市 15 个供电局和农电局的一把手签订了《行风建设包保合同书》，供电局和农电局的一把手进一步同站（所）直到班组的一把手同样签订《行风建设包保合同书》。他们在"一把手工程"中还明确规定行风建设必须与人事任免、奖金分配、年度评优三挂钩，实行一票否决。同时规定各基层单位必须在地方行风工作的测评中居首位，否则不能参加本系统的各项评先选优活动。对出现行风问题的单位除对当事人和主管领导处罚外，还要对一把手进行处理，这叫双向负责的连带责任。在横向上各级班子成员都对一把手负责，实行一岗双责，必须发挥表率作用。有个下属局的一把手，自身要求不严，对纠风抓得不得力，企业吃喝成风，刘亚钦免去了这个局长的领导职务。二道供电局有一抄收员，是位老同志，和刘亚钦一向很熟。有一次，他到一个企业催收电费，厂方安排他到一家小饭店吃顿饭，并给他买了一条烟。接到举报后，刘亚钦立即派人调查核实，并对此事进行了严肃处理。刘亚钦又以此为鉴，召开了全局窗口职工大会，进行通报批评。就是这样的"小题大做"，使全局的行风建设出现了可喜成果，电业部门职工在全市的市民中树立了良好的形象。从1993年开始，电业局连续三年在全市行风测评中名列第一，局所辖的15个县（市）、区供电局和农电局在当地也全部连续获得行风测评第一名。

　　除对员工严格要求外，刘亚钦还明白企业的向心力、凝聚力形成的关键在于最大限度地调动人的积极性，而调动人的积极性的关键靠的是真情的呼唤。所以在工作中，她特别注重对职工的感情投资。在刘亚钦任局长的十几年间，她几乎没在家过一个春节。刘亚钦和班子成员，每逢佳节都要深入工人当中去，向他们表示慰问，并把包好的饺子和节日食品送到工人的手中，每年的三十晚上，刘亚钦都要来到距离长春市最远、工作环境最苦的榆树市五棵树变电所和工人同志们一起过年。多年来，她和那里的职工家属建立了"鱼水情谊"。工人李长贵子女多，家庭生活困难，刘亚钦亲手送去了被褥、棉衣。五棵树变电所职工做饭、取暖困难，在她的关照下，几车优质煤分卸到职工家门口。为了彻底改善他们的住房条件，经她提议，一个修建采暖锅炉房的决定很快得到实施。1990年底，刘亚钦被评为东电系统劳动模范，她把劳模会上奖给她的400元钱分送给8个特困家庭。50元是一个微不足道的数字，可是它凝结了刘亚钦对职工的一片真情。刘亚钦的真情换来了职工们的理解和支持，经过两年多的共同努力，长春电业局相继获得东电和电力部安全文明达标的光荣称号。

　　在担任局长的十几年间，刘亚钦不顾身体的病痛，坚定地与职工在一起，要把自己的全部身心奉献给电力事业。经过几年的不懈努力，在刘亚钦的带领下，完成电网建设投资 5.3 亿元，新建、增容 220kV 变电所 4 座、66kV 变电所 13 座，新建 66kV 及以上线路 402.1 公里，共计增容 228 万千伏安。同时，她还非常注重科技工作，并投入大量资金进行科技开发，科学管理电网。刘亚钦荣获 23 项部局级科技进步奖，自动化系统通过实用化验收，市内 15 座 66kV 变电所、通信站及双阳 220kV 变电所均实现无人值班。这种发展速度在电力企业发展的历史上是罕见的，这为体制改革、减员增效创造了条件，也对长春市的经济发展起到了促进作用。她凭着对事业执着的爱，像一只领头的大雁，带领全局职工向着新的辉煌飞翔。

编辑：田鹏颖 李彦儒

宁凤连

宁凤连（1954~），男，出生于山东五莲，中共党员，毕业于黑龙江商学院，历任吉林省长白市贸易局副局长，白山糖酒公司总经理，白山方大集团董事长、党委书记等职务。他凭借着对企业对员工高度负责的精神和 30 多年的商业经营管理工作的实践经验，锐意改革，不断创新，让一个个亏损的国有企业重现生机。他曾获吉林省特等劳动模范、全国劳动模范称号，同时也是吉林省第七次代表大会代表和全国第七届青年企业家协会会员，享受国务院特殊津贴。

宁凤连出生于长白山下，小小年纪就学会了农家的"十八般武艺"，帮助父亲养活家人。刚满 20 岁时，宁凤连在板石供销社副主任的位置上锋芒初显，很快把一个亏损单位变成了省市先进企业。自 1971 年参加工作，宁凤连辗转十多个单位，一路解决了很多困难。12 年后，他放弃了一份安稳的办公室主任的工作，主动来到经济很不景气的市联营公司担任经理，在经营该公司的 4 年里，他凭着自己迎难而上的精神，出乎意料地使企业固定资产和流动资产增加到了百万元。1990 年底，宁凤连接到上级指示，担任当时全市闻名的亏损企业——白山糖酒公司的总经理。当时白山糖酒公司面临的情况非常严峻，人们都劝宁凤连不要接下这个烂摊子。可宁凤连仍然坚持一贯不向困难低头的精神，认为越是艰苦的地方越应该去闯一闯、拼一拼。就这样，36 岁的总经理上任了。当时正值计划经济向市场经济转型时期，市场放开了，糖酒企业一时"缓不过神儿来"，购销业务陷于瘫痪，成了白山市有名的亏损大户。面对着近千万元的巨大亏损以及一盘散沙的职工队伍状况，宁凤连一股火急病了。但志存高远、志比酒烈的宁凤连在病床上就暗下决心，要对得起领导的信任和亲人的期盼，一定要让濒临倒闭的白山糖酒公司重新站起来，把涣散的人心再聚起来。身体刚刚开始恢复，他就拖着病体进京参加一年一度的全国糖酒会。但是参加全国糖酒会的各种酒类经销商，多达数千家。宁凤连懂得即使是好酒也需要宣传的道理，何况自身还名不见经传，所以他做出了一个超常规的大胆举动。他带领自家参会人员赶印了数万份宣传单，然后分组"包片儿"来到各地经销商所在的宾馆门口当"迎宾员"，发放宣传单，不厌其烦地推荐自己的城市，介绍自己的企业——白山糖酒公司。经过几天的努力，终于有了结果：许多酒厂领导、经销商和宁凤连达成了合作意向。最让他得意的是让业界知道了美丽的长白山脚下、鸭绿江畔有一个城市叫白山市，白山市有一家糖酒公司。之后，他为企业确立了从白山市扩展到吉林省，再面向东北辐射全国的经营理念。为此他坐在一台破旧的吉普车里，带领员工拜访了国内 22 个县市的 34 家酒类经销商，商量关于贷款、货源和销路的各种问题。同时，他还针对经营结构、范围、销售意识和销售渠道等问题提出了一系列的改革方案。更重要的是他推行货真价实、假一赔十的信誉承诺，使得糖酒公司的声名大噪，企业的经营规模也随之扩大。其不仅拥有 300 多个销售点，而且"五粮液""全兴""古井贡""洋河"四大系列国名酒的销售量在东北三省也连续几年都名列前茅。经过宁凤连的"妙手回春"，白山糖酒公司已经不再是之前濒临绝境的状况了，而成了深受信任的"国名酒集散地"。正因为有如此成绩，宁凤连获得了"东北酒王"的美誉。

1998 年，正处于市场经济发展的重要时期，此时的糖酒行业竞争十分激烈，资金也比较紧张，宁凤连意识到固守传统已不能满足公司发展，因而决定跟随大潮流，进行改革和创新。他决定与五粮液、全兴等酒厂共同开发 10 余个新的品种，让这些新的品种占领市场。当然，新的东西总是不会那么容易让人们接受的，针对这种情况，宁凤连认识到销售策略以及销售人员的重要性。在工作中，宁凤连注重商品广告的宣传作用，对销售人员也进行了专业的培训。同时，他在实行营销一线人员与主管经理的责任一体制原则的基础上，还制定了相应的优惠政策，提高了他们的工作积极性。经过各级的共同努力，在整个市场疲软的大环境下，白山糖酒公司全年销售额达到了一亿多元。在接下来的两年内，公司在销售旺季的销售总额，创下了10年来同期最高水平，企业也因此获得了很多殊荣。

2000年8月，以白山糖酒公司为龙头，白山市原三户老国有商业企业资产重组，成立白山方大集团，自集团成立以来，他提出了大力实施名牌发展战略的经营理念，在市区内发展方大超市连锁便利店22家，首开了白山连锁业的先河；在市中心黄金地段建立了汇集国内外上百个品牌、几千种商品的方大家电专业大卖场，引领了白山家电市场消费的新时尚；与此同时，在市辖各县区建立"茅台""五粮液""剑南春"等名酒专卖店18家，并以长春为中心，在四平、辽源、公主岭等地的大型商超内设立名酒专柜15处，以诚信赢得了市场的认可和消费者的信任。在商务部组织实施的"万村千乡市场工程"中，白山方大集团用不到一年的时间在市辖部分县区发展白山方大农家连锁超市191家，进一步活跃了农村市场，扩大了"白山方大"的品牌影响力。几年来，企业的经济效益和社会效益不断攀升，企业员工的收入逐年提高，企业发展的质量和水平都保持着良好态势。2007~2009年，集团国名酒销售全省第一，全国名列前茅。2010年1月15日，白山方大集团被国家工商总局认定为中国驰名商标，在全国酒类流通领域只此一家。

白山方大集团能有如此大的成就，靠的就是宁凤连所一直坚持的"诚信"。他能够做到严格把控自己酒类商品的来源，确保供货商的质量，保障消费者的利益，基本没有出现过所谓的假冒伪劣产品。他作为企业的经营者，拥有较强的自律意识和自我约束能力，从不为一点蝇头小利而放弃诚信原则。在对员工的要求上，他同样认为职业道德素质是首位的，只有这样才有利于打造企业的诚信品牌。同时在潜心经营、努力提高经济效益的基础上，他还不忘用所得来回报社会。几乎每年宁凤连都会对一些敬老院和受灾地区进行慰问和捐款，还会为一些孤儿院以及有残疾的孩子提供生活上和学习上的帮助，为他们提供资金，为他们奉献爱心。因此，宁凤连在2013年被评为第四届全国道德模范。

从1990年开始的20多年来，宁凤连坚信以德兴商，忠守诚信基础，从小小的糖酒公司经理到集团大老板，从吉林省十大维权人物到全国道德模范，闯出了一条辉煌的"东北酒王"的成功之路。他用自己的行动证明，中国的企业家并非天生就是罪恶的。在诚信经营的基础上，他用自己的善行证明这个群体完全可以成为这个社会最值得信任和尊重的力量。正如宁凤连所说："一个不会赚钱的企业家是不合格的，但是一个只考虑自己利益不在乎消费者的企业家也绝对不能被认为是称职的企业家，人没有信誉则不能立足于社会，而企业也是一样的，只有负责任才能长久。无论是企业还是企业家都应该把道德和社会责任放在首位。"我想这应该就是我们应该要向他学习的地方了。只有做到这样，人与人之间的信任才会更进一步，我们生活的这个社会也将更加美好。

编辑：田鹏颖　李彦儒

孙昌璞

　　孙昌璞（1962～），男，汉族，辽宁普兰店市人，理论物理学家，主要从事量子物理、数学物理和量子信息理论的研究。他先后担任东北师范大学物理研究所所长、教授、博士生导师，吉林省政协常委，全国青联委员，中国科学院理论物理研究所学术委员，国家自然科学基金委员会物理专项领导小组成员，2009年当选中国科学院院士，2011年当选发展中国家科学院院士。他在国内外重要刊物上发表百余篇文章，有的研究成果已达世界前沿水平。他所发展的高级量子绝热近似理论和玻色子实现理论，得到国内外同行的认可，获得诸多国内国际大奖。他还被评为吉林省特等劳模，1995年获全国先进工作者和全国劳动模范称号。

　　1962年夏天，孙昌璞出生在辽东半岛的一个普通农民家庭。淳朴善良的父母希望儿子能成为一个有本领的人，因此取名为"昌璞"。他从小家境贫寒，但在表叔的带领下，走进了知识的殿堂，迷上了读书学习，给原本就不富裕的家庭增添了负担。所以他总是在努力学习的基础上，减轻父母的重担。他的成绩一直很好，生活上也一直很节俭，继承了父母淳朴善良的品质。因为不想给父母带来更大的负担，他一度想要放弃上大学，而选择上中专，幸好被当时的班主任阻拦，撕了他的报名表，让他能够继续上大学。孙昌璞也没有让家长与老师失望，他以全市第九的优异成绩考入了东北师范大学物理系。在大学时代，他除了学习成绩一直保持优秀外，还在《大学物理》《物理实验》上公开发表了《称量气体重量的微观机制是什么》《电路分析中的变分原理》《验证能量动量守恒的一种新的装置》等论文，显示出了一定的科研基础与潜力，这坚定了孙昌璞从事物理研究的决心。

1984 年，孙昌璞考取了东北师范大学物理系理论物理专业的硕士研究生，师从吴兆颜教授，从事量子力学和数学物理的研究。一次暑假，美国南伊利诺伊大学的格鲁勃教授来东北师范大学讲学，在报告中谈到了一个物理学中李代数不可分解表示的问题。孙昌璞听了讲学之后，有所感悟，在酷热难耐的宿舍里把自己埋在参考资料里，几小时、十几个小时不出屋子，如痴如醉地研究，终于辛勤的汗水换来了可喜的收获。通过李代数玻色子实现，把李代数高阶对数关系的计算转换为简单的玻色子算子的对易关系计算，从而得到了各种李代数不可分解表示的具体形式。他撰写了三篇论文，在英国公开发表，接着又乘胜追击，建立了量子过程的高级近似方法，并成功运用于实践，把传统的量子绝热理论向前推进了一步。1987 年，孙昌璞获得了硕士学位后留校任教，并被破格提升为讲师。1989 年，他又考取了南开大学的在职博士研究生，师从葛墨林教授。在教授的指导下，他成功给出了"杨—巴克斯特新解系的量子群构造"。一年后，他被杨振宁博士选为在国内联合培养的第一位博士研究生，同年又被破格晋升为东北师范大学副教授，之后受杨振宁博士的邀请到美国纽约州立大学理论物理研究所进行研究。孙昌璞抓住这一宝贵的机会神游于理论物理的海洋中，在他的工作室里，常常是灯光伴着他度过了一个又一个不眠之夜。9 个月的学习研究后，他在杨振宁的指导下，完成了 8 篇高水平的论文，受到国内外一致好评。之后他应邀访问了费城德雷赛尔大学，又受"量子不可积性国际会议"邀请，成为这个会议的 5 位国际组委中最年轻的一位。杨振宁教授也不止一次向国内外物理学界介绍孙昌璞的工作成绩。对于杨振宁的高度评价，孙昌璞深情地说：是杨先生推动我走上理论物理的山峰，取得了一定的成绩。杨先生的教诲，使我终身受益，永生难忘。就这样，1992 年底，孙昌璞被破格晋升为东北师范大学教授，1995 年成为吉林大学博士生导师。

从 1987 年起，孙昌璞先后从事群表示论在物理学中的应用、量子理论的整体性质及基本问题、量子群与可积系统、量子测量和量子耗散理论以及量子信息的研究。他对量子开放系统理论等量子物理问题进行了前瞻性、基础性和系统性研究，为多年后（1996 年开始）量子信息的应用打下坚实的基础。由于以前系列的研究工作契合了量子信息的发展，1997 年后孙昌璞在量子信息基础和物理实现方面取得了一系列创新性的研究成果。至今为止，孙昌璞在国内国际知名期刊上发表的文章数不胜数，许多研究理论都被引用，有的引用次数甚至超过 3000 次，令人惊叹。他关于 q 变形玻色子的研究论文是国际上这方面最早的三篇开创性文章之一，并获得美国 ISI "经典引文奖"。1995 年，美国《科学》专刊评价中国科学发展提及了他的研究工作。他 17 年前开始的量子绝热近似和诱导规范场的研究，由于磁约束冷原子实验的新进展，2005 年后重新得到重视。在此方向上，孙昌璞等又提出了利用诱导规范场的斯特恩 – 盖拉赫效应分离手征分子的重要物理方案，英国《物理世界》头版报道并评论了这个工作。2008 年，他曾经提过的两个理论预言得到了实验的验证，并且推动了观察学界的新实验。他于 2005 年提出的纳米机械振子主动冷却的方案与德国小组 2008 年提出的大致相似。因此他获得了很多国内国际大奖以及诸多荣誉称号。

除了自己对学术的钻研之外，孙昌璞没有忘记自己作为一名教师的职责。他在培养年轻人方面也下了很大功夫。他先后开设了多门硕士专业课，围绕着科学前沿研究工作，培养了一批研究生，他们有的已经成为国内外有影响的青年学者，早期的研究生有在量子理论方面有所建树的王晓光教授，在 BEC 研究中有影响的刘夏姬博士等。孙昌璞的研究生张芃获全国优秀博士学位论文（2007），全海涛获中国科学院院长特别奖（2006），王颖丹获中国科学院优秀博士学位论文（2007），他们现在均在研究部门和实验室工作，在自己的研究领域有一定影响力。从孙昌璞小组出站的博士后，也在国内外有较大的影响，如郁司夏，刘玉玺、衣学喜和周兰等。孙昌璞为祖国培养了大量的物理学人才，名师出高徒在他的身上完美地体现出来。

从一个普通的农村孩子，成长为一名在国际上都有影响的理论物理学家，孙昌璞的成长路上除了自己的努力之外，要感谢的人还有很多，有撕掉他的中专报考登记表、帮他解决家庭困难、极力把他推进大学之门的中学班主任老师，有教给他学龄前知识的表叔，更有几任导师以及杨振宁教授的点拨、教诲。然而最应该感谢的还是辛勤劳动靠贷款支持他上学的父母，这是孙昌璞事业成功的动力源泉。尽管有了如此大的成就，孙昌璞依然保持着朴实谦虚的心境，他说："一切的努力都为报答他人的恩情，一切的努力都为报答祖国的培养"。孙昌璞思想活跃，基础理论扎实，勇于创新，为我们中国的物理学界带来了很高的成就，也为我们的经济实践提供了理论基础。在理论界大放异彩的同时，他还具有严谨踏实的学风，善于团结同志、共同提高，在同行中享有较高的声誉，是值得我们永远学习的榜样。

编辑：田鹏颖　李彦儒

于永来

于永来（1949～），男，辽宁瓦房店人，中共党员，1968年参加工作，先后担任长春第一汽车制造厂灰清车间清理工人、设计员、车间副主任、分厂副厂长、厂长、副总经理、总经理助理兼总经理等职位。他带领职工，向落后的生产力发起冲击，创造出我国铸造史上的奇迹，造就了一支于永来式的富有改革、创新和奉献精神的新型产业工人大军。在他的带领下，全车间130台设备改造了128台，110道工序改进了80道，在不增投资和作业面积的情况下，基本实现了生产自动化和半自动化，节省设备改造投资700多万元，创经济效益超过千万元。他曾6次荣获一汽立大功个人称号，1983年获得了一汽换型改造功臣与先进工作者称号，1994年被评为长春市特等劳动模范和吉林省劳动模范，1995年被评为机械工业部劳动模范和全国劳动模范，1996年被评为全国十大优秀科技工作者。同时，他也是全国铸造学会副理事长，中国汽车工程学会铸造学组常务理事。

1968年，刚刚初中毕业的于永来进入长春第一汽车厂，被分配到灰清车间。这个车间是全厂最脏、活也最累的车间。在这里，无论春夏秋冬光着膀子都是汗流浃背，一个班下来，即使戴上两层口罩，鼻孔还是钻满了灰尘，腰酸背痛那是自然的了。于永来决心与困难作斗争，改变工作环境。

1969年他开始琢磨起了第一项革新。面对工人一锹锹撮热砂的笨重劳动，他想，工位下层就是回砂皮带，为什么不能让热砂直接落到回砂皮带上去？他一次又一次试验，焊制成了一个下砂斗，沿用了12年的旧工艺被改造了，工人们告别了弯腰曲背的笨重劳作。于永来深知仅凭自己上9年学的那点文化来搞技术革新，差得太远，要提升自己的水平，不学文化，不懂科学是不行的。1973年，他参加了厂办业余中专学习；1975年，他作为优秀青工的代表，被工厂保送到吉林工业大学铸造专业学习；1978年毕业后，被分配到铸造厂技术发展科非标设计组工作；同年，工厂派他回灰清车间担任车间主任兼党支部书记。阔别多年，他看到车间生产设备和工作环境变化都不大，噪声、粉尘、高温和繁重劳动还在折磨着工人。他暗暗给自己提出一个要求：把工人从繁重的劳动和恶劣的环境中解放出来。他看到铸件防锈液原来都是用汽车运到现场。然后用人工往各个工位上倒，就设计和组织安装了远程输液泵，用主液站、输液管道和输液泵把防锈液随时随地送到每个工位。他看到工人们戴着三层大口罩，手工磨发动机缸体，又累又脏，就把它改为机械多面磨床，省人省力又保证了质量。他看到工人们在清理缸盖内腔杂物时，每天都要不停地挥动18磅大锤，劳动强度大，他经过先后4次改进，成功制造了一台封闭式震砂机，既减轻了工人的强体力劳动，又提高了工作效率，降低了厂房内的噪声。灰清车间抛丸室是整个车间生产的关键，但它是建厂初期的老设备，工效差，工时长，要买一台新的需花200万元，于永来决定加以改造。他对机器内脏进行了大规模的改造，更新了8个大功率的抛丸器，将手控的下砂闸门改进为自动定量控制的下砂闸门，使抛丸室的下砂量增加3倍，工时缩短6小时，工效提高近2倍，全部改造费用只用了10万元。这个车间原来的清理设备是20世纪50年代的产品，已远远跟不上生产的需要，为节约资金，于永来决定自行设计一台新设备，在将近一年的时间里，于永来几乎每天都要在厂里工作15个小时以上，回到家继续整理资料，有时一天只吃一顿饭，体重下降了5公斤。经过200个昼夜的煎熬，他终于拿出了11公斤重的图纸，又经过600多个日日夜夜的制造和安装，一台"鼠笼式新式抛丸室"出现了。这台新设备的结构和性能超过了国外同类型产品，实现了将两次抛丸变为一次抛丸，由只能清理一种缸体变为可以清理两种缸体，使我国的大型铸件清理技术一下子达到了国际先进水平，节约资金 170 万元。

在灰清车间的 8 年里，于永来没休息过一个完整的星期天和节假日，甚至没有时间照顾孩子，他投入了全部的精力，带领大家哪里脏、哪里苦，就改哪里，白天改进，晚上回家画图纸。因为家里地方小，绝大部分设备改进的图纸都是在厨房完成的。就这样，他把车间的人工磨缸体改为机械多面磨床，把运动防锈液改为远距离输液泵，把缸盖清埋线的手扶风铲改为悬挂式风铲。由他设计的缸体自动翻转震砂机使缸体内腔杂物由过去的 200 克降到 1.5 克，达到世界先进水平。没人能说清于永来为搞改进流了多少汗水，花了多少心血，但是工友们计算过，全灰清车间共有 130 台设备，他改了 128 台，110 道工序，他改了 80 道。在灰清车间当主任的 8 年中，于永来共实施了 450 多个技改项目，节约改造投资 700 多万元，直接经济效益达 1000 多万元。1992 年，一汽集团公司推行精益生产方式，于永来用精益的观念带领工友对灰清车间 5 条大中型生产线进行全面改造，重新对车间规划布局，搬迁设备，打通道路，形成环路。工序间用轨道、链条链接从而形成了全车间工件不落地的同步节拍生产，消除了工序间的再制品。全车间的再制品由 800 吨降到 300 吨、100 吨，最后降到 80 吨；流动资金占用由 150 万元降为 15 万元。从而使我国的铸造清理环境、设备性能、工艺水平、产品一步跨越 30 年，直逼国际水平。于永来也因此多次获得一汽集团功臣、标兵等称号。

1999 年，于永来成为一汽铸造厂副厂长。当了厂长后，于永来把精益的思想和企业整体的现场优化结合起来，详细制定了铸造厂现场整改的 34 项标准，并根据国内外的先进管理经验，不断完善、逐年修订，建立起一套科学的现场管理制度。渐渐地于永来认识到，物流是利润的第二个源泉，他经过缜密的调研，对各工位的在制品进行了重新审定。全厂成立了十几个专项攻关队，攻克了一批精益管理方面的技术难题，将全厂的原材料使用大户——两个熔化车间现场材料储备降低了 30%，不仅优化了现场，还使成本下降了 50%。取消定置管理点 40%，在减少重复搬运和缩短物流距离方面组织改进上百项，拔掉了一个个现场"三小"钉子户，挤出作业面积 1800 平方米，扩大了职工休息室面积 200 平方米。于永来利用休息日组织了 3200 多人次的现场整顿会战，清擦厂房玻璃 36000 多块，近 12 万平方米的厂房内、外墙面得到了粉刷，13.3 万平方米的设备油刷一新，实现了色彩管理，让设备设施、各种管路、安全标志、物流路线、工位器具、自动信息显示甚至灯光照明都清晰醒目，迅速改变了厂容厂貌，实现了全厂高水平的整体推进。每当其他厂家来到一汽铸造厂参观、学习，并发出啧啧赞叹声的时候，于永来总是认真地对人家说："我们铸造厂制定的跨世纪目标，就是要在下个世纪初，把这个 50 年代建厂的老企业变成国内领先、在国际上也有相当竞争实力的现代化铸造生产基地！那时候再来看，这儿还要大变样！"显然，于永来的梦想正在于此。

于永来用他的模范行为向我们展示了那个年代工人阶级投身改革、改变落后面貌、赶超世界先进水平的智慧和能力；他以"智慧和汗水"为我们塑造了新时代最可爱的人的崇高形象；以他一代英模的精神风貌，为机械行业广大职工在振兴机械汽车两大支柱产业建功立业中竖立了一面光辉的旗帜。在新的时代，我们同样需要千千万万个于永来。他们是工人阶级的杰出代表，他们是民族的脊梁。有这样的工人阶级群体，我们的民族机械、汽车工业就一定能够振兴。

编辑：田鹏颖　李彦儒

第三章　21 世纪前 15 年东北（吉林）老工业基地全国劳动模范

贺广庭

贺广庭（1953 ~），男，汉族，中共党员，生于江苏沛县王家店乡蔡庙村，后落脚于吉林桦甸市桦树林子乡植林村，历任桦甸市农电系统电工、桦甸市城郊农电所所长、桦甸市供电公司副总经理、桦甸市农电局局长等职位。他几十年如一日地以满腔热情和无私奉献的精神，坚持为民服务，赢得了吉林省各级政府和广大用户的认可与好评。他曾荣获吉林省"五一劳动奖章"、吉林省劳动模范、省特等劳动模范、全国"五一劳动奖章"等60 多项市级以上荣誉称号，2000 年被评为全国劳动模范，2001 年被国家电力公司命名为十佳优质服务明星，同年国家电力公司党组作出决定，授予贺广庭"全心全意为人民服务的好职工"荣誉称号，号召全系统广大干部职工向贺广庭学习。

贺广庭出生于一个贫苦的农民家庭，1970 年从桦树公社中学毕业后被植林村选为电工，到 1974 年成为一名正式的职工，进入城郊供电所当线路工。在此期间，他一直积极工作，乐于助人，刻苦攻读电学原理，他勤奋钻研的精神得到了广大乡亲的喜爱和上级领导的肯定，1980 年被提拔为农电所所长。这个农电所是桦甸市最大的，也是用户最多、用电量最大、管理最难的所。贺广庭上任之初，就面临诸多问题，管区线路路径小、结线乱、损失大、电费高、收费难。他经过调查之后，走出了"两步棋"。一是进行低压电网改造，减少损失，降低电价；二是强化用电管理，堵塞漏洞，减轻用电负担。他与职工们在严冬时节赶工两个月，完成了改造工作，使用户们深受感动，也将原本拖欠的电费主动交上了。2000 年，贺广庭带领职工对所辖线路全部进行了改造，改造之后不仅给所里带来了收益，也给用户带来了实惠，仅电费一项就使用户们减少支出 7 万多元。改造电网的同时，贺广庭又发现了农电所存在的其他问题：有的电工对工作不负责任，在农民身上吃、拿、卡、要，以电谋私。贺广庭痛恨这种打农民主意的电业人员，对他们这种人坚决辞退。为了杜绝管理漏洞，他推行"数实抄、表下杆、费坐收、账公开"的十二字工作法，要求电工如实抄写读数，让用户看得见，采用微机收费，杜绝乱收费，并且在每个收费点，把用户的电费收缴情况上榜公布。这项改革不仅有效地堵塞了管理漏洞，使用电管理规范化、科学化，而且在用户心目中树立了"供电人"的良好形象，群众非常满意。

　　"无电是命令，修复是责任"这是贺广庭对自己的工作要求，多年来为了这个要求，他奉献了无数个休息日。桦甸市制药厂以青霉素膏为主要产品，工艺要求高，如果停电 8 小时以上，正在生产的药品就要全部报废。一次晚上 8 点多，这个厂因雷击造成停电，当他们将这一情况告诉贺广庭后，贺广庭马上就来到了现场，冒着大雨紧急检查故障。雷电交加，随时都有生命危险，贺广庭却忘我地工作在抢修第一线，一直到下半夜 2 点多，终于恢复了供电，为该厂避免了 100 多万元的经济损失。1995 年，桦甸市遭受了历史上罕见的特大洪水，连日降雨导致集厂子村渔场突然断电，如果不快速恢复送电，几大池子的鱼都将会因缺氧而死亡。贺广庭立刻带领职工冒雨抢修到后半夜三点钟，架起了 200 多米长的线路，挽救了价值 70 多万元的渔场。洪水进城之后，他无暇顾及住在平房的父母有没有逃出城，而是设法使地势较高的村子和矿区恢复了供电，保证群众喝上水。之后他又找到了几名电工，开始了艰难的恢复送电工作，经过十几个小时的奋战，终于使两个村子重见光明。1997 年春节期间，某村因用电负荷增大，烧毁了变压器，男女老少看不上电视，村主任无奈找了贺广庭。虽然处于放假期间，但是贺广庭还是跑了十多家单位，为他们借来了变压器，接通了电。贺广庭认为：为用户提供优质服务，不只在一时一事，贵在坚持。在城郊供电所的辖区内，有 28 个排灌点，每年春季灌水，都得架线和安装水泵，这对农民来说是个难事。贺广庭了解这个情况后，主动带领所里职工，每天骑着自行车，带着工具和饭盒，往返几十公里，逐一为农民安装水泵，为其替换缺损的零件。为了防止丢失，排灌期结束后，他们又帮助农民把水泵卸下来、运回家。这项义务服务，他们已经坚持了十几年。

1999年农电局与供电局（供电公司）合并后，贺广庭担任了桦甸市供电公司副总经理，仍兼城郊供电所所长。虽然身份变了，但他还和别的职工一样分担管区，负责抄表收费、线路维修。他还和以前一样，周到热情地为用户服务。作为管电的一所之长，贺广庭手中有一定的权力。但他把这权力看作是责任，而不是捞好处的工具。有的用户为了办电，给他送钱送物请求"照顾"，还有的事后表示感谢，他多数都拒绝了，实在拒绝不了的，就交给所里的财务人员，充抵电费和材料费。有一个新开办的个体白灰厂，厂主为用电的事找到贺广庭，贺广庭按规定很快为他办好了电，并使该厂比预算省了2000多元。厂主很感动，晚上趁贺广庭不在家，送去了500元钱，对老贺妻子说是来还钱的。贺广庭回来后，一看到信封上还沾有白灰，就明白了是怎么回事。第二天晚上，他骑车到厂主家退钱，看到屋里连台电视都没有，就说："你白手起家办厂不容易，这钱你就买台电视机吧！"厂主两口子听了这话，感动得热泪盈眶。贺广庭干干净净做事，清清白白做人，用行动为职工树立榜样。对违反规章制度的，他敢抓敢管，照章办事。一次一个电工到集厂子小酒坊打酒赊了账，贺广庭听说后，立即让他把钱送回去。孙家屯原电工赵某在干活时吃了用户的饭，贺广庭责令他把饭钱补上。几年来，在贺广庭的言传身教和严格管理下，所里已经形成了良好的风气。职工们自觉地遵守规章制度，热情地为用户服务。贺广庭以自身的表率作用，带出了一个优秀的集体。自他担任所长以来，城郊供电所多次被省局、吉林市局评为"模范集体""模范班组"，获得了十几项荣誉。

当然，贺广庭的角色变了之后，所担心的问题又增加了一项，那就是要提高职工的积极性和收入，这样就必须想尽一切办法开拓市场。为了开拓用电市场，贺广庭不惜垫资为客户办电，最多的一次拿出200多万元，为一家矿产企业办电。他说，用户用不上电，首先是我们自己的损失；其次，农电还有支持地方经济发展的重任。而从长远看，贺广庭的付出是非常值得的。两年间，在地方政府和农电公司的大力支持下，仅桦南乡就有 5 家投资上千万元的企业投产，不仅为地方政府带来大量的税收，也给农电公司带来实实在在的回报。桦甸市农电公司始终坚持"以加强电网建设为基础，以提升服务水平为手段，促进增供扩销"，实现了政府满意、客户受益、企业得益三方共赢。2007 年，桦甸市农电公司连续第五年在地方软环境测评中名列第一，贺广庭本人入选当年桦甸市十大感动人物。

在老百姓心中，贺广庭是个充满人情味的人，他乐善好施，扶危济困。他曾经说："我是农民的儿子，又是一名党员，到啥时也不能忘本，咋能看见别人有困难不管呢！"在西台子村改造线路时，贺广庭发现有个老太太在他们身后跟了两天，好像有什么心事，他就主动和老人搭话。原来老人是个五保户，想让他跟村里说句话，减免低改集资费。贺广庭立即找村干部反映，并让村干部对其他五保户做了统计，最后免收了 11 个五保户的 2200 元改造费用。1996 年 8 月的一天晚上，贺广庭在家看电视，看到一条求助的消息：公吉乡联合屯的农民子弟高金岭考上了北京航空航天大学，但因无法筹到 2 万多元学费，只好退掉了通知书，选择了收费较低的吉林省警察学校，可东挪西借还差 1000 元。看完电视，贺广庭的心好一阵难过，他和妻子一商量，决定资助这个孩子。第二天一早，他骑上自行车找到了高金岭的家，掏出 1000 元钱，告诉他安心学习，别再为钱犯愁了，以后每月给他寄 200 元生活费。高金岭的家人几乎不敢相信这是真的，感动得不知说啥好。3 年过去了，贺广庭履行着自己的诺言，直到高金岭毕业参加工作。领到第一个月工资后，高金岭要请贺广庭吃顿饭，贺广庭谢绝了："你父母培养你不容易，这第一个月工资应该给他们买点东西"。春秋更迭，信念不变，贺广庭以自己的模范行动，树立了新时期电业职工和共产党员的应有形象，赢得了广大人民群众的交口称赞。因而桦甸市总工会做出决定，号召全市广大干部职工向贺广庭同志学习，用工人阶级的先进思想和模范行为影响带动全社会。

多年来，"人民电业为人民"的办电宗旨，在贺广庭的头脑中深深地扎下了根，并具体落实到农民身上，人们亲切地称他为"农民的儿子"。虽然时代在变、环境在变，但是贺广庭的劳模底色没有变，他坚持信仰，全心全意为人民服务，是我们的好榜样。

编辑：樊丽明　孙君来

刘维彬

刘维彬（1950～），男，汉族，中共党员，高级工人技师，曾任吉化集团建设公司安装三公司起重班班长。他参加工作后大胆创新，创造了国内"四个第一"，为国家节约了大量资金，1996年荣获全国"五一劳动奖章"，1997年被评为"全国十大能工巧匠"，2000年被评为全国劳动模范。

刘维彬曾经是吉林省蛟河县二中的毕业生，20世纪60年代末回到家乡扎根乡村成为一名乡村小学教师。1970年刘维彬离开蛟河县老家，步入我国化工建设的最大施工企业——吉化集团建设公司，在安装处做起重工作。

刘维彬进入这家公司的时候，公司基层员工都没提起过起重工这个工种，公司有力工、钳工、铣工、铆工、电工、焊工，但就是没听说过起重工，同事们对这个工种都感到陌生又新鲜。刘维彬在做起重工的时候几乎是一无所知，他先是靠蛮力、靠肩膀扛、硬抬等，每天的辛苦工作使他经常感到精疲力竭，可是他还是硬生生地扛了下来，后来他在工作中不断地总结，学会了用脑子干活，将工作越做越出色。他把农民的淳朴和执着追求精益求精的精神融合到了工作中，也带进了企业。他越干越有兴趣，业余时间先后阅读了多本相关技术类书籍，边看边记笔记，刻苦钻研技术，还写出来一些论文，他的读书笔记和技术论文被编辑成册成为青年技工的教材。1988年刘维彬被聘为首批公司的工人技师。

起重技术有着悠久的历史，古代各种举世闻名的建筑无不和起重技术有关，这里面凝结着人类的智慧的结晶。刘维彬在工作中认真学习钻研，他如同起重机上的大磁铁，吸收着起重的精华。工作中他向老师傅请教，勤于动脑，善于发现问题、钻研问题、解决问题，赢得了师傅和工友们的信任，在企业中逐步成为先进典型人物。

1988年5月，刘维彬所在团队承担了一项重要吊装任务，按常规吊装得3个月或更长时间，可是厂家要求他们尽快完成。刘维彬在这项艰巨的吊装任务中大胆开动脑筋、运用智慧，大大缩短了工时工期，工程如期完工，令交付方折服，同行业的专家对他带领的团队在这么短的时间内完成如此高难度的工程惊叹不已。刘维彬在这项工程中的创新获得了化工部的成果一等奖。

1992年8月，吉化有机合成厂有3台反应器需要更换，全是由德国购进的先进设备。刘维彬在实施吊装过程中提出自己独特的方案，圆满地完成了这次吊装。他的这个方案在第十届全国施工企业QC成果发布会上获得了优秀成果奖。

刘维彬勤于动脑、善于总结，他对每一次的承揽项目工程都全力以赴，在工作中大胆创新、勇于实践，连续获得多项成果奖和发明创新奖。刘维彬的这些创新和按期完成的项目，吉化职工看在眼里，大家都纷纷以刘维彬为榜样，掀起一轮又一轮生产创新高潮。刘维彬也成为企业的"擎天柱"，艰巨的工程项目往往都由组织上交给刘维彬及其团队去完成，他用自己的一个个成功赢得了全体吉化人的信任和拥戴。他的一项项填补空白的创新，让企业焕发出活力，在激烈的市场竞争中有了立足之地。

吉化芳烃装置火炬吊装是备受世人瞩目的标志性工程，这项工程难度大，任务艰巨，吉化公司领导认识到，这是检验企业实力、验证企业能否做强做大的重要工程，他们将这一历史台阶性项目承接下来，交给吉化集团建设公司。刘维彬和他的起重吊装队接受了这一艰巨的任务。1996年2月5日，白雪皑皑的北国江城，千里冰封、银装素裹，刘维彬和他的团队在不利于施工的天气条件下实施巧妙的吊装方案，将芳烃装置火炬进行吊装，刘维彬大胆创新，在这次吊装中创造了4项化工装置吊装之最（天气最冷、工期最短、费用最低、作业点最高），一次性将芳烃火炬吊装成功。

在1996年5月1日国际劳动节这个特别的日子，在万众欢腾的长春南岭体育场内，刘维彬等31名全国"五一劳动奖章"获得者站在主席台上，接受省领导的颁奖，当光耀的奖章送到这个身材魁梧的东北汉子手上的时候，无数赞佩的目光集中在他身上，探寻着他成功的法则。

刘维彬勤于动脑、善于学习，他从科教兴国战略中得到启发，带领职工进行技术和业务钻研，调动广大职工的积极性和创造性，鼓励大家钻研技术，提高技术能力，在企业内部搞了如"能工巧匠"等活动，将企业职工的潜力最大限度地调动出来，企业勃勃生机。他同时抓职工的素质教育，将员工塑造成具有良好形象的企业人，从道德方面、员工形象方面、文明礼仪方面、言语规范方面和企业内部视觉形象方面都有着明确细致的要求，让企业职工将良好的形象和精神状态以及优良的习惯作风融入到企业中来。他还抓企业的文化及人才建设，始终认为企业要有独特的文化，这是企业之魂。他坚持文化强企，同时注重人才建设，用评奖评先等各种办法鼓励人才、吸引留住人才，他认为企业的人才优势是竞争的根本。21世纪是充满竞争与挑战的世纪，这些对企业的价值观、思想建设和规范等都是一场考验。一个没有优秀企业文化的企业很难在世界大市场中占领一席之地。一个优秀的企业必然要经营好自己的企业文化，让自己的企业文化和世界企业文化交流交融，这是企业文化长久不衰的根本，企业要将自己融入到世界企业大市场去拼搏、去完善。

刘维彬在企业发展中十分重视企业职工凝聚力的建设。他认为企业要做大做强就要心往一块想、劲往一块使。企业职工要加强合作形成合力，每个人都要发挥自己的最大能力，这样的企业才有动力。他坚持以先进人物为典型，用他们的号召力和感染力去引导广大职工向前看，不断取得进步。他在企业内部树立了很多典型，通过企业内部宣传让他们在广大干部职工中亮起来，使干部职工觉得先进人物就在身边，在工作中向先进人物看齐，找差距，人人都争先进，在企业中形成了一种浓浓的向上精神。

刘维彬在公司的改革发展浪潮中，不断提升企业的自身品位，不断地进行企业的创新。在20世纪80年代，公司就极富创新精神，他们把创新精神和优良传统积淀汇编成独具特色的"化建精神"。刘维彬掌管中油化建公司后，发扬传统优势并大胆创新，企业员工有着充足的干劲，好比在运动会的田径场奋勇拼搏，争第一、夺金牌、破纪录等口号激励着大家，那种永远也使不完的冲劲闯劲潜移默化地激励鼓励着全体员工。这是一种要强的精神、一种不服输舍我其谁的精神，把这种精神细化落实在工作中，就是在工作态度、工作认真程度、工作主人翁意识、工作的成绩等方面要力争更好更美更强。刘维彬和广大干部职工一起享受这种争第一的辛苦和喜悦，这是一种宝贵的思想境界。

1997年11月11日，在这个令人感动和难忘的日子里，刘维彬和其他9人一起被评为"全国十大能工巧匠"，这一天，他受到了党和国家领导人的接见，并接受隆重表彰。他披上那代表光荣的绶带后，心情此起彼伏，回忆起那奋斗的岁月……

2000年，刘维彬荣获全国劳动模范称号，并被任命为公司安装部顾问，高级技师。他工作三十多年来，善于动脑，在实践中学习总结不断提高，不断向卓越挑战，进行了多项创新，在国内几项评比中名列前茅，为国家节约了大量的资金，对祖国建设事业做出了巨大贡献。他用他的事迹为"我们工人有力量"做了最好的诠释，他展现出的是新时代新工人阶级的状态和力量。

我国广大职工发扬工人阶级主人翁精神，在推进经济体制和经济增长方式的根本性转变、建设社会主义物质文明和精神文明的过程中，充分发挥了主力军作用，为国民经济持续、快速、健康发展和社会全面进步做出了巨大的贡献，涌现出了一大批先进模范人物和技术能手。刘维彬就是其中的杰出代表。他带领的团队形成的爱岗敬业、勇于拼搏、奉献进取、擅打硬仗、不讲代价的团队精神和"特别能吃苦、特别能战斗、特别能奉献"的工作作风激励了企业的工友们，对企业文化的形成具有积极的作用。他在工作中吃苦耐劳、虚心学习、认真钻研、自强不息的光辉形象已经深深印在广大吉林工人脑海中，刘维彬，这位全国劳动模范为新时期企业工人树立了榜样。

在英雄辈出的石油战线上，历史已经将刘维彬铭记，他和其他那些光辉人物一起照耀着石油的昨天、今天和未来，他们用青春绘制成现代大工业的华美画卷，用智慧和双手为共和国大厦打下坚实的桩基，他们是时代的缩影，更是宝贵的精神财富来源，激励着石油战线职工突破困难、扬帆远航。

编辑：樊丽明　孙君来

李黄玺

李黄玺（1950～），男，汉族，山西忻县人，中共党员，中国第一汽车集团公司铸造二厂维修工人，高级工人技师。他先后攻克相关领域的63项技术难关，成功改造了4条具有国际先进水平的造型自动线，并获得9项国家专利，为企业创造了数千万元的经济效益。他先后获得长春市特等劳动模范、模范党员、吉林省十大能工巧匠、全国"五一劳动奖章"等荣誉，2000 年荣获全国劳动模范光荣称号，受到江泽民等党和国家领导人的亲切接见，并代表全国劳模在全国劳动模范表彰大会上做精彩发言。

李黄玺生于 20 世纪 50 年代，"文化大革命"使得正上初中的他中断了学业。之后，与大多数那个年代的人一样，他下过乡，此外还当过食堂厨师和油田修理工，直到 30 岁时，他才被调入一汽成为一名维修工人。刚到一汽时，正处于现代化生产的阶段，李黄玺认识到自己的不足，觉得自己各方面的知识都很欠缺，于是就开始积极参加各种技术培训班，重度八年寒窗苦，以优异的成绩完成了从初中到业余技校、从业余技校到职工大学的"三级跳"。考上职工大学那年，李黄玺已经 37 岁了，班里最小的学员才 17 岁，但这并没有让李黄玺气馁，反而成了他奋发自学的动力，他想要把欠缺的东西都补回来。毕业时，李黄玺的成绩很优秀，是 3 名优秀毕业生之一。

补充了相关的专业知识之后，李黄玺就开始埋头研究洋设备。1988 年，来自世界 8 个国家和地区的十几套大型设备纷纷落户一汽二铸厂。这些洋设备大多采用微机控制，系统极为复杂。为了"驯服"和"调教"这些庞然大物，李黄玺急需一台能对设备控制系统进行程序解密的计算机。当时李黄玺的月工资只有 156 元，一家三口挤在一间 14 平方米的小屋里。妻子看他对计算机特别需要，就把原本攒了很久用来买电视、冰箱的 2000 元钱，给李黄玺买了一台中华学习机。计算机的应用，使李黄玺有如神助，很快破译了二铸厂 4 条引进造型线的 16000 多个程序密码，并发现和解决了多处动作程序与厂方提供的原理图不符的问题。他还利用家庭微机的翻译软件，用了整整三个月的时间，以惊人的毅力把十几万字的外文说明书首次译成中文，打开了他和伙伴们驾驭洋设备的第一道大门。

李黄玺的身上有着不断创新的新时代人的精神。作为一名普通工人，他将纯正的"中国血统"注入了国外先进的生产线，为工厂、为国家创造了效益，争得了荣誉。1991 年，在二铸厂即将投产的最紧张时期，被称为世界王牌的 2 号造型线突然出现主机与精密带不同步的故障，经过反复检测还是查不出原因。李黄玺就把成堆的机器图纸用自行车驮回家，对着计算机一个一个地排除疑点，一直工作到第四天凌晨三点，终于查出故障出在输入模具模板的数据上，这才解决了问题。1995 年，正在二铸厂争分夺秒赶工之时，2 号线浇注机的意大利变频器又出故障了。厂里没有备用的机器，请国内专家诊察也一无所获，而向国外订货需 22 万元，还要停产三个月。在这种情况下，李黄玺勇于向国际权威挑战，决心设计出国产变频器。他通宵达旦攻读了两大本国外变频器说明书，消化吸收新技术，历经改造创新、三易方案，最后仅用 2 万元就成功设计出顿解燃眉之急的优质变频器。1996 年春天，1 号线由于砂眼而产生大量废品，国外厂家派来专家检查，并连续提出 4 种解决方案，但实施后均告失败。李黄玺认为，只要组装一套自动吹砂系统，砂眼的废品率就可以降下来。可这样做世界上没有先例，外国专家不想参与。外国专家回国后，李黄玺自信有把握解决这个问题，就向厂里提出了解决方案。厂里大力支持，并派得力技术人员和他一起设计。这个设计非同一般，它等于给人的大脑做手术，弄不好就造成设备的全线瘫痪。经反复实验，苦干一个月后，李黄玺终于成功地拿出了他的自动吹砂系统，砂眼废品率一下子降了下来。消息传到国外，外国专家非常震惊，本来有关设备的原始资料对我方是保密的，但他被李黄玺的技术水平所折服，便将图纸作为私人馈赠寄给了李黄玺。多年来，二铸厂的四条生产线上有多少程序出自李黄玺的手，只有他自己知道。工人们自豪地夸耀说，李黄玺给这些洋设备注入了纯正的"中国血统"，他已经成为洋设备真正的主人。据初步估算，李黄玺的技术改进与创新直接为企业创造价值 1600 万元。

在李黄玺的一年 365 天中，从没有节假日和八小时的内外之分，只要二铸厂的设备有故障，他总是随叫随到。20 多个春夏秋冬，没人能说清他无偿奉献了多少个节假日，他艰辛付出的智慧和汗水，浇开了朵朵绽放在造型线上的技术创新之花，为厂节约维修费用数千万元。价值 2 万多元的落砂筛到了使用期限该扔掉了，李黄玺只花 100 元就使它起死回生；3 万元的比例阀按规定两年就得换一次，可经过李黄玺的改造，11 年也没换过一个；按国外原设计要求，2 号线维修费用不能少于 200 万元，可在李黄玺的手中，它的年平均维修费用还不到 15 万元，仅此一项就已省维修费 2000 多万元。他痴痴地爱着自己的企业，工厂的一点一滴都成了他生命的有机组成部分，只要企业有难，他就会不惜一切去分忧、去解决，哪怕自己付出再多。

在一汽的这些年来，李黄玺为造型线的正常生产起早贪黑，默默无言地在设备上爬上爬下。有时别人都下班了，空旷寂静的造型线旁只剩下他一人处理着故障。多年来积累的技术和经验是一笔宝贵的财富，然而李黄玺没有把这财富据为己有，一种强烈的使命感让他决定要把自己的技术和本领像接力棒那样传下去。他的大徒弟林子臣在师傅的鼓励下，作为唯一的没有职称的工人参加了公司举办的高级技师研讨班，在一汽10万职工大比武中，取得了二铸厂电钳状元的称号。李黄玺不但从技术上帮助林子臣，而且关心他的思想。有一段时间，由于工作压力大、业余时间少，再加上生活上的负担，林子臣思想上有包袱，工作上有些懈怠。在党小组生活会上有人提出了这个问题。从不串门的李黄玺骑自行车来到林子臣家，给他提出了切实可行的处理工作、学习、生活关系的方法。如今，林子臣已加入了中国共产党，他从师傅手中接过了B线的维护工作，他要走师傅走过和正在走的路。另一个徒弟孙海成，在1998年被二铸厂评为最年轻的生产标兵，他处处以师傅为榜样，立志成为造型线上难不倒的维修工。为了工作方便，这个年轻人花掉父母多年的积蓄，买了一台586计算机，并把所有的时间都用在学习和研究上。3年之后，孙海成实现了自己的愿望，在A线挑起了维修的大梁。除了这两位有突出成就的徒弟，还有很多兢兢业业的年轻人在李黄玺的指导下受益匪浅。

李黄玺虽为知名人物，却不爱抛头露面，他最怕记者采访，新闻场上总是靠后站。他淡泊名利，从不向组织伸手。但是一汽公司多次给他重奖：1998年，一汽二铸厂奖给他一台586电脑；2000年，一汽重奖给他3万元；2001年，一汽又奖给他一套三室住房，并为他配备了公务用车，他成为少有的配备专车的蓝领工人。国家对李黄玺也很重视，先后授予他多项荣誉称号，国家领导人先后三次接见过他，并且多次宣传他作为"全国第一模""新时代产业工人的典范"的优秀事迹。李黄玺从一名普通工人成长为具有现代化知识、能有效调教世界一流设备的新型知识工人。李黄玺的精神是中华儿女不屈不挠精神的缩影，是中国工人阶级的一代天骄。他几十年如一日，不怕困难，勇于拼搏，在掌握国际先进科学技术的艰难道路上不懈探索，终于成长为一名高级工人技师。在他的身上集中体现了当代中国工人阶级所特有的坚韧不拔、勤奋刻苦的钻研精神，我们呼唤和期待更多的李黄玺能够涌现出来。

编辑：樊丽明　孙君来

安凤成

安凤成（1951～），男，汉族，中共党员，高级经济师，任通化钢铁集团有限责任公司（以下可简称"通钢集团"）董事长、党委书记，吉林省第十一届人民代表大会财政经济委员会副主任委员。安凤成于 1983 年、1986 年两次荣获吉林省劳动模范称号，1996 年被评为通化市特等劳动模范，2002 年荣获全国"五一劳动奖章"，2003 年被通化市评为优秀共产党员标兵、经济建设功臣，2004 年被通化市委评为党内"创先争优"优秀共产党员标兵，被省国资委评为优秀共产党员标兵，被吉林省委省政府评为吉林省特等劳动模范，2005 年被评为全国劳动模范、吉林省创业先锋，2006 年被通化市委授予"为重点项目建设做贡献标兵"的荣誉称号。

通钢集团始建于 1958 年，坐落于长白山麓的吉林通化大地上，这里记录着安凤成带领全体职工在困境中奋起，进行二次创业的辉煌故事。

1968 年，安凤成来到当时还叫通化钢铁厂的车间当工人，他扎实工作，任劳任怨，一步一步从小队长晋升为工会主席、公司副经理。1997 年，通钢集团遭遇寒冬，钢材市场一下子进入冰河期，国内钢铁企业叫苦不迭，刚刚出现的盈利势头一下子又陷入了冰河期，此时，社会上对钢铁企业的未来及命运议论纷纷，甚至行业内的一部分人也认为钢铁行业是夕阳产业。面对这种不利局面，安凤成和通钢集团广大干部职工承担着巨大的压力。安凤成具有钢铁般的意志和行事果断、说话干脆的军人气质。他是从钢铁企业基层一步一步成长起来的干部，对钢铁企业和集团公司的历史和现状了如指掌，在企业面临危难之际，他看到了企业长期以来固有的病源——产业结构不合理。他看到企业过于重视生产而忽视市场销售，计划经济的思想难以跟上形势的发展变化是问题所在。

1998 年，安凤成被任命为通钢集团负责人。他上任后，坚持走科技兴企强企之路，积极提高企业核心竞争力，培育企业创造力和开拓精神，大力推进企业结构化重组优化和产业升级，狠抓效益，兼顾节能减排，引进现代企业管理制度，对企业生产实行精准管控，吸引外资，抓住市场机会改制改组，注重培养企业自有人才。同时，加强人才梯队建设，建设企业文化，加强企业职工精神文明建设，改善企业软环境，关心爱护职工，搞活企业内部职工文化建设，提升企业职工凝聚力。在安凤成的引领下，企业在航行中乘风破浪，渡过一个又一个难关。

古往今来，成大事者往往是胆略和智慧的统一体。安凤成从企业管理模式入手，大刀阔斧地进行改革，从资金流、物流、人力资源等诸多方面进行资源整合，将臃肿的企业变得精细化。他运用非凡的胆识对企业生产岗位实行电脑化全程控制，使生产更精细、更准确。

企业有效益才能生存下去，所以企业要紧紧围绕效益运转，安凤成看清了这个关键点，他积极拓宽销售渠道，调研市场需求，工资奖金向一线干部工人倾斜，极大地鼓舞了干部职工的生产热情。同时用全新的营销策略奔赴市场，用诚信精神打动客户，建立了稳定且有一定辐射面的市场。在这些举措之后，通钢集团焕发出新的活力，主业辅业双向开花，企业效益稳步增长，摆脱了困境。

珍惜和抓住历史机遇对于企业发展格外重要。企业在经营策略上要紧跟时代步伐，安凤成清醒地意识到，抢抓老工业振兴机遇，最重要的是抢抓好的适合企业的项目，抢抓符合新型工业化发展要求的有市场潜力的项目，这是实现企业跨越式发展乃至腾飞的关键。在他的带领下，集团大胆引进国际国内最先进的项目，站在国际一流水平线上进行产品研发和创新，所生产的产品全部荣获吉林省名牌，有的产品还获得国家奖项。企业所生产的长白山牌钢材占领国内市场，享誉海内外，成为各地销售代理商的抢手货。

安凤成在通钢集团面临的困境过后仍旧保持危机忧患意识。他积极地加快企业结构性调整步伐，坚持企业规模不在于大而在于精，要求所有上马的项目都要符合国家产业政策和要求，符合新工业高科技发展方向的技术和工艺，用低成本来获得最大的经济效益。他带领企业职工进行了通钢集团历史上前所未有的规模浩大的技术改造运动，这是一场摒弃落后、优化结构、提升核心竞争力的脱胎换骨的运动。通过这场运动，通钢集团以全新的姿态迎接 21 世纪的挑战。

创新和发展是企业生存永恒不变的法则。安凤成深谙其中的道理，他在改革创新方面展现出来的是大气魄、大手笔、大胸怀，他坚信企业永远有未开垦的原野，在创业的路上虽然布满荆棘，只要找准方向坚定地走下去就一定能有所发现。面对风险和危机的挑战，他以敢为天下先的非凡胆识和气魄，做国内"敢吃螃蟹的人"，他带领一批青年技术人员，研究设备中各种参数，克服设计中的缺陷，完成调试，使企业生产更加精准。他同时带领广大技术骨干积极探索科技创新，在生产中不断有新发现，安凤成认为创新为企业带来源源不断的新鲜血液，这是企业长青的秘诀。安凤成紧跟知识经济和经济全球化的步伐，认为钢铁企业要尽快改变传统管理模式，走信息化科技管理道路。他走上总经理岗位后，积极筹措资金，在企业系统各主要生产岗位上安装微机，通钢集团办公时实现电脑化全程控制，在提升了工作效率的同时也节约了大量人力成本，接着，他又筹建了网航公司。2003 年，网航公司为通钢集团创造了巨额效益，实现利润 1100 万元。安凤成积极组建信息化队伍，在通钢集团实施信息化工程，为二次创业奠定了坚实的基础。

2002 年、2003 年，连续两个年度，通钢集团荣获"中国企业信息化先进单位"的荣誉称号，获冶金工业协会颁发的管理创新成果二等奖，多项信息化成果获得国家专利，交易额超过 10 亿元的电子商务应用被写入《中国电子商务年鉴》。

在企业不断改革创新的路上，安凤成也在积极营造企业的家园文化，他认为创建良好的企业文化对企业具有软支撑的作用。他倡导通钢集团特色文化，使通钢集团厂容厂貌和企业工人精神风貌等方面有了很大变化。通钢集团的厂徽、厂歌为员工所熟知并引以为荣，令同行业刮目相看，在厂内的宣传语也深入广大职工之心。此外，从 2001 年开始，通钢集团投资亿元兴建了文体活动中心、文娱广场等。

通钢集团还不定期举办各种体育比赛活动，加强不同部门职工的交流，焕发起职工的活力。此外艺术节的定期举办，提升了广大职工的艺术品位，加速了精神文明建设。安凤成注重学习，他鼓励干部职工充电学习，加大对职工脱产轮岗学习的奖励力度，并举办各种技能比赛，在全企业范围营造出人人爱学习、人人求上进的氛围，技术工人向技术更精更先进方向发展，人力资源有了内在大幅度变化，工人主人翁精神在通钢集团有了广泛的市场。此外，安凤成用企业的幸福感吸引大学生加盟，很多新加盟通钢集团的大学生反映，虽然这里没有南方企业工资高，但这些年企业的发展变化使得他们感到在企业有奔头，企业内部生活有幸福感、有成就感，他们将自己的才华奉献给企业，使企业焕发出蓬勃的生命力。

安凤成是个坚毅而又铁骨柔肠重感情的人。他看到企业内部很多职工将一生奉献给企业却在居住、养老、就医方面有种种困难，就挤出资金大力进行企业住房建设，解决了企业职工住房难的问题，使他们安心工作，在企业扎根，逐步奔向小康生活。职工的收入随着企业的发展也稳步提高。安凤成关心广大干部群众，他带领领导班子成员开展经常性的助困帮扶工作，为困难职工解决问题，让他们更安心、更专心地投入到工作中来。安凤成和这些干部职工的共同努力使企业刮起一股春风，吹得通钢集团各个角落暖暖的，让职工感到暖在心里，提升了企业的凝聚力。

市场是无情的，它不会同情弱者，企业在市场中更要迎难而上，积极提升核心竞争力，在国内外原材料价格上涨、利润空间逐步压缩的情况下，如何顶住压力，改造生产工艺，节能增效成为一个重要的课题。安凤成通过调整产品结构、改进技术、提高生产自动化和管控降低成本等方面的积极探索，企业实现了节能增效，核心竞争力得到提升。

一系列的改造举措使通钢集团成为一家明星企业，通钢集团先后获得了一系列荣誉称号，安凤成本人也受到广大干部职工的爱戴。通钢集团在一系列改革和创新的指引下，核心竞争力逐步增强，1998～2003年，钢产量增长 53.8%，钢材产量增长 95.2%，销售收入增长 37.3%，利税增长 5.7 倍，利润增长 64.5 倍，资产总量由 54.9 亿元增加到 74.9 亿元。

安凤成在注重企业自身建设的同时积极关注市场机遇，不错过企业重组改造的机会，加大招商引资力度，对外积极寻求合作和支援。通过企业的重组和改制，吸引了更多的资金，企业的问题在一定程度上得到解决，企业利润明显攀升。

2005 年，通钢集团与吉林建龙公司和吉林铁合金公司实现资产重组，公司在总资产、规模、生产能力等方面都实现了大幅度跨越，成为吉林省最大的钢铁生产基地。随着生产规模的扩大，安凤成更加重视节能减排，他遵守国家环保相关法规，倡导绿色生产，在新技术提升方面下了很大功夫，引进了一批具有先进技术的环保节能项目，让能源尽可能地被节约，让污染物和废弃物在新技术条件下更多地被无害化处理。这些举措改变了以往高耗能、高污染的粗犷的经济增长方式，紧跟时代步伐，向集约式、绿色、可持续增长模式转变。他看清了企业改革发展大潮的走向，坚定信心紧跟时代发展方向，为通钢集团这艘巨轮掌好舵，向辉煌的胜利彼岸挺进。

2006 年，通钢集团钢铁产量大幅度增长，为国家缴纳大量利税。安凤成认为，2006 年之后的一个时期是钢铁战略重组、资源整合、布局调整的战略机遇期，通钢集团将在改制重组后，运用招商引资、资源整合、并购重组等办法将企业做大做强。

通钢集团在二次创业的道路上取得了一系列辉煌的成就。通钢集团先后荣获"全国售后服务优秀企业""全国质量管理先进单位"等荣誉。在取得一系列成功的同时，安凤成也在谋划企业未来更美好的前景，他对企业在新时期提出更高的要求，在产量、员工收入等方面都做了未来的规划和目标，他将通钢集团规划成一个学习型企业、生态型企业，规划成一个具有核心竞争力、经济带动力、创效支撑力的区域性大型企业集团，规划了为实现"机制灵活、结构优化、管理高效、形象美好、文明富裕"的强盛通钢集团而奋斗的宏伟蓝图。安凤成带领新通钢集团果敢地参与国内国际的强势竞争，他带领广大干部群众站在新的起跑线上向新的终点展开新一轮冲刺。

安凤成，这位国企的带头人，继承了东北人的淳朴和坚毅，也赋予新时期工人主人翁精神，他果敢坚毅、开拓创新、迎难而上、虚心学习、吃苦耐劳、爱护职工，不断挑战自我，用新思维、新文化、新思想引领企业职工走在通往希望的大道上。

编辑：樊丽明　孙君来

韩京爱

韩京爱（1958～），女，朝鲜族，延吉长兴制衣有限公司董事长，延吉市人大代表，2005年被国务院授予全国劳动模范称号。她出生于吉林省延边朝鲜族自治州延吉市，"上山下乡"期间选择了条件艰苦的乡村，在那里与农民朝夕相处，逐步养成了不怕苦、不怕累的性格和坚忍的意志品质。她有着一张典型朝鲜族妇女漂亮的脸，有着风雨中拼搏多年的强壮体魄，朝鲜族妇女那种勤劳朴实的特点在她身上得到充分的体现，她快乐地享受忙碌而又充实、艰辛的创业历程。

1984年停薪留职下海后，韩京爱凭借过去的工作经验积极创业。创业几十年来，由一家小型编织作坊发展到一家拥有500多名员工、年产值千万元、创汇百万美元以上的规模制衣公司，企业于2003年通过ISO9001：2000国际质量体系认证，成为延边朝鲜族州的一家在国内外市场上颇具竞争力的民营毛纺企业，公司于2004年被评为"全国再就业先进企业"。

1984年，韩京爱还是延吉市第二百货商店针织组负责人，出于家庭原因，她于当年办理了停薪留职手续下海经商。当时她东拼西凑带着1800元钱踏上南下的火车，闯北京、进上海、去杭州、走嘉兴考察市场。凭借着对纺织行业的了解，她到浙江嘉兴等地购进毛线毛衣在延吉市场销售，每次进货都历尽艰辛，扛包，坐硬板火车或买站票一路颠簸，有时候累了把麻袋放地上躺下就睡，啃馒头、喝凉水，手上和脚上慢慢磨出了水泡，她在创业初期吃尽了苦头，但得到的回报比原先工作的国营商店多得多。

时间久了，韩京爱手头上有了一定积蓄，她将眼光放得更远。当时南方乡镇企业发展得如火如荼，她敏锐地思索着，与其把南方毛纺品费尽周折背到北方来卖，何不买机器设备在本土办一个编织厂呢？于是她向着这个目标积极推进，她拿出多年积蓄和一些轻工产品到朝鲜易货，换回来两台二手日本提花编织机，开始了创业之路。在创业中由于不懂技术、不懂工艺、不懂生产机器性能，心急的她嘴角屡屡出现水泡，但内在坚韧的力量使她越挫越勇、废寝忘食，攻克了这些难关，终于掌握了编织技术，设计生产出的羊毛衫风格各异，紧跟市场潮流，深受消费者欢迎。随着利润的攀升，工厂规模逐渐扩大，毛衣编织机和工人越来越多，产品在市场上有了良好的口碑，从而进一步站稳市场。

经过多年的发展，到 1991 年，韩京爱的企业已经有了一定规模，产品占领了延边的市场，还获得了韩国的订单，订单数量不断攀升。韩京爱这时候没有被胜利冲昏头脑，她没有像有的企业家那样盲目扩大生产，忽视诚信体系建设和质量的把关，而是始终以诚信为本，重视质量，以质取胜。至今仍有很多消费者对韩京爱早年创办的延吉市五中毛衣加工部记忆犹新，顾客只要有不满意，韩京爱就会重新返工直到顾客满意为止。在激烈的市场竞争中，为了立于不败之地，她积极扩建厂房，购进日本、韩国的先进生产设备，使产品质量、工艺等大幅度提高，达到国内领先水平，之后又高薪聘请了韩国一流设计师，并把工厂的技术人员送到韩国培训学习，提高公司人员水平。她开创了自主品牌"尼特哈屋斯"，来自韩国、日本的订单不断，公司的外汇收入十分可观。1992 年春天，韩京爱带着自己工厂生产出来的毛衫产品去了韩国做推广，她反复寻找机会与韩国客商洽谈，最终得到了韩国市场的认可，订单数量逐渐增加。

凭着一股闯劲和韧劲，韩京爱取得创业的初步成功，几年后，她收购了延吉市象林针织品有限公司，公司生产能力大幅度攀升，产品全部出口到韩国，成为响当当的创汇企业。多年来的创业并没有让韩京爱忘记回馈社会，看到家乡许多下岗职工为了寻找一份收入微薄的工作养家糊口而犯愁，扩大企业规模，让更多下岗职工加入到自己的企业中来的思路越来越清晰，于是她在家乡积极吸收下岗失业人员，牵手千余人共同创业，扩大企业规模，为下岗职工创造更多的岗位。为了更好地解决下岗职工上下班的交通问题，她舍弃办厂条件更好的地区，在下岗职工比较集中的地方办厂。韩京爱为此在各个自己开办的企业间往来奔波，非常辛苦，但每次见到职工那种高兴劲儿和向她投去的那种信赖的目光，她就觉得再苦再累也值得。

就像射出去的弓箭不回头一样，韩京爱的创业步伐永不停歇，她在 2003 年 3 月自筹资金收购了延吉市长白酒厂，改组成延吉长兴制衣有限公司。之后又于 2003 年 5 月与韩国株式会社合资创建延吉长兴制衣有限公司，中方控股 70%，这时候企业已经成为一家大型毛纺企业，年创汇百万美元以上。随着企业规模的不断扩大，她发现只注重国际市场是远远不够的，她把目光又投向国内市场，先后在东北多地设置店铺，寻找一切机会宣传企业产品和品牌，积极参加国际性展销会。在 2004 年上海国际服装博览会上，其公司设计的针织童装一经亮相便赢得满堂喝彩，会上多个客商要求为韩京爱做品牌代理。展销会结束后，上海恒源祥集团和杭州娃哈哈集团相继到访延吉，对韩京爱的公司进行实地考察，积极寻求投资合作。

在比较与两家知名企业合作的利弊后，韩京爱觉得虽然恒源祥提出的条件更苛刻，韩京爱的公司不仅要交加盟费还得自己解决销路，但恒源祥的品牌运营、知识产权保护、质量检测这三大具有国际权威的认证优势对于企业长远发展来说更为重要，而且加盟恒源祥不仅能大幅度促进"长兴"的质量提升，也会为企业带来更加先进的经营理念和文化，因此她决定和恒源祥进行合作。

2004 年 4 月在延吉市政府和民营局的协调帮助下，韩京爱所在公司正式签约加盟上海恒源集团。恒源祥联合体在全国有很多家，在东三省只有韩京爱所在公司一家，同时韩京爱所在公司也是恒源祥品牌仅有的三个童装生产厂家之一。在和恒源祥合作后，短短几个月，韩京爱就相继开发了北京、哈尔滨、沈阳等 6 个省级代理商，每个代理商下面又在所在地区发展了区域代理商，从而编织成一个立体销售网络。随后韩京爱将精力投入到生产中去，短时间就完成了恒源祥的产品订单，一跃成为恒源祥集团童装的领头羊，其公司生产规模进一步扩大，效益也节节攀升。

韩京爱在创业过程中不断地进行总结，她深深体会到紧跟市场的重要性，同时在激烈的市场竞争中也应勇于拼搏实践，敢打敢拼，进行有效的科学管理才能开创出一片事业和新天地。离开国营单位舍弃铁饭碗的时候，曾经有亲朋为她感到惋惜，可是韩京爱就是一个敢闯且勇于尝试的女人，她认为自己行，她在拼搏之前对自己有自信，她的胆魄是一般的女性很难具备的，大凡杰出企业家都需要一种不凡的胆略。

办企业就要谋发展，小富即安的思想是要不得的。韩京爱与时俱进，善于转变观念积极进取。她愿意接受挑战，勇于拼搏，最难能可贵的是，她有着一颗感恩的心，有着企业家的担当和胸怀。作为延边地区的民营企业家，她积极为延边经济发展贡献自己的力量，她认为自己的成功与党和政府的帮扶政策密不可分，企业家在获得成功的同时也要心系人民，为社会贡献自己的光和热，这辈子才能更有意义。

　　诚实守信是韩京爱发展企业的信条。她深深理解产品质量对于企业生存的重要性。她狠抓产品质量，注重承诺，所有订单都力争做到让客户满意，时间长了，公司积累了一批老客户，他们信任韩京爱的企业，他们感觉将订单交给韩京爱的企业放心，这些老客户还将韩京爱的公司介绍给同行的朋友，于是，韩京爱公司的客户越来越多，品牌越来越响。

　　创业靠胆魄，经营靠脑子。企业的科学管理决定企业的发展。在市场竞争日趋激烈的毛纺业，产业的社会化分工越来越细，客户对产品的要求越来越多元化，行业竞争很大程度体现在生产成本上，这就要求在采购等领域，专业化程度要更高。

　　韩京爱看到毛纺业的现状和未来，意识到在激烈的市场竞争中专业化程度的重要性，因此她把毛纺业的科学经营和管理运用到企业中来，在原料的采购、生产成本的节约，资金利用率等方面下了很大功夫，将毛纺产品的每个辅助材料都进行专业化、精细化生产。她巧妙地把握好产品的季节销售波动规律，在销售上占据主动，利用原料采购价格波动性规律，打好时间差，在原料价格偏低的时候抢先进货，而在同行业普遍采集原材料的时候，韩京爱的企业已经开始批量生产，在生产时间上已经抢先，在同行业领域成为先行者，牢牢把握行业主动权。

　　一系列的成功启示以及榜样的力量给家乡带来积极的社会效应，韩京爱先后获得地方政府多个荣誉称号，她取得的成绩为自主创业的企业家们树立了榜样，她先后获得省、州优秀民营企业家等光荣称号，又被请到全民创业大会上做典型发言。她回味了创业过程中的酸甜苦辣，也享受创业历程中的乐趣，每遇到困难都迎难而上，每解决一个难题，企业就向前走一步，她本人也把这当作一种乐趣，这其中的艰辛只有创业的人能够深刻体会到。韩京爱心中有个愿望，就是把自己的毛纺业做强做大，带动相关产业发展，为延边朝鲜族自治州经济发展做出贡献，惠及更多的人，她把这个当作自己的事业，她认为自己这么累值得，这就是她的价值所在，她不断鼓励自己努力奋斗，将延边朝鲜族自治州建成一个毛纺业基地，造福人民。

　　韩京爱这些年在毛纺业的成就，带动了地方经济发展，促进了地方的就业，对中韩贸易的往来起到了一定的推动作用，她所管理的企业已经成为当地的明星企业，她以将自己开创的企业做强做好为地方经济贡献力量为荣。她平易近人，充满自信，热情执着，富有实干精神，有一颗不服输的心，对自己企业的毛纺产品"精雕细琢"，打造同行业最优最新产品，令同行业刮目相看，她享受着自己企业生产出优质产品的快乐。

在商海中不进则退，成功永远属于那些勇于拼搏、及时调整航向的勇者和智者。企业家的成功不仅属于自己，也属于国家和人民，韩京爱回报社会和家乡的种种举动，为企业家树立了榜样。她感恩社会，回报社会，体现了当代企业家的核心价值观。我们的企业家在奋斗中得到了国家和人民的支持，在国家和人民需要企业家伸出援手的时候，我们的企业家应勇敢地站出来承担责任，这也是我们社会主义核心价值观在企业家身上的良好体现。韩京爱做到了，她的关爱家乡举动，让企业职工和家乡人民感受到绵绵的温情，她是成功的，也将成功的红利分享给家乡父老，她是感恩的，将感恩之心传递给家乡人民，她代表了新时代企业家的精神，这种精神是我们进入全面建设小康社会的宝贵财富。

编辑：樊丽明　孙君来

李骏

李骏（1958～），男，吉林长春人，中共党员，我国汽车动力专家，研究员级高级工程师。1989年，李骏毕业于吉林工业大学，获得博士学位，是我国第一批自主培养的内燃机博士。他历任第一汽车制造厂长春汽车研究所主任工程师、总工程师，后任一汽技术中心主任，英国诺丁汉大学工学部荣誉教授。2013年12月19日，李骏当选中国工程院机械与运载工程学部院士。在任期间，李骏多次进行研发和创新，填补了多项国内空白，获得了国内外诸多荣誉，曾于2005年被评为全国劳动模范。

李骏出身于书香门第，父亲是长春地质学院教授，妈妈是医生。在"文化大革命"期间，他随父母下乡，但是并没有放弃学习，不仅打下了深厚的文化基础，还自己修完了微积分。1977年，李骏考入了吉林工业大学汽车发动机专业，以门门全优的成绩保送为本校硕博连读的研究生。1989

年博士毕业后，他放弃了国外待遇优厚的工作，主动来到一汽技术中心搞科研，而且一干就是几十年。在这枯燥乏味的科研过程中，李骏竟然连续创下了四个"全国第一"：建成全国第一个单缸柴油机实验室，为我国柴油机的动力学、热力学、流力学等基础研究奠定了物质基础；在国内率先完成了具有国际先进水平的柴油机电子控制喷射研究；在国内率先完成柴油机四气门技术开发，并成功应用到一汽的产品上，其技术水平被外国专家誉为"创造了极致程度"；1996 年，一汽斥资 150 万美元，在国内率先建立起了测定汽车尾气的排放试验室，为我国汽车排放达到标准奠定了基础。

　　1999 年，一汽斥资 11 亿元，与国外合作开发自主品牌的大马力奥威发动机，李骏出任项目副总指挥，他深深感觉到了肩负的重大责任，他比任何时候都要忙碌。为了找到更好的合作资源，他不断地飞往世界各地，经常是在飞机上打个盹儿，一下飞机就谈判，且一谈就是七八个小时。同外商谈判，他坚持一条原则，就是要保证一汽不断进步。他对外商说："我们一汽是中国最大的汽车企业，不能总是当小学生，你们永远是教授，我们要不断地咨询，不断地升级，最后要大学毕业，我们是大学生。"[1] 他在谈判过程中坚持原则，不卑不亢，受到外方的尊重。2003 年 6 月，由外方设计的发动机盖几次都未能通过热能冲击可靠性实验。李骏亲领技术人员重新设计，经过几个月的昼夜奋战，终于攻克了所有的技术难关，并将奥威产品联合开发的成本由原来的 500 万欧元，一下减少到只需评审费用 80 万美元。在开发设计实验的过程中，他不仅创建了自己的设计开发流程，还创建完善了一整套包括开发理念、开发流程、开发方法和战略等内容具有国际一流水准的研发体系。2003 年 12 月，由李骏支持研发的第一台拥有我国自主知识产权、具有国际先进水平的奥威四气门大功率重型汽车柴油发动机在一汽正式下线。这大大缩短了我国柴油机与国际先进水平的差距，从根本上解决了我国无自主重型柴油机的技术难题，并且率先实现了国内商用车批量出口欧洲的梦想，开启了中国真正的重卡时代。2004 年，由李骏带人自主研发的 420 马力柴油机点火成功；同年 12 月，具有当今世界前

① 程继隆：《拉动中国汽车的骏马——记吉林省特等劳模、一汽技术中心总工程师李骏博士》，《企业研究》2005 年第 1 期。

沿技术、达到欧Ⅲ排放标准的新发动机研制成功。2005 年 3 月 12 日，380 马力的电控共轨柴油机装车下线。

此后，李骏带领团队攻坚克难，突破高级轿车 V 型和增压发动机关键技术，取得了五项均属原创的重大技术创新，研发成功红旗系列汽油机，解决了我国外交礼宾和政府公务用红旗轿车须有自主发动机的难题，增强了高级轿车的核心竞争力，具有重大的社会效益，红旗系列汽油机在 2012 年获得中国机械工业科学技术奖一等奖。他致力于对"低碳化、可再生化、电动化"等前沿汽车技术的研发与应用，带动中国汽车产业的可持续发展，并促进国际前沿汽车技术走向成熟。他还以多种方式传播我国汽车自主研发的成果：组织学术活动，邀请国内外人士参加，互相交流最新成果；参加国内外汽车行业高峰论坛，促进行业间技术的普及和推广；充分借助媒体进行宣传；等等。他率先在一汽集团内提出学习丰田产品开发体系的理念，并结合一汽的特点创建具有一汽特色的产品开发体系，获得广泛共识。在李骏近 30 年的汽车发动机研发与应用过程中，他的成就极其辉煌：主持突破了设计、燃烧、电控和可耐久性四大汽车发动机核心技术，建成了基础技术平台；研发出重型系列柴油机、装备重型卡车、第三代战术军车和第一代红旗高级轿车等系统，对我国汽车发动机的自主可持续发展做出重大贡献，经济和社会效益显著。他负责"863"和"973"课题 10 项，获发明专利 12 项，在国内外重要期刊上发表论文 95 篇，同时有专著 1 部，他还为我国培养了大批高层次的人才，指导硕士研究生 28 人、博士研究生 18 人、博士后研究生 2 人，为国家的内燃机事业发展做出了突出的贡献。

李骏成功的背后同样付出了常人所不易想象的艰辛和努力。在李骏的心里只装着科研，在家里，妻子喊他吃晚饭，几遍过后，他还是像没听见似的继续鼓捣着电脑里的设计图，没有想吃饭的意思。做柴油机燃烧课题时，他自己动手改造实验设备，没有试验员，三伏天里他光着膀子拆装零部件。无论春夏秋冬，李骏都是推着小车、扛着工件进试车间，下试验场，同工艺员和技术工人一起拆检、装机，一起加工试制零部件。有一年春节，李骏在实验室加班，忘记了脏，忘记了累，也忘记了时间。值班的所长来到试验室，看到满身油污的李骏时，心里一阵酸涩，让他赶紧回家过年，这时李骏才想起今天是除夕，晚上要跟家人吃团圆饭，他对工作痴迷和执着到把这么重要的日子都忘记了。李骏曾说，他特别喜欢过年，原因让大家很诧异："大人小孩都去亲戚那里吃饭了，家里只剩我一个人，正好查资料看论文"。这样的"喜欢"确实出乎我们的意料。他的妻子时常提醒他："你已经是总工程师了，没有必要事事都亲自动手。"但是李骏认为，亲自动手是他这么多年养成的习惯，凡事都考虑周密、条理化。他做什么事都特别投入，从来不只是象征性地提几个条条框框式的原则，而是想到、说到并且一定要做到。讲技术方案和发动机开发流程，那么多的子方案，甚至子方案中的子方案间的组合、排列，复杂技术和技术细节，李骏都讲得井井有条。发动机里的一切，都存储在他的脑子里，只要发出指令，便会立即"流出"信息。正是对科研的执着，才让他能够不断地勇攀科技制高点。

取得如此高的成就之后，李骏从不骄傲自满，也没有止步不前。他最喜欢的一句话就是：人活着得有激情，有激情才能激发出挑战未知世界的渴望，才能产生好奇，才能不屈不挠地去实现远大的目标，但激情需要滋生和培养的土壤，我们赶上了激情的时代，时势造就了我们，给了我们施展才华和实现自我价值的舞台。只要每一个人都拥有激情，坚持实现自我价值，那么我们的企业甚至我们的国家的辉煌就指日可待。

李骏同志是当代工人阶级的优秀分子，是广大科技工作者的杰出代表，是新时期共产党员的光辉典范。在振兴东北老工业基地的关键时期，迫切需要一大批像李骏这样的优秀共产党员。吉林省开展了向李骏同志学习的活动，学习他立志科技报国、振兴民族工业的坚定理想追求，学习他勇于探索、善于开拓、奋发图强的自主创新精神，学习他以身作则、忘我工作、甘于奉献的高尚思想品质。

編輯：樊丽明　孙君来

李凯军

李凯军（1971～），男，中共党员，吉林省首位工人高级专家，历任中国第一汽车集团公司铸造有限公司产品技术部模具制造车间装配钳工班班长，模具钳工高级技师。李凯军刻苦钻研模具制造专业知识，练就了高超的钳工技术，加工制造了数百种优质模具，尤其是出色地完成了重型车变速箱壳体等高难度压铸模具的制造工作，在我国高、精、尖复杂模具加工方面独具特色。李凯军是全国"五一劳动奖章"、"中华技能大奖"获得者，2005 年被评为全国劳动模范。

李凯军走上钳工的岗位有一番不寻常的经历。他出生在一个工人家庭，受父亲影响，自小就爱摆弄一些小玩意，家里的凿、锯、斧在他的心中留下了深刻的印象。7 岁他就学会制作板凳，11 岁安装了一台手动砂轮，16 岁就自制了一个小虎钳。虽说活不大，但为他后来成为一名出色的钳工打开了一个良好的思维空间。

高中时，父亲去世，母亲每月只挣 100 元，家里还有三个孩子要供养，懂事的李凯军为了减轻家庭的负担，便放弃了继续读书，选择进入技校。1989 年，李凯军成为一汽集团公司所属的铸造有限公司铸造模具厂的一名模具制造钳工。刚参加工作的他就埋头五尺钳台，苦练模具制造技术，充分利用每一分每一秒，一项一项地去攻关。相关的书籍、资料，他学了一遍又一遍，跟随师傅日复一日在工位前抛光、打磨。也在那时，他对于这门手艺有了新的领悟："理论上要弄通，操作上要练精"。

"勤学苦练，用心去领会，用脑去干活"是李凯军工作的最高原则。通过勤学和动脑，李凯军的技术得到了全面提高。入厂仅 7 个月，他就独立完成了 CA141 发动机盖板模具的制造。这套模具技术要求高，尺寸误差小，就连一些干了几十年的老师傅都认为这是一项难干的活。当这件模具摆在质检员面前时，被定为一等品。

除了在工作中学，他的业余时间也都用于钻研技术。工友这样评价他：李凯军苦练技术简直到了痴迷的程度，干活更像在玩命。车间主任曾经算过一笔账：李凯军一年完成工时 8000 多小时，相当于一般职工干了 3 年的活。可以说，参加工作 10 多年来，他已经把一辈子该干的活全干完了，但他仍在岗位上默默地苦学苦干。

结合实践中遇到的技术难题，不断推陈出新，是李凯军的一贯追求。有一次试制 75 公斤/米变速箱，企业不仅对工艺要求高，时间要求也很紧，原本 6 个月的加工周期，一汽只给了两个月的时间。李凯军收到这项任务后，结合模具的特点和自己的实践经验，对这套模具进行了至少 8 项技术革新。

在 2000 年沈阳举办的首届中国国际技能大赛上，他的技能得到了再一次展示。他力压群雄，战胜了来自国际、国内的 121 名选手，夺得亚军。那次比赛的考题是从奥林匹克题库中严格选出来的。题目是制作由 8 个单件加工后组成的钢模组合体，要求组合精度、配合间隙 0.02 毫米（头发丝的 1/4），最小工差为 0.007 毫米。经过 7 个多小时的角逐，参赛的选手中只有 4 名选手完成了作业。李凯军回忆当时的比赛情景时说："当我完成最后一道工序时，全身像被雨淋了似的，汗水顺着裤脚往下淌，地面汪了一摊水。"走出考场，许多人都向他围来，就连同场的外国选手都情不自禁地向他竖大拇指。最后李凯军获得钳工组第二名，被评为全国技术能手。

凭借着这样一股韧劲，李凯军不断在平凡的岗位上干出了名堂。2001年，他荣获中央企业团委先进个人，被中国机械工业联合会评选为有突出贡献技师；2002 年，李凯军在中华技能大赛上又技压群雄，夺得我国技术工人的最高奖——中华技能冠军，被评为长春市劳动模范。2003 年，他获得了全国"五一劳动奖章"。

2017 年，他带领团队先后完成国内外各种复杂模具一百余套，总产值达到 1.25 亿元，其中改进创新百余项，基本上做到了件件产品有改进、套套模具有创新，填补了多项国内制造技术的空白，创新成果在生产实践中发挥了巨大作用，节约经济价值达 400 多万元，其中"改进大型压铸模具的装配方法提高装配效率，提升装配质量""模具复杂循环水孔的加工操作法""改进模具顶杆传统加工方法　提升效率提高质量降低成本""EA211缸体压铸模具局部挤压问题的分析解决""改进异型芯加工方法，解决疑难问题消除质量废品损失"在集团创新项目评选中获得一等奖。

这些年来，李凯军所取得的技术创新和改进项目超过百项。工友们说，汽车上凡是涉及模具的部件，几乎都留下了李凯军攻关的成果。而在这些引以为傲的光环背后，正是李凯军自己几十年苦练基本功的成果。只要肯干、肯学，再普通的工作也能干出名堂，李凯军自己就是一个明证。"技艺高，信誉就高；绝活多，市场就大"，这些年来，李凯军完成的国内外各种复杂模具超过 200 套，总产值 8000 多万元，经他手加工制造的模具，远销美国、加拿大、西班牙、墨西哥、俄罗斯等国家，得到了国内外客户的高度赞誉。

"一花独放不是春，如何从'亮一点'到'亮一片'，把个人创新转化为集体力量？"对于在行业中已树立起极高知名度和影响力的李凯军来说，这是个值得思考的问题。2006年，在厂里全力支持下，李凯军劳模创新工作室正式成立，从此，他肩上又多了一个重任。李凯军劳模创新工作室现有20个成员，个个都是通过层层技能比武严格选拔而来，在这里，他们还要接受李凯军的进一步指导和培训，工作室的重要职责之一，就是"孵化人才"。依托工作室，李凯军坚持每周一题、每月一课，毫无保留地传授绝技绝活，对学员开展车、铣、电焊等多工种的技能培训，不断拓宽学员思路，组织学员在干中学、学中练、练中赛，力争最终达到"抬头有主意、低头有思路、转身有措施、瞬间有办法"的人才培养目标。

作为全国劳模，李凯军脑子里有两个特别的公式：聪明的头脑＋高超的技艺≠高技能人才，精湛的技艺＋灵活的头脑＋无私奉献精神＝真正的高技能"人财"。所以，在无私传承技艺的同时，他还特别注意在思想、品行方面引导工作室成员和徒弟们。2010年，厂里经营遇到很大困难，为了凝聚队伍，他经常自掏腰包，在一个大的项目完成后，或年终岁尾和大家聚在一起小酌几杯，谈工作、畅想未来，而且每年在时间允许的情况下，还要请大家一起出去旅游，玩个几天，这个传统持续了很久。通过悉心传道授业解惑，李凯军为一汽铸造模具厂打造出了一支攻坚克难的生力军。据不完全统计，李凯军劳模创新工作室组建至今，创新改进项目多达186项，为一汽自主品牌的快速发展提供了核心模具支撑，也为我国的压铸模具在国际市场上占有一席之地立下了汗马功劳。

李凯军劳模创新工作室，不仅为一汽做出了巨大贡献，还尽己所能，无私帮助其他企业攻克难关。2008年汶川地震后，该工作室成员参加了由中国机冶建材工会组建的劳模服务队，冒着频发的余震奔赴灾区，到东方汽轮机厂进行技术服务。当时东汽有一个很大的订单，交付工期迫在眉睫，可关键时刻，一台德国进口的等离子氮化炉却坏了，严重制约生产。李凯军等人集中技术力量，只用两天时间就成功修复了这台工艺极其复杂的氮化炉。

李凯军忘我工作、无私奉献的精神已成为一汽全体员工效仿的榜样。

他的妻子为他做了个总结，说他 2002 年只休 4 天，这 4 天倒是有 2 天是"泡"在图书馆里。李凯军说他立志五尺钳台，争做"七尺男儿"。

李凯军的成功不仅归功于他的努力，还有他的人品。他用他一丝不苟的工作精神和努力奋斗的成长经历鞭策着员工，也激励着我们，在改革创新的大背景下，仍需要这种脚踏实地的精神。

编辑：樊丽明　王艺霖

孙国伟

孙国伟（1955 ~ ），男，汉族，吉林镇赉人，中共党员，毕业于大连工学院化工机械专业，高级经济师。孙国伟曾任吉林省松原市烟草专卖局局长、经理、党组书记以及延吉卷烟厂厂长、党委书记。他带领延吉卷烟厂起死回生，成为全国重点企业，被评为 2004 年吉林省特等劳动模范、2005 年全国劳动模范。

孙国伟大学毕业后，于 1973 年参加工作，1994 年成为松原市烟草专卖局局长，之后又担任了吉林省烟草专卖局局长，2001 年，他出任延吉卷烟厂厂长。新的职位与之前相比虽属于同级，但工资由年薪改为月薪，收入少了一半。面对这些情况，孙国伟丝毫没有怨言，而是放出了豪言壮语："我孙国伟到延吉卷烟厂任厂长不是为了享受的，而是为了干实事的。我要把延吉卷烟厂作为人生的最后一站，成也延吉，败也延吉"。最终，他实现了他的豪言壮语。

延吉卷烟厂是由一个生产烟斗丝的地方小厂发展起来的。1975 年建厂以来，企业发展很快，为繁荣边疆经济所做的贡献也与日俱增，同时也使一部分同志形成了小富即安、不思进取的想法。孙国伟到烟厂的时候，正是企业最困难的时候。2001 年 7 月，国家对卷烟产品实行了新税制，在调低了高档烟的税率、调高了低档烟的税率的同时，又征收每大箱卷烟 150 元的定额税。这对当时以生产低档烟为主的延吉卷烟厂来说，无疑是个重大打击。按年初的计划，企业不仅要有 7000 多万元利润转化为税金，而且还要亏损 4000 多万元。企业遇到了前所未有的困难。孙国伟带领全厂员工开始了第三次创业。

他做的第一件事就是向管理要效益，实现节支 2000 万元，并进一步向各系统部门规定了具体节支指标。为了使这些指标都能落到实处，他加大控制力度，实行了月考核、季兑现、年底结算的方法，并多次深入生产、研发和销售一线落实，最后靠集体智慧和严细管理完成了节支任务。接下来做的第二件事就是向市场要效益，实现增收 2000 万元。他把省内市场的各烟草分公司的老总先后请到厂里，共商市场营销大计，几乎把在省卷烟经销公司多年积攒下的市场资源都带到了延吉卷烟厂，并多次到市场一线去调研。经过节支和增效，年底不仅实现税金 3.5 亿元，超计划 2000 万元，而且填补了 4000 万元的计划亏损，实现利润 500 万元。他做的第三件事是由卷烟厂投资建立了坐落于朝鲜的"螺线新兴烟草会社"，使延吉卷烟厂产品在打入东北亚市场上抢占了先机，到了 2001 年企业税利就达到了 3.5 亿元。

孙国伟的努力远不止于此。他到卷烟厂经过深入调查后，就发现影响该厂前进脚步的因素是员工以及领导们普遍存在的"延边第一、吉林第三、全国上数"的故步自封思想。这种思想使得卷烟厂缺乏危机感、责任感和使命感，也缺乏创新意识。为了改变这种状况，在 2002 年度工作会议上，由孙国伟牵头的厂领导班子向全厂提出了以品牌战略为主线，打一场以品牌效益为核心的上管理、上质量、上科技、上结构、上规模、上效益攻坚战的工作方针。这个方针不仅包含了生产经营的方方面面，而且突出了以品牌发展为第一要务的指导思想。

在管理上，孙国伟上任之后，始终把建设一个思想统一、决策科学、管理过硬、作风清廉的领导班子作为重中之重来抓。坚持一手抓教育，一手抓制度建设，把管人的工作落到实处。每年 4 次的党委理论中心组学习，孙国伟都认真准备，带头做中心发言。每逢班子民主生活会，他都带头解剖自己；他在抓班子的同时，还特别重视员工队伍思想水平、管理能力和业务素质的提高。企业常年开展保持党员先进性教育，开展党员身边无事故、无违纪、无劣质、无浪费的"四无"责任区活动。企业每年还采取送培、鼓励自学和开展岗位技能比武等形式，搞好员工培训，并与北京大学合办了研究生班，使全厂大中专以上学历的员工达到了员工总数的 31.8%。

在品牌创新上，孙国伟刚到卷烟厂时，"长白山"卷烟的销量很少，为此，他从制定并实施"孜孜以求、日新卓越"的质量方针抓起，下功夫保持产品质量的持续稳定，教育大家把"长白山"品牌当作是"赢得自尊和快乐的生命品牌"，像爱护眼睛一样加以爱护。他自己更是不论多么忙碌，每天都要到车间去走一走；每次外出回来，下车后的第一件事就是到车间去了解情况。一旦发现问题，不管是否造成影响，都要认真整改。2005 年春节期间，生产车间加班赶任务，孙国伟 8 天里 12 次到车间和工人们一起加班。他特别重视品牌的市场营销，每年销售人员调整，他都亲自考核把关；每年的工作日程表上，他都将一半以上的时间安排在销区；目标市场的细微变化，他都能说得头头是道。他认为品牌的底蕴和文化是最重要的，因而组织人员挖掘和整理"长白山"品牌的文化底蕴，经过有效的宣传和运营，消费者深切感受到"长白山"不仅仅是需求，更是对关东豪情自我认定的心理追求。"长白山"卷烟由原来的默默无闻，迅速上升到全行业同类卷烟产销量的第 21 位，并被收入全行业优等烟百牌号目录，在全年实现的税利指标中，有 90% 以上是由"长白山"卷烟品牌带来的。"长白山"品牌已具备了持续扩张、向全国市场发展的良好态势。

在孙国伟上任的 4 年时间里，无时无刻不在奋斗拼搏，终于使"长白山"卷烟由一个默默无闻的品牌，成就了 4 年销量增长 14.58 倍的辉煌。而这辉煌的背后，是孙国伟没日没夜的辛勤工作，他退掉了厂里专门为他在白山大厦订下的房间，把行李搬到了办公室，吃住在厂子里。不到三个月，他就把家从省会长春搬到了延吉。他无暇顾及 80 多岁的老母亲，母亲病危时他仍在外调研，失去了与母亲见最后一面的机会，这成为他的终生遗憾。同时，他格外注重廉政建设，他经常告诫自己，作为企业领导者，一是要干事儿，二是要干净。因而涉及钱的问题，他总是按规矩办。延吉卷烟厂每年大宗物资购入资金都有上亿元，企业第三期技术改造项目资金也有好几千万元，一些客户和厂家恨不得削尖了脑袋往里钻。但孙国伟从没有自己单独给谁安排过项目。他到任以后，马上实行了大宗物资比质比价购进和技改施工项目公开招投标的"阳光"工程。在"阳光"下面，企业的利益被扩大了，个人的因素找不到半点藏身之处。孙国伟认为企业除了想着获得收益之外，还要思考如何最大限度地节约成本、节省开支。他常说办企业就像居家过日子一样，要学会精打细算。延边烟叶种植是当地的重要产业，每年都给地方财政带来很大效益。但出于地理条件和气候的原因，延边烟叶上等烟比例太低，绝大部分进入不了优等烟配方，但烟农的烟叶又不能不收，这就造成了不合理积压。随着企业产品结构快速上调，积压越来越多，最多时达到 17 万担，就等着做报废处理了。看到这些用不上的烟叶，孙国伟心里比谁都急。他把相关部门召集到一起，组成了攻关组，经过前后三个月的调查和试验，这部分烟叶得到了合理使用，为企业节约资金近亿元。

孙国伟对别人要求严格，对自己要求更严。他刚上任的时候，一些他帮助过多年的老朋友免不了带上礼物来看他，有送钱的他坚决不收，实在拒绝不掉的烟、酒，他就让办公室的同志登记收存，作为企业的招待用品。时间长了，送礼的人也就少了。企业组织"双日捐"，他让秘书从自己的工资中直接扣除，一分不少；灾区有需要，他总是第一个带头捐款。他以自己踏实的工作态度和独到的市场眼光拯救了延吉卷烟厂，以其高尚的人格魅力感染着每一位员工，促进延吉卷烟厂奋发向上。在他们的共同努力下，2002 年，延吉卷烟厂被评为全国百家质量管理先进企业和全国烟草行业 36 家重点工业企业之一，2004 年荣获全国"五一劳动奖状"。

孙国伟以他的人格魅力影响和带动着延吉卷烟厂的职工，他以企业的振兴为己任，带领广大职工充分发挥智慧和潜能，在平凡的岗位上做出了不平凡的业绩。他有着强烈的工人主人翁精神，能够与时俱进，他具有新思想、新技能、工匠精神和国家情怀。他爱岗敬业、淡泊名利、无私奉献、勇创一流的精神激励着现当代的企业职工永远向前。

编辑：樊丽明　孙君来

高彦峰

高彦峰（1974 ~ ），男，中国共产党员，本科学历，1993 年进入吉林石化厂当一名设备工人，现为中国石油吉林石化公司建修一车间钳工班长，工人技师。他先后从事过吉林石化公司炼油、化肥两大系统的 15 套炼化装置的 20 多套大型机组，400 余台转机设备的维护检修工作。凭借自身高超的技术专长，入厂 17 年来，高彦峰围绕攻克设备顽疾和推进进口设备关键部件国产化两项转机检修主题，共完成技术创新成果 122 项，为企业创造效益 940 万元。他曾获吉林市"五一劳动奖章"、吉林省"杰出青年岗位能手"、"十大杰出能工巧匠"、全国"杰出青年岗位能手"、全国"五一劳动奖章"等荣誉。2006 年，他夺得了"状元 360"之超级钳工大赛冠军，2010 年获得全国劳动模范称号。

1993 年 7 月技校毕业的高彦峰成为吉林石化厂的一名正式员工，被分到炼油厂做设备维护工作。设备维护工作需要钳工 24 小时待命，以便随时检查有可能出现问题的设备，保障整条生产线的持续安全运行。这时候的高彦峰没有像同期的同学在忙学历、搞脱产，而是踏实地磨炼自身技能。

初入工厂的他对一切都很陌生，以前在学校书本上学到的知识，只是在图片里见到过，与在工厂实际操作起来完全是两种感受。认识到这种差距后，高彦峰开始了对知识、对技术、对装置、对设备的渴望。他不仅时常把师傅问得"底朝天"，还手不离卷地捧着《石油机械》《钳工工艺》《化工机械安装与修理》《炼化设备检修手册》等技术书籍，不分昼夜地看。为了尽快提高自己的动手能力，高彦峰上班时到检修现场，会认真研究每台机泵、每个机组的检修技术，虚心向有经验的师傅学习，把每次检修中遇到的疑难问题、重要数据和检修心得随时记录在笔记本上。一有空余时间，他就练铲、锉、刮、研等钳工基本功，实际操作水平突飞猛进。

高彦峰潜心研究所维护的设备结构、性能，练就了耳听、手摸来判断设备故障的绝技，总结提炼出机泵检修听、摸、问、查"四字诀"。就这样，高彦峰坚持苦练钳工技能基本功，练就了一手绝活：手工镶配工件间隙可以达到 0.02 毫米以下；直径 10 毫米的钢筋，最快可以两锤錾断；不摸不量，只用目测就可以配制出钥匙。

高彦峰成名还是参加了中华全国总工会和中央电视台在武汉联合举办的"状元 360"超级钳工大赛，这是国内为一线劳动者打造的技能展示平台。高彦峰首先以其娴熟的技能夺得了企业初赛的第一名，而后在决赛中以娴熟的技艺和稳定的心态战胜了对手。夺得全国钳工冠军后，为了鼓励先进，吉林省总工会迅速做出表彰决定，授予高彦峰吉林省"五一劳动奖章"。

高彦峰不仅技术娴熟，还经常创新工作方法。炼油厂重油催化四机组轴流风机大修回装上壳体，60 个紧固螺栓需全部一次吻合，以往吊装作业方法难以保证配件一次准确到位，往往需反复多次作业，费时费力。高彦峰对作业方法进行创新，吊装时在设备壳体上用水平仪进行定位，确保吊件水平精度，改进后只需一次吊装就可完成，减少作业时间 2 小时，工作效率大大提高。此方法后来推广应用于大型设备检修中。

高彦峰勇于创新的精神为企业节省了人力财力。有一次炼油厂加氢裂化装置汽轮机油封总是漏油，稍有波动就会造成连锁停车，成为稳定生产的安全隐患。外国专家认为，解决的办法只有停车大修，吊出转子检查、调整、修复。高彦峰认为装置停车的损失太大，不认同这种解决方法。经过几天废寝忘食地琢磨，他巧妙制作了两个方向相反的弧形扳把，装上合适的套筒扳头交互使用，再利用轴承箱与转子的间隙，借助灯光和平面镜反射来调整螺钉。但镜子成像与实物相反，这给实际操作带来了极大的困难。高彦峰跪在地上，伸长脖子，凭借平常练就的精确手法，耐心地摸索着，准确地解决了困扰生产的问题。在场的厂长高兴地击掌称奇。

有一次检修，是加氢裂化装置副吸油泵抽空。没有备用泵，且之前的密封效果不好，不到使用周期就发生泄漏，检修更换不但耗材成本增大，也给装置的平稳生产带来了隐患。高彦峰翻阅了历次检修档案，寻找对策，决定大胆改革。试装运转，效果非常好，不仅水质污垢少了，而且使设备寿命超过了正常运行周期。革新改造的成功，不仅增强了高彦峰的信心，也给全班带来了极大的鼓舞，他们乘势而上，陆续把其余的热油泵也进行了密封改造，提高了波纹管的运行周期，为企业节约备件费用 20 余万元。

2007 年末，高彦峰被调到检维修二车间任保全五班班长，负责化肥厂主要机组设备的维修保全。高彦峰刚接手的五班技术不强，一些重大的设备维修从未找他们干过。高彦峰身体力行，带头弓着腰趴在设备上一干就是三四个小时。久而久之，大家也都开始"趴设备"了。高彦峰带领的五班打的翻身仗是检修化肥厂四大机组之一、合成氨装置的重要设备——P0202 泵。自投用以来，其一度存在多项影响运转的重大问题，每次检修，都要更换昂贵的进口填料套和压紧帽。对此，外国专家也苦无对策。面对这一难题，高彦峰带领班组成员，多方查找资料，反复论证，大胆提出用国产填料套代替进口件、从材质上改进填料套、加大填料套螺距、提高螺纹精度的设备技改建议。实施后，设备一直运转良好。由此，公司每年可节约维修费用 50 多万元。

现在，不光是化肥厂，只要是吉化范围内，遇到重要设备的疑难杂症，车间领导首先想到的就是"高彦峰班"，而这个集体也从未让大家失望。

一次电石厂煤气鼓风机大修，转子对中找正，时间紧、难度大、精度高，一位领导信心十足地说："找高彦峰班！"由于拆卸更换轴瓦，更换转子，原有的基准全部丧失，需要三机找正，而以往以变速箱找正的常规做法，现在由于基础内嵌而无法使用。高彦峰首先提出了"轴瓦微调"的新方法，刮瓦、研瓦、增减瓦衬调垫，反复调试，一微米一微米向标准靠近，三天四夜，眼熬红了，手刮破了，设备才完全达到了验收标准。装置运行后，不仅极大减轻了噪声污染，而且平稳运行达到了历史最长周期。

"宝剑锋从磨砺出，梅花香自苦寒来"，高彦峰爱他的岗位，更爱他的企业，在吉林石化这片热土上，他要为之贡献自己的全部热情，奉献全部的聪明才智，他将与周围的同志携手并进，共同学技术、练本领，为企业发展壮大做出新的、更大的贡献。

编辑：樊丽明　王艺霖

聂永军

聂永军（1971～），男，1993 年参加工作，1996 年加入中国共产党，是长春公交集团西昌汽车公司 119 路的一名五星级驾驶员。在 20 余年平凡的工作中，聂永军行程数百万公里，从未出过事故。为了更好地服务人民，他不断改进公交服务设施，提高服务水平。在业余时间，他还热心助人，捐助善款 10 余万元，十几年来，聂永军志愿服务时间累计达 3500 小时。聂永军先后被评为长春市十大杰出青年、市特等劳动模范、市优秀共产党员，获得吉林省"五一劳动奖章"、全国"五一劳动奖章"，2010 年被评为全国劳动模范，2011 年获得省优秀共产党员称号。

聂永军出生在河北唐山一个普通的农民家庭，是唐山大地震的幸存者。震后余生的他在母亲的带领下来到长春投亲并定居下来。1993 年聂永军来到长春公交集团，当上了一名驾驶员。他吃过太多的苦，因此有一份稳定的工作对他来说就是最幸福的事，这也坚定了他回报社会的决心。从此他在公交岗位上一干就是二十几年，在平凡的岗位上默默无闻地为广大乘客服务。

聂永军平时不出车的时候就是在看书学习。刚工作的他对汽车一窍不通，面对车内各种繁琐复杂的零件设备，凭着那股倔劲和韧劲，不断地刻苦钻研，驾车技术日臻成熟。不仅如此，他还自学修理知识，逐渐掌握修车技巧，一些常见故障他都能及时排除。自他开车以来，从来没有因为车辆故障误过车次，他跑正点，从不前撵后压，总能保证安全，行车从无事故。

1997 年，车队实行承包，当时有一辆被称为"耗油王"的 325 号车，因车况差、耗油高，没有人愿意承包。为了车队的改革顺利推进，起到一名模范共产党员的表率作用，聂永军每天起早贪黑，出车前监测，出车后维修，经过半年不间断地维修和完善，在他和车组人员的共同努力下，这台车彻底摘掉了"耗油王"的帽子。

聂永军经常关心和帮助弱势群体。每年的 3 月 5 日，聂永军都要自费买来学习和生活用品到大屯孤儿学校看望孤儿，让那些失去父母的孩子们感受到社会主义大家庭的温暖和人间真情。他遇到与亲人走散的老大娘，亲自送回家；遇到一个农民为女儿上学来长春找亲戚借钱没找到的农民，当即拿出身上仅有的 170 元钱；聂永军不富裕，但他仍在每学期开学前，把 50 元学费寄给一个渴望读书的孩子。1998 年，聂永军从媒体得知长春大学特教学院的残疾学生每年返乡需要帮助时，他把双腿残疾的同学背上背下，再帮他们把大大小小的包裹搬进车厢，每一次都是从早上忙到晚上，把 100 多名残疾学生平平安安地送出去再接回来。当残疾学生们得知每接送他们一次聂永军都要减少 400 多元收入时，聋哑学生们一起打出手势，对聂永军表示深深的敬佩和感激。这个倾注着他的爱和情的公益活动一直延续至今，而每一年寒暑假的接送，聂永军都要损失近千元，但他表示无怨无悔。

随着公交改革的不断深入，车队在承包的基础上实行了大包，他和妻子共同承包 119 路专线车。在别人眼里，专线车就是赚钱车，但他没有把钱看得那么重。他知道，激烈的客运市场竞争，就是服务的竞争，服务的好坏直接关系到今后公交生存发展的大计。聂永军根据季节的不同，随时更换车厢的服务设施。夏季他购置凉席、凉垫；冬季不仅缝制棉坐垫，还利用发动机水箱热水，在座椅下安装了两组暖气片，使冬天的车厢温度比以往高了 5 度。他还增设婴儿床、电子线路示意图、多功能电子表、饮水机、洗手盆、绿色环保垃圾箱、自动喷雾消毒器、爱心座、爱心卡等便民设施 10 多项，为广大乘客提供了温馨舒适的乘车环境。这些装置的费用都是聂永军自己掏腰包，他真正做到了想乘客所想，践行了一切为乘客服务的宗旨。就这样，他走出了一条属于自己的品牌之路。

2003 年 4 月，"非典"疫情在长春出现后，聂永军立即投身到抗击"非典"的无硝烟的战役中。"非典"期间要想有效地保护乘客安全，就必须首先为乘客提供良好的乘车环境。聂永军认为行车消毒是预防"非典"的第一关。他吃不下睡不着，苦思琢磨，一连干了 3 个晚上，终于研制出了一种新的车厢消毒设备——高压自动喷雾器：只要用脚一踩气压，药雾就会自动喷洒出来，可随时进行消毒，非常方便，既消了毒又净化了空气。这项发明一经使用，立即赢得了广大乘客的一致好评，许多乘客写信或打来电话，高度赞誉聂永军的"英明"举动，称他是抗"非典"一线的英雄和卫士。一位乘客在来信中说："在平常的来往中，我们不知道谁是共产党员，但在关键时刻，走在最前面的一定是共产党员，聂永军就是模范党员的代表！"

2008 年聂永军作为全国奥运火炬手，圆满完成了奥运火炬的传递任务，充分展示了长春公交期盼奥运、参与奥运、奉献力量的良好形象，激发了万名公交人立足岗位、奉献社会的激昂斗志。在作为省人大代表的五年里，他提出的建议和议案有 50 件，其中《关于加强农村治安工作议案》被吉林省人民政府列为重要议案。

2009 年 7 月 1 日，以聂永军名字命名的 119 路聂永军路队，在"七一"党的生日正式挂牌。他深知"典型就是旗帜""榜样的力量是无穷的"，决心把自己多年积累起来的服务经验在各条线路上推广，让公交战线上多涌现出一些深受乘客欢迎的"乘客之家"。在他的倡议下，长春公交集团把他多年来的公交服务中的经验，提炼归纳成一套完整的《聂永军工作法》，并在全系统推广运用。广大司乘人员以劳动模范聂永军为榜样，在各自的运营线路上，真情待客，甘于奉献，以一流的服务，在提高社会效益的同时提高了经济效益，走出一条品牌路，为服务长春市的"民生工程"做出公交职工的奉献，成为建设和谐长春进程中的一道亮丽风景。

2014年6月，长春公交集团为弘扬劳模精神，树立企业良好形象，传承创新服务理念，成立了"劳模创新工作室"。成员都是来自公交集团的技术骨干，其中有1人为全国劳动模范，2人为省级劳动模范，5人为市级劳动模范，工作室的理念就是更好地为市民服务，为长春公交做事，因为成绩突出，该工作室也获得了省、市"优秀劳模创新工作室"荣誉称号。该工作室在聂永军的带领下，研发了各式各样的专利，包括"变速箱地沟举升器""公交车水暖装置""前后轮蹄片弹簧安装专用工具""一种传动轴拆装升降机构"等。这些创新发明成果均在119路、20路等线路推广。根据修理人员反馈，工具用起来省事、省时，获得广泛好评。

为了让劳模精神得到传承，从驾驶员走上管理岗位的聂永军共带过26名徒弟，其中8人为五星级驾驶员，5人为四星级驾驶员，5人为三星级驾驶员，还有技术创新能手，等等。他不仅耐心传授节能经验，还亲自教他们如何起车，堵车时如何挂挡、踩刹车、踩油门……渐渐地，徒弟们练就了节能真功夫。他还参与研发了汽车制动分泵拆检试验台、前后轮蹄片弹簧安装专用工具等。他的敬业、认真的工作态度影响着每一位徒弟，他也希望把自己20多年来的驾车技术、服务理念、技术创新等都毫无保留地传给更多的年轻人，让他们快速成长。

聂永军是在改革开放时期成长起来的新一代工人的优秀代表，他在自己平凡的岗位上，把对党、对社会、对公交的热爱，凝聚在岗位的无私奉献上。在构建和谐社会的新形势下，他身处平凡，却不甘平庸，自强不息，爱岗敬业，勇于创新，无私奉献。鲁迅先生曾说过："我们自古以来，就有埋头苦干的人，有为民请命的人，有舍身求法的人，这就是中国脊梁。"正是有无数个像聂永军这样的中国脊梁，用热血用汗水擎起了中华民族之魂。

编辑：樊丽明　王艺霖

王洪军

王洪军（1970～），男，吉林省长春市人，一汽大众汽车有限公司轿车一厂工长。他1991年从学校毕业进入一汽大众焊接装车间做钣金整修工，立足岗位，不断创新，发明了 40 多种 2000 多件快速返修工具、100 多种修复车身缺陷的方法。他的方法被命名为"王洪军轿车快速表面修复法"并通过一汽大众中、德质保专家组织的评审和鉴定。他的技术填补了国内同行业领域的空白，获得了国家科学技术进步二等奖。多年来，由于工作业绩突出，王洪军获得多项荣誉：2003 年获得一汽集团公司"五一劳动奖章"；2005 年获得长春市"五一劳动奖章"、吉林省"五一劳动奖章"、"全国技术能手"等荣誉称号；2006 年获得全国"五一劳动奖章"；2010 年获得"全国劳动模范"的称号。

王洪军出生在一个知识分子家庭，从小就热爱机械，立志报考技工学校当一名工人。他不顾父母的反对，坚持进入一汽技工学校焊接专业。为了更好地掌握焊接技术，他不仅课上努力学习，每天下课后，还用废旧材料反复练习和实践，有志者事竟成，他每次考试都名列前茅。

1991 年，21 岁的王洪军从一汽技工学校毕业后，走上了一汽大众公司"白车身"钣金整修的工作岗位。钣金整修是轿车生产中一道重要工序，需要为轿车进行"漆前美容"。这种"美容"可不轻松，工人常要抱着十几斤重的高频打磨机来回打磨，噪声刺耳，粉尘飞扬。尤其是夏天，40 多米长、布满 300 多个灯管的整修通道像一个大蒸笼，闷得人透不过气来。不少人因受不了这苦，改行干了其他工种。当时钣金整修的大活、难活都要靠德国专家完成，中国工人们只能打下手。吃苦没有吓倒王洪军，干活伸不上手却让王洪军难以忍受。他强烈地感觉到只是敲敲打打当不了合格的钣金整修工。一天下班，专家刚走，他壮着胆子修起了外国专家修不了的"白车身"，可是忙了半夜也没弄好。第二天，德国专家发现后很不高兴，讽刺他自不量力。但车间领导鼓励他："别灰心，'中国功夫'是练出来的，功到自然成。"王洪军暗自发誓：一定要干出个样子来，绝不能让外国人把中国工人瞧扁了。

从此，王洪军业余时间自学热处理、机械制图、金属材料等相关知识。一进厂，他就像着了魔似的，上班也练，下班也鼓捣，中午都不休息。有一次，他在修顶盖边缘时，工具滑落，顶盖的边缘正好切到他的脖子上，出了血，工友们劝他上医院包扎，他用创可贴一贴又干继续工作了。日复一日地积累和磨炼，王洪军的钣金整修技术迅速提高。几个月后，一台白车身终于被他修好了。消息传开，将信将疑的德国专家用挑剔的目光反复打量了修好的白车身，随即又分段用仪器全面检测，结果完全符合标准。这位一向严谨和傲慢的日耳曼人向王洪军露出了钦佩的笑容。

之后，王洪军发现钣金维修技术非常落后，在不允许钢板强度弱化和磨削痕迹存在的情况下，修整工具起着关键的作用。当时进口一套工具就得四五万元，而且品种不齐全，到货时间长，有些缺陷根本无法修复。于是王洪军开始尝试做一些工具。制造的第一个工具是固定车身侧面的挂钩，对王洪军来说，这是一个陌生的领域，他请教技工学校的老师，查阅了有关金属材料和热处理的书籍。最后，对新工具的不同部位采用不同的热处理方法，经过反复实验，最终制得样品。当时，德国的一件类似工具超过2500元，王洪军创造的新钩不仅没花一分钱，用的材料还是废弃的汽车材料。德国专家得知后，他们经过反复的试验，最后对王洪军的创新方法赞不绝口。王洪军创制钣金修整工具的热情从此也一发不可收拾，他从制作钩子等单件工具发展到制作组合工具，他自制出不同车型的工具40多种、2000多件，工友们也亲切地给他起了"千手观音"的绰号。

王洪军不仅努力学习知识，还敢于实践。汽车博览会历来是各大汽车生产企业角逐的舞台，它不仅展示企业产品，扩大品牌影响，而且是企业综合实力的较量。多年来，一汽大众的展车都是花大笔钱聘请德国专家来做，而且每次都不让中方员工参与，理由是怕影响展车质量。在这样的情况下，王洪军有了"外国人能做到的我们也能做到"的信念。有次他看到德国专家焊的行李箱搭接没焊完，他就试着焊了一段，但第二天被德国专家发现以后，厉声指责他的焊接技术不过关。王洪军也由此深知焊接技术是需要实践去积累经验的，以后只要德国专家动手制作展车，王洪军一定会在旁边仔细观摩学习，并认真记好笔记；下班以后，他还会利用废件进行反复练习。经过几年的积累，王洪军掌握了压痕、划伤、波浪、坑包等"白车身"表面缺陷的处理绝技，总结出"手掌放平、着力点集中、匀速运行、出手慢、回手快"的整修操作方法，他创造出50多项100多种简捷实用的轿车钣金快速修复法。

2002年8月，河南郑州的178辆汽车被特大冰雹砸坏，来自全国的专家表示，如果不打腻子就无法修复汽车，而打腻子则会影响汽车的使用寿命。王洪军带领 6 名同事，在不打腻子的前提下，用自己"独特"的修复方法修复了"受灾车"。王洪军在这次修复受灾车时所用到的"独特"修复方法正是他独创的快速修复方法之一。

2003 年，一汽大众的车展采用了王洪军的制作方法，在以往德国专家一个月才能完成的工作，现在不到两周就完成了，而且费用低于德国。据统计，在过去的三年里，王洪军共制作展车 189 辆，为公司节约费用约 700 万元。他的快速修复方法通过了一汽大众中、德质保专家组织的评审和鉴定，被正式命名为"王洪军快速表面修复法"。专家也给予高度的评价："王洪军的快速修复法对车身表面钣金修复和调整具有重大的实用价值，居国际先进水平。"

为了使更多的人掌握快速修复法，从 2004 年初开始，王洪军用了将近两年时间，几易其稿，终于写成了《王洪军轿车车身维修调整方法》一书，2006 年吉林省人民出版社出版发行了此书。由于该书具有实用性、科学性，内容通俗易懂，在行业内外受到广泛好评。

2007 年，国家首次在工人中评选国家科技进步奖，王洪军在中华全国总工会申报的各个行业 40 名候选人中脱颖而出，荣获国家科学技术进步二等奖，成为中国一线工人获此殊荣的第一人。同年 2 月 27 日，在北京人民大会堂召开的国家科技奖励大会上，王洪军光荣地登上了颁奖台，受到了党和国家领导人的接见。

为了向工人和同事传授技能，让岗位创新永无止境，王洪军在车间设了培训角，并带出一大批高水准的徒弟。在过去的十年中，王洪军带了很多弟子，弟子带弟子，形成了一个 200 人以上的高技能钣金修整团队。这支队伍被亲切地称为"洪军部队"。他希望他的徒弟及工友能在他的基础上超越他，而他也没有沉浸于荣誉之中，开始了新的探索。

王洪军的创新，改变了人们对一线工人的偏见。凭着坚定的理想和智慧的汗水，王洪军为一汽争得了荣誉，为祖国的汽车工业做出了杰出的贡献，为新时期的工人注入了强大的精神力量，让我们知道劳动的光荣不仅仅意味着吃苦流汗，更要求我们用自己的智慧和知识来体现劳动的价值。

编辑：樊丽明 王艺霖

王金杰

王金杰（1968～），男，汉族，中共党员，本科学历，吉林燃料乙醇有限责任公司机电仪中心主任，高级工程师。王金杰提出项目集中控制方案，从原料进厂、生产控制到储运整个过程，以及公用工程控制全部纳入一个统一的 DCS 系统，仅此一项就节约材料费 500 万元。他先后组织技术攻关，对 34 套设备全部通过通信的方式将数据传入 DCS 系统中，实现了操作人员统一监控，该系统达到国内先进水平，年节约费用可达 400 万元。王金杰 2009 年荣获吉林省劳动模范，2010 年获全国劳动模范称号。

1990 年 7 月，王金杰从西安交通大学信息与控制工程系毕业，履行自己与吉化签署的就业意向协议，被分配到吉化染料厂仪表车间当技术员。当时，经历了改革开放的十年洗礼，拥有 13 万员工的吉化生机勃勃，是全国工业企业的排头兵。王金杰在为自己成为吉化人而感到骄傲与兴奋的同时，也发现这里设备陈旧、技术落后，与自己在书本上所学到的现代科技差别巨大，并不是心中的"理想"家园。

北京化工研究院完成的还原染料碱熔生产过程计算机控制系统是国家"七五"科技攻关项目，被吉化染料厂率先应用于 13 号车间还原蓝生产。对此，当时多数仪表工都感到陌生、新鲜、难以琢磨，王金杰兴奋地翻着资料，彻夜不眠。升温过程的数模建立、控制实质以及放热反应中，用模糊控制和专家系统，实现无冷却条件下，固体进料的闭环温度控制，当时在国内还都是空白，这让王金杰十分痴迷。车间领导从一开始就把这一控制系统全权交给了这位聪颖、勤奋的年轻大学生。

王金杰果然不负众望。在实现生产过程优化控制的同时，很快就成功地对硬件部分进行了较大改造，用 PLC 系统替代了原来的下位机，自编通信接口程序，并顺利联机，增强了设备运行的可靠性，使整个系统迅速升级。

王金杰经常深入现场，解决生产过程中遇到的测量、控制及维护难题。汽包补水控制阀门使用寿命太短、除氧器液位测量准确性较差、DEA 流量堵塞、DCS 系统通信噪声过大等长期困扰生产的难题，都让他不言不语地一个个破解了。他独立开发的计量数据管理软件，推广使用后效果颇佳，广受赞誉。

　　1995年1月，不到27岁的王金杰破格取得工程师资格，并在拥有140名职工的仪表车间被提为副主任，成为这个大厂里最年轻的中层干部；1998年，刚刚30岁的他又被提为车间主任兼党支部书记，接过了一副沉重的担子；2000年，经中国石油高级技术职务评审委员会批准，32岁的王金杰晋升为高级工程师；同年，在连续3年被评为厂"先进生产者标兵"之后，他被选为吉林石化公司劳动模范；2002年，通过考试并拿到工程硕士学位的时候，王金杰已经是吉林燃料乙醇有限责任公司的一名员工了。

　　国务院领导在批准吉林燃料乙醇有限责任公司项目的时候，把这一工程明确列为国家"十五"重点建设项目，提出了"试点示范"的要求。这让王金杰很振奋：这是党和国家的信任与期待，这应该成为每一位建设者的神圣使命。而一直被他看作"高起点创业"标志性工程的企业信息化建设，更是被他责无旁贷地放在了心上。

　　建厂初期，一方面如火如荼地抢土建工程进度，另一方面技术论证、设备选型、招标工作都在按部就班地紧张进行。为了做好信息化的基础工作，王金杰紧盯设计院，规划并实施了把公司所属各环节连为一体的光纤网络，建立了主机房、通信机房，开通了内网、外网、邮件系统、工程进度管理软件P3、设备管理系统MRO以及P3软件使用的培训推广。

　　吉林燃料乙醇有限责任公司装置的初始设计，没有充分考虑数据通信和生产实时系统。王金杰向公司领导提出建议："设备招投标的时候，一定要有附加条件，一定要提出数据通信和生产实时系统与所有装置、设备同步安装、同步调试的要求。"全公司有22套设备确定以通信方式接入DCS系统，王金杰担起了软硬件配置的执行与督办任务。这项工作的难度在于给设备提供商增添附加"通信"条款，时常遇到供应商的抵制，有的甚至以"从来没有提供'通信'的先例"为由，加以拒绝。

　　王金杰捏着手里的标书，逐家逐户地核对、把关，逐项逐条地检查、落实，晓之以理，动之以情，不厌其烦地把通信接口、通信协议、交工时间等要素，落实成十几份"会谈纪要"，有据可查，记录在案，强制执行。

　　吉林燃料乙醇有限责任公司装置的集散控制系统和电气监控系统，分别由两家世界知名的大公司提供技术，但因为签约较早，没有"附加条款"

制约，都不愿主动为对方提供方便。日夜盯在现场的王金杰，考虑到两家的竞争关系，说服他们用最简便的共享文本文件的方式，让两巨头的第一次"对接"在吉林实现。

当乙醇中央控制室圆满而顺利地实现了对现场实时监控的时候，公司决定把乙醇风送 A、B、C、D 线和污水处理等分布在岗位上的现场控制室全部撤掉。面对当时国内最大、最先进的 DCS 系统，每一位员工都感受到了"科技就是生产力"的巨大魅力。

2004 年冬天，王金杰开始了自编网控楼数据通信程序的艰苦努力。当时，作为机动部的高级业务主管，每天都有许多繁杂的业务需要及时处理与协调。为了不耽误正常工作，他只能在每天晚上回家后，用笔记本电脑连接自家的台式电脑，模拟现场，编制程序，制作画面，连接变量，一干就是大半夜。周六、周日，再带上"笔记本"到网控楼进行现场调试。将近两个月后，王金杰对于设备通信的读取方式和方法，有了不同于书本学习的进一步理解。

吉林燃料乙醇有限责任公司生产线的 DCS 系统是一家著名德国厂商的产品。2005 年扩能改造，燃料乙醇的生产能力从 30 万吨提升到 40 万吨，增加 2000 多个 I/O 点，特别是 05B 分子筛的控制程序相当复杂，组态费用需要 40 多万元。

当时，机电仪中心作为独立的二级单位刚刚成立，DCS 系统的运行和维护也充实了一批新的技术力量。王金杰有了电厂网控楼的感受与实践，觉得这是一个带队伍、上水平的良机。他找到一直负责 DCS 系统运行维护的高级工程师杨宇峰，王金杰亲自动手，搭建系统布置、硬件组态、通信方式等架构，杨宇峰带人精雕细刻编程组态，把软件工程做得无可挑剔。2006 年 3 月，总投资 2.3 亿元、安装设备 176 台的改扩建项目建成投产，王金杰、杨宇峰牵头的 DCS 和生产实时系统，也迅速达到了最佳运行状态，燃料乙醇的日产量升至 1200 吨，实现了年产 40 万吨的目标。

作为业内小有名气的计算机高手，王金杰还负有带队伍的责任，不仅要懂计算机技术，还要在仪表、电气等专业领域替总经理负责，独当一面地处理问题，当好参谋。

2003 年 8 月，乙醇装置联动试车之前，王金杰带人参加德国进口干燥机的单体调试，但由于卡件失灵，压力数据一直不稳定。德国派来帮助开车的技术人员心急如焚地埋怨：“干扰都是你们没有满足电缆的屏蔽要求而造成的。”

而此时，全线开车在即，与之相关的设备早已安装就绪，不可能把电缆全都拆下来重新更换屏蔽电缆。更何况，现场与之有关的中国设备厂家对德方技术人员的要求不予支持：动力电缆在国内历来没有屏蔽的要求。

王金杰判断，是由于 PLC 卡件的功能太繁杂，抗干扰能力差造成的。他提出把仪表的卡件供电，改为“外供电”，但德方技术人员表示反对。一天晚上，趁老外不在，王金杰果断改成“外供电”，试验非常成功，仪表准确而稳妥地进入工作状态。王金杰“外供电”的办法，经受了安全、稳定、长周期、高负荷的七年考验，沿用至今。

王金杰不承认自己比别人更聪明。他认为：“作为一个专业技术人员，每天都要面对企业生产过程中产生的、不可预测的矛盾，只有脚踏实地地摸索、日积月累地尝试，才能积累经验，实践出真知。”

2003 年 9 月，交融着自己心血的吉林燃料乙醇工程竣工投产。而人的一生能有几次这种创业的经历？激动之余，王金杰把感受最深、收获最大的电厂网控楼实现数据通信的实践，写成一篇论文，从理论上升华、整理，留给历史，留给后来人。这种用论文的方式把装置开车过程中经受的实践、体会写出来，一方面为后人留下了解决问题的资料，另一方面也提高了自己的理论和实践水平。

机电仪中心的员工，基本上都是曾在吉化等大型企业工作过、很有实践经验的生产骨干，平均年龄 37 岁，且大都具有中、高级技术等级。但王金杰亲自抓的、紧张而严格的再学习，却让人“看不到尽头”，不少人觉得“吃不消”。

王金杰对大家说：“咱们从事的这个行业，处于日新月异、随时都有新发展的前沿阵地。不能把技术含量赶快转化成技术能量，你就永远被动。趁现在年轻，企业又创造这么好的条件，一丝不苟、只争朝夕地掌握本领，更新本领，才能尽心尽力地承担起岗位责任。”

王金杰强烈反对技术、技能上的封闭和保守。在他的“知识共享”“经验共享”的理念支配下，“人人上讲台”的互助气氛蔚然成风。以提高独立解决问题的能力为目的，机电仪中心每年都围绕电气、仪表运行维护，进行一次从理论知识到实际操作的考试、考核，选拔"排头兵"，鼓励职业技能达标。仪表排头兵选拔赛有一道题是"接线调试信号连锁"，比赛结束，从考场下来，谁都不肯"善罢甘休"，周六、周日也来厂里"死磕"，使解题速度从半小时，迅速提高到七八分钟。

孔子说：知之者不如好知者；好知者不如乐知者。作为一名党员、一名高新技术工作者，王金杰坚持把"服务企业，奉献事业，真正无愧于党和国家的教育培养"作为自己人生追求的目标，并始终不渝地为之去努力。①

编辑：樊丽明　王艺霖

王吉伟

王吉伟（1974～），男，吉林省公主岭市人，共产党员，毕业于长春电力技术学校，现任国电双辽发电有限公司综合检修分场技术员，是一名20多年如一日奋战在企业生产第一线的焊接工人。靠着踏实肯干、无私无畏的敬业精神，他从一名普普通通的学徒工成长为焊接高级工程师，先后获得吉林省"五一劳动奖章"、"吉林省特等劳动模范"、"全国技术能手"、全国"五一劳动奖章"等荣誉，2010年获全国劳动模范称号，2012年，他成为吉林省四平地区唯一的"首席技师"，享受国务院特殊津贴。

1993年，19岁的王吉伟从技校毕业分配到双辽发电厂，成为锅炉分场的一名普通焊工，也开启了他与"焊花"的相伴之旅。② 刚到班组时，王吉伟是从一名学徒做起的，刚接触焊接工作，他连焊把都拿不好，为了尽快掌握焊接技术，他总是早来晚走，利用业余时间练习，一练就是几个小时，手腕儿累得酸疼，焊接烟气常熏得他喘不过气来，手脚经常被烫出水泡。但所有这些困难，都没能把他吓倒，没有动摇他苦练技术的决心。为了攻克技术上的一个个难关，他虚心地向老师傅请教，对焊条的使用角度、焊接的电流强度、施焊的方法仔细观察，用心揣摩，反复练习，并且随身携

---

① 王成军：《风采聚焦》，吉林燃料乙醇有限公司，2005。
② 张海英：《王吉伟：用青春点亮璀璨焊花》，《中国电力教育》2018年第2期。

带笔记本，将问题和方法以及心得体会都写下来。他常常这样提醒自己："拥有四台亚临界机组的大型火力发电厂需要的焊工应该是专家级的，既然企业给咱提供了这么好的机会，那咱就得干出个样来！"① 为了完成这一目标，他不懈地努力着。他工作时间认真学，休息时间刻苦练。他就这样用实实在在的行动来实践着自己的理想，向焊接技术的高峰一步步迈近。功夫不负有心人，不到半年，王吉伟就考取了一类焊工证书，成为全厂年龄最小的高压焊工。

2001 年，他被抽调参加吉林省电力系统焊工比赛。在比赛中，他忍受着腿部的巨大疼痛，取得了全省第三名的优异成绩，并代表吉林省参加全国的焊工大赛，取得第四名的好成绩。

2003 年，是双辽发电厂进入中国国电集团的第一年，也是公司最为艰难的一年。面对企业困难的现状，怀着感恩情怀的王吉伟没有彷徨和犹豫，而是坚守在公司，静下心来踏实工作，在单位需要之时为公司排忧解难。

一次 3 号炉水冷壁抢修，王吉伟钻进 31 米标高的炉膛内进行高空作业，连续施焊 7 个小时，为整个机组的抢修赢得了时间。还有一次，厂里 2 号炉省煤器爆管，被换的管道焊口处有多处盲区，焊接位置不好，给焊工操作带来很大的困难。王吉伟作为支援焊工，凭借着高超的技术，克服了位置窄小、温度高、时间紧等一系列困难，连续施焊 9 个小时，完成了焊接任务。就这样，王吉伟为机组的抢修工作赢得了宝贵时间，圆满地完成了抢修任务。

作为焊接技术专业带头人、锅炉分场的技术员，王吉伟还承担了班组的技术档案管理工作。刚实行办公自动化的时候，对计算机辅助管理一窍不通的王吉伟心里十分着急。为了使自己能够及早地掌握应用常识，他每天都向新毕业的学生们虚心请教，学习计算机的基础理论；业余时间，他就查看资料，熟悉电脑性能。通过自己的不懈努力，很快他就完全掌握了办公自动化的各方面知识，并成为单位人人公认的"计算机能手"。

当王吉伟成为单位的一流焊工后，他并没有停住脚步，而是继续努力

---

① 徐丹：《用焊花照亮前进的方向——记全国劳动模范 吉林省首席技师 国电双辽发电有限公司 王吉伟》，《劳动保障世界》2017 年第 12 期。

前进，向全面的、专家级的焊接技术能手拼搏奋斗着，要为公司贡献出更大的力量，要真正成为用知识操作焊把的人。在多年的实际工作中，王吉伟形成了勇于创新的工作风格。凭着自己多年的焊接经验，他将科学的方法融入班组的技术管理工作，使焊接班的各方面基础工作都发生了巨大的变化。

他针对高温炉烟管道漏风率高、维护量大等问题提出了一系列改造方案，研制出了轻型高温炉烟管道伸缩节，使改造后的高温炉烟管道整体结构轻量化，受力更均匀，使用周期更长，大大降低了检修维护费用和工作量。仅此一项，每年就可为公司节约维护费用近百万元。凭着这股求实创新的工作作风，王吉伟获得了许多荣誉称号。

知识就是生产力。王吉伟根据现场实际，制订出《电焊机集中布置方案》，极大地方便了检修工作，也为安全生产提供了保障。同时，王吉伟利用在锅炉爆管抢修工作中积累的实践经验，一举解决了"困难位置焊接"和"小间隙焊接"等多项技术难题，并在多家电厂推广使用。

2004年，王吉伟发表了《耐热钢、铸钢件冷焊修复应用》专业论文。他用实践证明了用奥氏体焊接材料对珠光体耐热钢构件进行冷焊是可行的。资深专家在看到论文后指出，这种方法可为企业节省大量的资金，是一种很值得推广的修复技术。

2005年8月初，王吉伟被中国国电集团公司确定为参加"全国中央直属企业焊工大赛"的选手。面对这场国内最高规格的焊工比赛，王吉伟下定决心一定要取得好成绩。为了准备比赛，他连续90天里，每天都进行12小时的超强度、超负荷的理论复习和实践操作。每天相同的步骤、相同的内容，虽然单调枯燥，但对于王吉伟来说却是充满了乐趣。他时刻谨记自己代表的是单位领导和公司同事的厚望，一定要有好成绩。最终王吉伟从全国61家中央所属企业的156名选手中脱颖而出，一举夺得大赛金奖，站在了最高领奖台，被国务院授予"中央企业技术能手"称号。

在单位举办的"168"人才竞聘中，王吉伟以无可争议的实力赢得了评委的最高分，连续三届被评为集团公司"168"技能人才。2006年7月，王吉伟被国务院国资委作为专家派往英国学习调研，学习先进的科研技术回来运用推广。2009年4月，王吉伟被全国总工会授予全国"五一劳动奖章"

荣誉称号。2010年5月，王吉伟获得吉林省人力资源和社会保障厅授予的"吉林省技能大奖"。2012年10月，王吉伟被吉林省人力资源和社会保障厅授予"吉林省首席技师"荣誉称号。

面对成功，王吉伟总是这么说："成功是一种结果，更是一种过程。只要我干了，并且一直这么坚持着，那么我就成功了，至少我在成功地超越自己"。正是这种严谨认真的工作态度、百折不挠的爱岗敬业精神、忘我拼搏的工作热情和丰富实用的专业技术知识，带给了王吉伟更多的成功，也带来了别人的深深钦佩。

"得意时不狂傲，失意时不绝望，用一颗自信的心笑对生活，永远向着太阳奔跑。"这就是王吉伟简单生活的真实写照。他正用自己的专业技术，用旺盛的青春活力，用流彩的岁月年华，用飞溅的璀璨焊花，不断谱写着人生更加辉煌的篇章！他用青春点亮闪烁的焊花，使劳模精神、劳动精神和工匠精神在新时代的洪流中放射出无比绚烂的光芒！

编辑：樊丽明　王艺霖

谢元立

谢元立（1970～），男，吉林省长春市人，中国共产党党员，高级工人技师，长春轨道客车股份有限公司转向架制造中心焊接车间机械手班班长。他开创了蓝领工人开发大型焊接程序的先河，拓展了机械手的生命维度和应用领域。他率队开发出的焊接程序多达300多种，创造经济效益超千万元。谢元立先后攻克了以高速动车组为代表的轨道客车自动化焊接和列车转向架焊接领域的多项难题，使轨道车辆转向架自动焊加工成功比例提高到70%以上，他开发设计了220多个转向焊接程序。谢元立曾获得"全国工人先锋号""吉林省青年文明号"等称号，2010年获得全国劳动模范称号。2011年国家人力资源和社会保障部批准成立"谢元立技能大师工作室"，2012年谢元立作为国务院国资委系统选出的党员代表，光荣地走进了人民大会堂，出席了党的十八大。

1988年，职业高中刚毕业的谢元立正逢长春客运招长工，他报考进入长客焊接车间水箱工段。车间的工作环境十分艰苦，尘土飞扬，噪声巨大，沾到衣服上的灰尘都会一小片一小片脱落，门口的两棵树从没绿过。这样的工作环境给对未来满怀憧憬的谢元立当头一棒。可是当他拿起焊枪焊接出了第一个合格的产品后，他心里想的就只有怎么做好焊接工作。怀着干一行爱一行这份质朴心理，还有虚心请教的态度，他在入行的第二年，也就是19岁的那一年，在全厂的技术比武中脱颖而出，获得了"焊接状元"称号。[①] 这是谢元立入厂以后获得的第一个荣誉，它像强心剂一样，让谢元立既兴奋又备受鼓舞，从那以后，他钻研技术的劲头更是一发不可收拾。

谢元立在以后的几年中一直苦练技术，他不仅观摩技术好的工人，还在下班以后，偷偷跑到车间利用边角废料进行加工试验，没日没夜玩命练技术。不知不觉中谢元立已成为车间领导和班组成员公认的生产骨干。1991年，车间要焊一批外壁仅有1.5毫米厚的不锈钢水箱，由于母材太厚，人人望而却步。"谢元立一反常规做法，凭借精湛技艺，很快就焊接好了整批水箱，他'状元郎'的名声，也越来越响了。"[②]

1999年，为筹建焊接机械手班，长客一边开始大批量引进机械手，一边在焊接机械手硬件上花费巨资引进。见过机械手的焊接质量的谢元立决意报考机械手班，他过五关斩六将，从此步入了一片崭新的技术天地。转任新岗没多久，谢元立遇到的第一个困难就是看不懂设备上的英文指令，第二个困难就是虽然有编好的指令，但是遇到一些特殊车型，编好的指令不符合实际，还要等外国专家重新编排。生产不等人，谢元立暗下决心，不管有多少困难，都要成为机械手焊接的行家里手。

谢元立的成才，靠的是坚忍不拔、勇攀高峰的精神。例如，在接到环口工件焊接任务时，由于环口位置呈360度的特殊性，很多人认为它不可能在机械手上实行程序焊接，因为焊枪无法进入其运行死角。谢元立接受了这个任务后，他就每天都在最大的机械手边徘徊、琢磨，经常是晚上九点多钟才回家。半个月过去了，很多人可能会选择放弃，班里的同志也劝他不要再费神了，还是用手工焊接吧。他没说什么，暗下决心，一定要啃下

---

① 《精彩工人谢元立》，凤凰网，http://news.ifeng.com/gundong/detail_2012_06/01/14965327_0.shtml，最后访问日期：2018年9月21日。

② 柳姗姗、彭冰：《一位技术工人的"转型升级"——记中国北车长客股份公司焊工谢元立》，《中国职工教育》2015年第6期。

这块硬骨头。一天早上，大家进入班组休息室时，发现平时就很早来的谢元立睡在休息室。原来，他已经连夜完成了环口焊接加工的编程任务，并且又开发了焊接机械手的一些其他功能。他眼睛里的血丝，说明了这又是一夜艰苦的"鏖战"。

"长客制造城轨地铁车的转向架横梁，80% 以上是横梁管配纵梁的结构。因结构复杂，工人施焊时几乎看不到焊缝状况，兼之焊缝多为弧形，一直是手工焊接的难点，经常出现质量缺陷。为此，谢元立主动担当起开发相关机械手焊接程序的重任，如期编制出了总长超过 1000 步的大型机械手程序，达到了手工焊接无法企及的性能与质量标准，填补了公司又一项技术空白，在这道工序上彻底用机械手取代了手工焊。"①

"目前，这一创新项目已广泛应用于北京 15 号线地铁车、香港地铁车、巴西 EMU 电动车组等项目的转向架制造过程中，达到手工焊接无法企及的性能与质量新标准。2014 年，该技术创新获得铁道行业质量管理小组活动成果优胜奖。谢元立主攻列车转向架焊接。列车转向架焊接质量直接决定车辆运行的安全性、稳定性和旅客乘坐的舒适性，高速列车对转向架的焊接要求更为严格。这意味着难题接踵而至。谢元立团队攻克了侧梁自动焊、构架三维曲面焊等复杂难题，使轨道车辆转向架自动焊加工比例提高到 70% 以上，动车组的该项比例明显超过技术转让国。谢元立现已开发设计了 220 多个转向架焊接程序，赢得外国专家的称赞。"②

"在谢元立眼中，机械手设备的性能开发永无止境。十几年间，他先后编写出 300 余种焊接程序，创造经济效益超千万元。现在，长客股份部分城铁车转向架的自动焊比例已突破 70%，动车组转向架的自动焊比例也已明显超过高铁技术转让国。"③

谢元立不仅个人成才了，他还带出了一个成功的焊接机械手班。作为焊接机械手班的班长他刻苦学习的精神影响着全班同志，他的几个徒弟现

①　柳姗姗、彭冰：《一位技术工人的"转型升级"——记中国北车长客股份公司焊工谢元立》，《中国职工教育》2015 年第 6 期。

②　王培莲：《谢元立：技术成就焊接人生》，《中国青年报》2015 年 5 月 5 日。

③　柳姗姗、彭冰：《一位技术工人的"转型升级"——记中国北车长客股份公司焊工谢元立》，《中国职工教育》2015 年第 6 期。

在都是工厂的岗位能手。为了使焊接机械手班的 18 名同志都成才，他编写了《焊接机械手编程培训教材》，还亲自指导班组成员掌握了同向拷贝、镜向拷贝、自动矫正焊接程序点、外部轴绝对平移等辅助程序的应用技术难点。在他的带领下，焊接机械手班的团队精神不断发扬光大，班组也因此成为长春市"青年文明号"班组。

谢元立说："人生的价值不在于一两次耀眼的成功，而在于平凡岗位上的日积月累，我的目标是把转向架上所有关键焊缝都变成自动焊，让中国制造的轨道客车更安全、更高速！"他用一名技术工人的智慧，托起了纵横飞驰的中国高铁，撑起了"中国创造"的钢筋铁骨。

编辑：樊丽明　王艺霖

郑秋林

郑秋林（1981～），男，汉族，中共党员，中油吉林化建工程股份有限公司培训中心焊接教练。他靠着 20 多年的刻苦钻研，从放牛娃成长为焊接专家和金牌教练，为企业施工一线输送 4000 余位优秀的焊接技术工人，独立完成焊接评定 30 项。郑秋林曾获得吉林省"五一劳动奖章"、吉林省特等劳动模范、全国"五一劳动奖章"、全国优秀农民工、全国道德模范提名奖、全国劳动模范等多项殊荣。

郑秋林家住在吉林蛟河新站镇东靠山村，兄弟姐妹 6 人。在他家附近有个奶粉厂，初中毕业的时候，家里贷款买了头奶牛，奶牛的饲养和卖奶的活儿都落在了郑秋林的肩上。但是还没有等还清贷款，奶粉厂就突然倒闭了。为了谋生，22 岁的郑秋林揣着卖牛的 2000 多元钱，来到了蛟河镇职业高中，决心学门手艺，靠技术吃饭。①

1994 年，郑秋林从职业高中毕业后来到吉林化建公司当一名电焊工。刚参加工作的郑秋林就进入了电焊培训班，在培训班一边听师傅讲解，一边仔细观察师傅的动作要领。在焊接实践时，他一点点去模仿师傅上课时

---

① 《吉林郑秋林从放牛娃到劳动模范　他的焊接就像是艺术品》，中国吉林网，http://365jia.cn/news/2018 - 04 - 25/85E8DC021028F2F7.html，最后访问日期：2018 年 9 月 21 日。

的脚站位置、手的方向以及身体中心的位置，再根据自己的习惯加以改进。

等培训班结束了，郑秋林的焊接技术已经有了很大的进步。按照公司的要求，他们在培训后会分配到各个班组由老师傅亲自带。当培训班教练、焊接班班长刘成友把其他所有的徒工都让不同的老师傅带走了，唯独没有点郑秋林的名字，结果没想到最后是刘成友亲自做郑秋林的师傅。刘成友是当时公司焊工中出类拔萃的人，能成为他的徒弟是一种很大的荣幸。郑秋林后来半开玩笑地说，可能是因为他技术好，最能吃苦，在技术上总拿第一，师傅才会看上他。事实也是如此，刘成友发自内心喜欢这个吃苦耐劳又善于动脑筋的小伙子。刘成友毫无保留地把自己多年来在各工程中累积起来的焊接经验全都教给了郑秋林。在师傅的指导下，他的技术突飞猛进。[①]

1996 年，吉化 30 万吨乙烯工程建设进入关键时期，郑秋林和师傅一起被派到工地参加会战，主要负责乙烯装置外管线预制安装。郑秋林白天蹲在管廊上焊接，晚上别人歇息时他躲在角落里和师傅讨论、琢磨焊接的方法和经验。师傅看着如此爱钻研的徒弟也是不辞辛苦，把焊接的经验和细节一股脑地教给他。乙烯工程结束了，郑秋林的技术有了一个飞跃，从过去，师傅教而他在一旁听着，到现在，他已经有了一些技术上的见解，并且可以与师傅进行探讨了。

之后，郑秋林又被派到吉化重中之重的高碳醇项目中进行抢建施工。该项目工期只有一年，国内仅此一家，国际上也为数不多。郑秋林非常谨慎地焊接，偶尔遇到探伤不合格的焊口，他便反复琢磨出现问题的根源。经过多次琢磨，他逐渐总结出经验，慢慢地焊接速度上来了，质量也提高了。最后他一人竟完成了 1300 个工艺管线预制安装焊接当量，创下了本单位月焊接量的最高纪录，并且探伤一次合格率达 98%。

经过大施工锤炼，郑秋林的焊接技能有了显著提高，他先后取得了多种材质的焊接合格证，两次被公司派往国外参加工程建设。他先后在新加坡、马来西亚项目施工中大显身手。利用氩弧倒流焊接技术解决了在马来

---

① 刘青：《全国敬业奉献模范候选人——郑秋林》，央视网，http://tv.people.com.cn/GB/61600/9600761.html，最后访问日期：2018 年 9 月 21 日。

西亚芳烃工程焊接难题。他成功掌握了氩弧摇把焊，解决了以往焊接中存在的难题。

回国后，郑秋林又投身于国内各项工程建设中。炼油厂施工过程中，在施工环境复杂、管线间距离狭窄等诸多不利条件下，他仔细分析现场情况、管线走向、焊缝位置，制定焊接的步骤。一个月下来，硬是完成了200多道焊口，探伤合格率达98%。

2003年，他代表中油集团公司参加竞赛并以精湛的技术夺得一等奖。2006年，他从明星选手成功转身，成为焊接教练，同时负责焊接技术开发和实验，用郑秋林的话说："每一道焊缝，都是一条'生命线'，焊一道就要合格一道，无论什么工作，要干就干到最好"。2011年10月到2012年6月，经历9个多月11次试验，郑秋林取得了"焊后稳定热化处理的A312TP321厚壁不锈钢管道焊接工法"这一国内领先的技术成果。

2013年，郑秋林被吉林省总工会派驻新疆参加技术援疆项目，行程1600多公里，途经一市四县进行技术传授与指导工作，为西部贫困边远地区的专业技术注入了新的活力。2014年组织的"海油杯"焊工大赛集训，郑秋林的团队取得全国第二名的好成绩。通过经验的判断以及不断地学习积累，勇于尝试创新，用各种参数去寻找感觉，郑秋林在不断呈现一个个完美的焊接作品。

2017年1月20日，在吉林省总工会十三届五次全委（扩大）会议上，中油吉林化建工程有限公司培训中心焊接教练郑秋林当选为吉林省总工会副主席（兼职）。

2018年1月31日，吉林省第十三届人民代表大会第一次会议选举郑秋林为吉林省第十三届全国人民代表大会代表。

作为人大代表，郑秋林积极履行自己的职责，提出了自己对监外执行人员、社区矫正人员情况的关注，他认为要从这样几个方面做好监外执行人员的安置工作。一是要以平等之心对待监外执行人员。要主动接纳他们，让他们尽快融入社会，重新得到社会的认可，让他们能够通过正常渠道谋生，靠劳动养活自己。二是要对监外执行人员严管厚爱。在加强跟踪监管的同时，要尽快引导他们调整好人生方向，特别是已经走上工作岗位的人员，要严格管控，责令他们遵守各项规章制度，还要给予他们温暖，让他们重新回到社会的主流人群当中。三是要加大对脱管、漏管人员的打击力度。①

从放牛娃到焊工总教头，郑秋林经常参与社会公益活动。他用二十多年的刻苦钻研，以孜孜以求、不倦探索的精神，一步一个脚印地走出一条成长成才之路，成长为企业的焊接专家、工人技师和金牌教练，其本身经历谱写了创新创造的华美乐章，并完美诠释了大国工匠精神。

编辑：樊丽明　王艺霖

丁照民

丁照民（1970～），男，辽宁省盖县人，汉族，中共党员，富奥汽车零部件股份有限公司泵业分公司维修焊工。30 年间，他以精绝之技、奉献之魂，在岗位上勾勒出一名复合型"金牌蓝领"的绚丽人生轨迹。丁照民依靠自身的精湛技艺，以累累技术创新硕果，为公司节省各类费用 200 余万元，先后荣获吉林省特等劳动模范、全国技术能手称号，2015 年获得全国劳动模范称号，2018 年 1 月 31 日，当选吉林省第十三届全国人民代表大会代表。

1985 年，丁照民初中毕业，接父亲的班，进入富奥汽车零部件股份有限公司泵业分公司成为一名焊工。刚进入工作岗位，丁照民就拜程亚武为师傅。程亚武师傅当兵出身，做事雷厉风行且要求严格，身材瘦小的丁照民第一次看到身材高壮、声音洪亮的师傅心里就有些发怵。师傅将丁照民领回班组之后，并没有急于让他干活，而是认真耐心地帮他配备安全防护用具，教授他一些基本的入门方法，手把手教丁照民平横立仰四大焊缝。等到丁照民熟悉工作环境后，程亚武开始给徒弟安排工作：每天早上扔两包焊条，要求徒弟在没有活儿的时候必须练功，每天至少一包，训练有时胳膊都抬不起来，丁照民在如此严格的要求下，用一周时间就熟练上手，

---

① 曹烨琼：《郑秋林代表：对监外执行人员要严管厚爱　也要普法教育》，百度网，http://baijiahao. baidu. com/s？id = 1594716935914846494&wfr = spider&for = pc，最后访问日期：2018 年 9 月 21 日。

在同批的工友中是完成任务最快的。为了练就扎实的基本功，下班回家后，丁照民坚持把毛笔当焊条，在纸上练习运条动作，由于持之以恒地练习，他能纹丝不动地端上半个小时焊枪，一口气焊完 10 多米长的焊缝。许多同事因为丁照民"手稳，从来不虚像"而让丁照民帮忙照相。一般而言，一名合格的焊工需要花费三年时间才能出徒，由于业余时间的长期练习，丁照民只用半年时间就出徒了。师傅在传授技艺和经验时，要求非常严格，他会一丝不苟手把手地教授，如果较难的技艺在教授多遍之后仍然发生错误，师傅会用严厉的眼神警示丁照民，这种眼神让他对于工作更为精益求精，一丝不苟的工作态度成为丁照民以后的重要习惯。师傅经常告诫丁照民细节决定一切。有一次，丁照民修焊连板时，气焊瓶的乙炔忽然脱落，一个一米长直径的大火球直接突出，丁照民被吓了一跳，然后马上镇定下来，他绕过了火头，折起乙炔带，立即断气灭火。这一次的经历让他记忆犹新，师傅对徒弟的严格要求，才使得丁照民在紧急时刻镇定自若地处理事故。丁照民说："没有恩师当年的严教，就没有我的今天。"工作一年后，单位组织的焊接比赛，身材瘦弱矮小的丁照民在比赛中获得第三名的好成绩，成为令人惊叹的黑马选手。技术大比武中有很多技术工人都是工龄长、工作熟悉度较高的，这个良好的成绩对于年轻的丁照民具有鼓励作用。

随着丁照民技术水平的提升，厂里的工程师们会拿着绘制的图纸找他加工。当时丁照民心里羡慕能自主设计并绘制图纸的技术人员。丁照民文化水平较低，没经过任何培训，对机械绘图更是一窍不通，但是丁照民有不认输的脾气，不学会绝不罢休。最初丁照民只会勾勒简单的零部件，后来画图在工作中越来越重要，所以他买专业书籍进行深入学习，身边有很多人对他说学习这些用处不大，不仅浪费钱还消耗时间，但是丁照民却认为人就应该好学上进。丁照民凭借着勤奋好学和刻苦钻研的劲头，不仅在机械制造设计方面精通，而且把钳工和铆工技术也陆续学到手，成为一名真正的复合型人才。看似平凡的丁照民创造出令人惊讶的纪录：28 岁获得高级技师称号，而后获得全国技术能手、首席高级技师等诸多荣誉称号。他不仅精通焊接技术，还同时掌握铆、焊、钳、煅、机械设计等多项技能，公司人称他为"焊接维修大拿"。

丁照民在掌握技术的同时练就了绝活儿。在焊接技术区，薄铝类金属长期被称为"禁区"，丁照民依靠十多年的精湛技艺和丰富经验打破了这个禁区。丁照民的另一个绝活儿是在不损害螺丝螺纹的情况下切割螺母，这种焊接操作难度大，对于切割的节奏和频率要求高。该类技术不仅要求大量的基础知识，而且需要多年实践经验和技术的把握。在车间里，别的手机号不需要记住，但是丁照民的手机号却被工人熟记于心，同事们开玩笑称丁照民的手机号已经成为维修热线。丁照民在这些年改造和处理的设备已达数百台，解决疑难问题近百个，为公司做出了重要贡献。

2012年，泵业分公司近十万平方米的新厂区建成并投产，为了全面提升新厂区的管理水平，公司提出了杜绝老厂房油渍满地、铁屑乱飞的现象，全厂近三百台设备需要做主动防护设置，公司领导将这项任务交给丁照民，并要求他按期完成。丁照民在接到任务后感觉压力较大，他心里在想绝对不能因为自己的工作而影响公司搬迁。面对几百台结构、型号不同的设备，他根据每一台设备的特点逐一进行绘测、设计和制作，工作量大且繁琐。丁照民每天早上六点到厂里，晚上九点多才离开，当他拖着疲惫的身子回到家时，累得连饭都不想吃，总是话也不说地在沙发上思考白天没有解决的问题。丁照民在持续一年的状态中，完成了全部三百余台设备的主动防护，不仅为公司节约了一百多万元的资金，而且极大地改善了生产作业工作环境，为新厂区搬迁赢得了宝贵时间。新厂区搬迁期间，恰逢女儿备战高考，父女两个在两条平行线上起早贪黑，丁照民不仅帮不上女儿的忙，甚至连同她交流时间也没有。随着高考临近，厂房搬迁也进入关键时刻，在陪同女儿高考和公司搬迁项目选择中，他选择了后者，"家里的事再大也是小事，公司的事再小也是大事"。

2010年，辽源技师学院邀请丁照民到学校义务授课，丁照民深知学生对于技术和知识的渴求，也深知国家强烈需求技术人才。尽管工作极度繁忙，每个月他仍然抽出两天时间给学生授课，丰富的实践经验和学院老师的理论知识形成了良好互动。他先后带出四百余名优秀学员，在丁照民的无私传授下，该校的焊接毕业生初级工职业鉴定通过率由40%上升到80%以上，就业率明显增加。学生们对于丁老师评价极高，在他们看来，丁老师不仅技艺精湛，而且他的精神是学生们学习的榜样。2014年辽源技师学院成立"丁照民国家级技能大师工作室"，这是国家第一个在技师学院成立的国家级技能大师工作室。作为优秀代表，丁照民率领各个行业的首席优秀技师组成团队，在广传技艺的同时，集各家之所长，共同破解当地企业遇到的各项难题。

丁照民在 2018 年当选为第十三届全国人大代表，并提出"技术传承是当务之急"的提案①，高度强调技工技术的成长和技艺的传承。在他看来，一个人的力量是有限的，因此，在带学徒的过程中，他不遗余力地把自己的技术传授给自己的徒弟，他深知从中国制造变为"中国智造"的关键是大量技术工人作为支撑，对于技术工人的培养应当制定相关的政策，努力寻找提高技术工人素质的有效途径。

编辑：樊丽明　宋琪琪

琚永安

琚永安（1965～），男，中共党员，现为国网吉林省电力有限公司四平供电公司电力调度控制中心主任，高级工程师，四平市优秀专家人才，国网吉林电力优秀专家人才，曾荣获全国"五一劳动奖章"，被评为吉林省特等劳动模范、全国劳动模范。

1986 年，沈阳电校毕业后 22 岁的琚永安被分配到原四平电业局调度所工作，现在八十多岁退休后的老师傅刘保田评价琚永安说道："永安到岗后，很踏实认真，进步很快，勤于思考，善于动手，当时就感觉到他能干成点事"。身边的先进人物和积极分子对琚永安的触动很大，如智能电网技术的基础——光电互感器的发明者马国金，电容式自动重合闸装置原理的发明者崔佐臣，原四平电业局调度所所长等均成为琚永安发明创新的动力。琚永安在心里默默告诉自己"我也要成为这样的人"。

琚永安被同事们称为"抠门专家"。② 琚永安的口头禅就是"都留下来，能用的千万别扔，这些东西说不定哪天就能用上"。琚永安非常不喜欢浪费

① 李昕：《丁照民：技术传承，是当务之急》，中公网，www. workercn. cn/lianghui2018/32792/ 201803/04/180304082956168. shtml，最后访问日期：2018 年 9 月 11 日。

② 李丹：《电力人琚永安：创新是我一生的追求》，网易新闻，http://news. 163. com/15/0427/20/AO824G7700014SEH. html，最后访问日期：2018 年 9 月 11 日。

材料的做法，折旧设备上可利用的部件、每次现场施工后的边角余料，他都分类留存，以备后用。同事们经常说："琚永安有一把用了三十多年的电烙铁，换了很多次的烙铁头和烙铁芯，就是舍不得扔"，"1955 年的一本压箱底的《无线电》杂志，是一位退休的师傅赠送给他的，到现在仍然珍藏着，已经六十多年了，还是舍不得扔掉"。对于琚永安的"抠门"行为，同事们如数家珍，他的外号就这样传出去了。受到他的影响，同事们也养成了积攒家底这种习惯。这些年琚永安攒下来的剩余材料，优化改造了通信站的电源屏、电源线路、防雷接地系统，前前后后改造了二十多个交直流电源屏，节约了近百万元的资金。凭借这个积攒的劲头，2015 年，中宣部办公厅、国家发改委开展"节俭养德·全民节约"的活动，琚永安成为该活动中全国通报表扬的 100 位先进个人之一，并且在同年获得了全国劳动模范称号。琚永安是四平供电公司历史上第一位荣获全国"五一劳动奖章"、全国劳动模范、吉林省特等劳动模范三项最高荣誉的员工。

每当技术上遇到难题和疑惑时，新型的技术就会在琚永安的脑子里想出来。1990 年，风冷电机会常常因为断相而发生烧坏现象，琚永安为解决这个问题而发明出了条子河主变风冷系统温度自动控制、保护装置，这种装置会结合温度实现风冷系统的自动投切、告警和保护功能，对冷电机的运行起到了较好的保护作用。1992 年，琚永安任运行值班员，他开始研究红外线非接触测温装置，这样更有利于简便查找电网设备过热连接点的问题。经过数次研究，这种设置实现了设备的温度定量监测功能。1997 年，琚永安发现野外高空带电情况下铝导线焊接"处理线伤"，为了解决这个难题，他发明了一种新的工艺即"架空导线断股的带电焊接补强处理"，这解决了钰绞丝处理线伤存在的问题。在此期间，运行中的线路实现了带电作业的修补，这有力地填补了电力领域的一个巨大空白。1998 年，在四平城网改造前的反窃电活动进行过程中，琚永安编制了《反窃电技术工作手册》，结合计量箱中存在的薄弱环节，研制出了"防窃电结线集中计量表箱"，这有利于有效地防止窃电问题的发生。2005 年，恰逢县网八期改造工程施工期，琚永安与同行专业人员在现场摸爬滚打，校对图纸、放电缆、配线、校线、调试、传动等，由于方案严密、措施到位，一年的时间就完成了 20 多个变电站的自动化和通信系统改造，架设出了近几百里的光纤线路，这相当于十年的工作量。在光缆的放线中，如何更好地解决跨越障碍问题，是他极为关心的问题，他经过数遍的实验，研究出了"无线电遥控放线导引绳牵引滑车"。受到技术的限制，电力通信电源不能有效地发挥多电源并列运行的相互支撑作用，只要一台电源故障就会导致大片业务的中断或整个系统的瘫痪。经过多次分析，琚永安研发出了"整理器并列运行电源分配屏"，带领整个团队经历两个月的时间，完成了电源屏的装配，利用这种电源对四平的通信站进行了改造，电源的可靠性达到了100%，这项技术在全国处于领先水平。十多年之前，一位市民家的电视由于电压突然升高而被烧坏，琚永安看到这种情况，仔细调查发现，全国普遍存在低压系统导致家电大面积烧坏的情况。琚永安决定发明一款防范产品，经过多次实验，他发明出荣获国家实用新型专利的"零线电压偏移保护自动断路器"。

"只要思想不滑坡，办法总比问题多"是琚永安常常挂在嘴边的话语。面对问题和难题，琚永安总是迎难而上，即使与自己的专业不相关，他也是有针对性地解决。琚永安是一个百事通，什么事情都难不住他，他会从每一次事故中找到灵感，从进行的活动中发现问题，从客户的投诉中发现盲点。琚永安为同事们解决了很多难题，为此，很多同事都对他心存感激。在家里人的眼里，琚永安则是一个"败家子"。妻子说琚永安买零件和申请专利的钱已经有十几万元了。很多同事都知道琚永安不喜欢应酬，更喜欢把时间用在研究上面。他生活方面也很节俭，衣服穿的时间已经很长了，但是仍然舍不得换，但是在遇到自己喜欢的电器元件和电路板时，他毫不吝啬。

对工作全身心的投入是琚永安工作多年的状态，他在工作中养成了一个习惯，早上七点到晚上七点，没有周末和工作日的区别。2000年，他的左手腕意外摔伤，到下午四点缝合手术才结束，当时正处于春检忙碌的时期。手术结束后，他忍着疼痛赶往单位继续忙工作。2002年，琚永安的母亲在医院被查出肾衰竭，父亲随后被查出肺癌，但是这段时间电网尤为繁忙，他没有太多时间陪伴父母。父母相继离世，这成为他内心的遗憾。2013年3月，在对一项技术成果进行改造时，他一不小心摔倒在地上，韧带拉伤，左脚踝错位骨折，医生强调必须用三个月时间进行卧床休养，但是十几天之后，他拄着拐杖来到单位继续工作。

在将近三十年的工作经历中，琚永安始终踏实敬业，他组织完成的技术攻关难题有三十多项，在省级以上的刊物发表多篇论文，获得国家专利的有六项。吉林省总工会授予他"吉林省岗位创新能手""吉林省职工自学成才者"等称号，四平市授予他"百名技术革新能手""四平市优秀市管专家"等称号。他还获得"省公司先锋形象共产党员""优秀技术人才专家"称号。2012年四平市成立了"琚永安劳模创新工作室"，该劳模工作室被省总工会授予吉林省"经济技术创新团队"和吉林省"五一劳动奖状"，这些殊荣不仅说明了琚永安在工作中的踏实和认真，而且是对他工作最好的褒奖。

编辑：樊丽明　宋琪琪

李万君

李万君（1968~），男，中共党员，吉林省高级专家，高铁焊接大师，被称为"大国工匠""工人院士"。在外国对我国进行高铁技术封锁时，他凭着一股不服输的钻劲儿、韧劲儿，积极参与填补国内空白的几十种高速车、铁路客车、城铁车转向架焊接规范及操作方法的研究，先后进行技术攻关100余项，其中21项获国家专利，《氩弧半自动管管焊操作法》填补了我国氩弧焊自动焊接转向架环口的空白。2008年，人力资源和社会保障部授予李万君"全国技术能手"荣誉称号；2008年，中国北车授予李万君"中国北车拔尖技术能手"称号；2009年，中华全国铁路总工会授予李万君"火车头奖章"；2016年，李万君荣获全国"五一劳动奖章"；2017年2月8日，李万君被评为2016年度感动中国人物；2017年5月李万君当选为党的十九大代表。

1987年8月，李万君职业高中毕业后被分配至长春客车厂，即中车长客股份公司前身，19岁的李万君开始了在配焊车间的水箱工段当工人的生活。一起进入车间的还有28个伙伴。进入车间后，气味刺鼻，烟雾弥漫，火星乱窜，焊工们穿着相当厚的帆布工作衣，戴着焊帽，用焊枪喷射着2300度的烈焰，在夏天的时候，身上带着几斤重的装备干活，全身都湿透。

在这样的艰苦条件下，工人们难以承受。一年以后，同李万君一起入厂的28个小伙伴被调走了25个，但是李万君依然选择留下来。厂里要求技术工人每人每个月焊一百个水箱，李万君则选择多焊二十多个，长期的积累，李万君五套工作服被磨破，不得不到市场上自己花钱购买。李万君在工作中善于学习，不仅向师傅学习焊接技术，他还会抽出时间同其他师傅学习，遇到搞不懂的问题就积极请教。刚开始，一些师傅会觉得李万君有些许黏人，但是通过长时间的相处，师傅们慢慢发现，这个年轻人在问过问题后，会举一反三、触类旁通，经过不断学习和反复实践，李万君在同行中已经出类拔萃。①

入厂的第二年，李万君在车间举办的技能焊接比赛中夺得冠军。之后，李万君代表厂里比赛，获得了第一名的好成绩，他为自己给厂里争光而感到非常自豪和激动。1998年，他被评为长春市工人技师，1999年又被铁道部评为工人技师。2003年3月，长春客车厂被改为中国北车长春轨道客车股份有限公司，改制使李万君的事业进入发展的春天。2002年，李万君被安排赴日本进行焊接专业的进修。在日本，他轻松地解决了日本官方认为的高难度的条立焊焊接难题，他们对李万君伸出大拇指称赞："你是中国的高手"。研修期满一年之后，日本造船厂想用高薪聘用李万君，但被他婉言谢绝。回国后，李万君在焊接领域创造了一个又一个奇迹。2005年，李万君在中央焊接技能大赛中获得焊接试样外观冠军，1997年、2003年、2007年，李万君三次在长春市组织的焊接技能比赛中获得大赛第一名的好成绩。2011年，他获得了"中华技能大奖"。这些荣誉不仅显示了李万君自身的刻苦钻研，更显示出整个团队的协作能力。②

为了解决技术上的种种难题，李万君成立攻关团队。攻关团队会集体研究焊接方面的难题，整个团队都会迎难而上，攻坚克难。2005年，李万君依据异种金属材料的特性发明了新型焊钳，并且获得了国家专利，同行也在使用其成果。2010年，单层轨道客车转向架横梁口的焊接遇到难题，该轨道客车由于出口伊朗而急需解决这个难题，李万君凭借多年丰富的经

---

① 姚湜：《李万君：大国工匠为中国梦提速》，《发明与创新（大科技）》2016年第6期。
② 徐剑：《浴火重生》，万卷出版社，2012。

验和娴熟的技能脱颖而出。经过多次的摸索和实验，他不仅成功地总结出了整套焊接操作步骤，并且得出了氩弧自动焊接方法。这项技术不仅填补了我国氩弧焊自动焊接铁路客车转向架环口的空白，也为我国日后开发和生产新型高铁提供了宝贵依据。2012 年，澳大利亚提出需要不锈钢双层铁路客车转向架焊接加工的要求，李万君总结出了新型操作方法，如"拽枪式右焊法"，解决了批量生产中的多个技术难题，不仅为企业节约了很多资金，而且为企业创造了较大的价值。

2015 年初，中车长客股份公司试制生产我国首列国产化标准动车组，转向架很多焊缝的接头形式是员工们从未接触过的。其中转向架侧梁扭杆座不规则焊缝和横侧梁连接口斜坡焊缝质量要求极高，射线检测必须 100%合格，不允许有任何瑕疵。不规则焊缝接头过多的难题，容易造成焊接缺陷，使这个部位的焊接成为制约生产顺利进行的"卡脖子"工序，影响了标准化动车组的研制进程。李万君在看到这种情况后，主动提出解决难题的方法。经过多次实验和反复论证，成功地攻克了这个难题，总结出了交叉运用平焊、立焊、下坡焊，有效克服质量缺陷的操作技法。①

李万君凭借工作中踏实吃苦、耐钻研的韧劲，不仅在高铁领域做出重要贡献，而且填补了铁路客车、高速列车等焊接方法的诸多空白，获得国家专利二十余项，突破技术难关一百余项。在培养学生层面，李万君有自己独特的方法。2008 年我国引入高速列车初期，国内水平与国外水平差距较大，李万君在这方面技术较为娴熟，而其他徒弟在此方面技术有所欠缺，人手严重短缺。为了完成焊接任务，李万君用半年多的时间把所有的高铁焊工培养出来，四百多名学员全部考取了国际焊工技术资格证，在培训史上堪称奇迹。"一枝独秀不是春，百花齐放春满园"是李万君培养学员的宗旨。为了培养出出色的焊接工，李万君根据学员的体态身材、身高、运枪习惯、走路姿势等为学员量身制定不同的训练方案并且亲身作示范。他所带的学员中有很多成为技术骨干。李万君不仅在高铁领域用自身的技术和敬业态度做出了重要贡献，而且用率先垂范的培训模式为国家培养了大批的专业技术人才，实现了从普通焊接工向高铁焊接专家的蜕变。2017 年，

---

① 中国人物年鉴编委会编《中国人物年鉴 2011》，中国人物年鉴社，2011。

李万君获得"2016 年度感动中国人物"称号，颁奖词中说道："你是兄弟，是老师，是院士，是这个时代的中流砥柱。表里如一，坚固耐压，鬼斧神工，在平凡中非凡，在尽头处超越，这是你的人生，也是你的杰作"。2017 年 1 月，李万君获得感动吉林十大人物，是中国第一代高铁工人的代表。①

工作三十年，李万君在精湛技术的领域中精益求精，不负众望，他见证了我国高铁从追赶者到领跑者的辉煌发展的历程。李万君经常对自己的团队说："高铁有 394 道工序，每一道都不容失误，我们要坚持工匠精神，做好自己的本职工作，使我们的团队技术更加成熟，保证高铁又稳又快地奔跑，同时创造具有我国自主知识产权的品牌。"他经常说自己是生产一线的普通技术工人，离开了生产线啥也不是。他经常认为自己分配到长客是很幸运的，是自己赶上了高铁发展的时代，生产一线的技术工人才有机会回报企业、报效国家。所以，在研发的道路上他永不停滞，努力实现"中国制造"向"中国创造"的转变。他提倡每一个技术工人都应当像动车组一样成为创新主角，节节给力，人人添彩。他不断给徒弟和技术工人信心："到时候让老外给咱中国人打工！"李万君经过千万次的持续练习，达到了一种工匠的境界，即一听焊接的声音，就知道哪个徒弟或是员工哪个地方焊得不好，焊缝是宽还是窄、焊接质量好不好。

面对国家授予的多项荣誉，李万君并没有沉浸在里面，他仍然穿着普通的工作服，脸上挂着慈祥的微笑。李万君的工作室中挂满了各种各样的荣誉证书和奖状，他带领着团队完成了一个又一个难度相当大的项目。最让他感到骄傲的是外国技术人员对中国焊接工人的称赞和夸奖，在对未来的憧憬中，李万君深情地说："我要为我国的高铁事业付出更多的努力，争取为国家做出更大的贡献！"

编辑：樊丽明　宋琪琪

潘巍

潘巍（1978 ~ ），女，汉族，2001 年参加工作，研究生学历，高级经济

---

① 姚湜：《李万君：大国工匠为中国梦提速》，《发明与创新（大科技）》2016 年第 6 期。

师，无党派人士，现任吉林万通集团总裁、万通药业营销公司总经理，先后担任全国青联委员、吉林省政协委员、吉林省女企业家协会副会长、吉林省工商联副主席、通化市工商联主席。她先后获得全国三八红旗手、吉林省特等劳动模范、吉林省"五一劳动奖章"、吉林省优秀女企业家、吉林省具有突出贡献的中青年专业技术人才、吉林省创业先锋、全国劳动模范、中国医药界木兰奖、中国医药行业十大新锐人物等几十项殊荣。

　　潘巍的父亲潘首德是万通集团的创始人和董事长，由于家庭环境影响，经商意识在潘巍心里留有很深的印象。小学时，潘巍在面对老师提出的经典问题"长大的理想是什么"的时候，潘巍脱口而出说想当"总经理"。大学的时候潘巍主修了会计和中文两个专业，1999年毕业以后，潘巍原本可以凭借殷实的家庭条件和超常的聪明睿智前往国外进行深造，但是她执意选择自主创业。父亲看到女儿在创业方面有天赋，把她列入了接班人的候选名单。创业伊始，潘巍从父亲那里得到了50万元的创业资金，并把这笔资金投入服装行业。通过市场调研，潘巍发现当地男士喜欢西服，而穿西服需要搭配衬衫，当地的衬衫专卖店少之又少，因此，潘巍借助良好的商机开设衬衫专卖店。加之良好的服务态度，潘巍的衬衫专卖店顾客爆满。潘巍在经营过程中经常听取父亲的意见，通过服装店的营业，潘首德发现了女儿的经商潜质和能力：勤于打理，善于用人，作风严谨，做事认真细致，处理问题果断，店里充满人文关怀。经过两年的时间，潘巍的专卖店利润高达一百多万元，并且获得了许多经验，拓宽了视野。[①]

　　2000年，万通国有企业转换成股份制企业，潘首德的身份从国企老总转换为民营企业家，在这以后，他意识到未来接班人的问题，把长女潘巍列入名单。2001年2月，潘巍在父亲的邀请之下进入万通企业。进入企业之后，潘巍并没有把自己当成特殊人物，严格要求自己扎扎实实从基层做起。潘巍的第一个岗位就是市场部的科员，在她看来，市场部是最能学到东西的地方，业务多，人际交往复杂，最能锻炼人。她认真钻研各种营销书籍，频繁搞调研和下市场，在组建销售队伍、定位市场、核算销售和建设终端等方面提出了诸多富有建设性的建议。当时的全国医药业正在逐步

---

　　① 程继隆：《追踪"民企二代"接班18种类型》，中国社会出版社，2012。

发展，万通药业在转入快车道发展之后，也急需大量的人才，但是那时由于万通药业知名度较小，应聘者寥寥无几。潘巍在负责这项工作后，亲自出去招募工作人员，认真分析招聘者的心理，积极宣传企业的政策，与招聘者谈心，并对他们进行培训，在白山市工业学校一次性召回三十多名学生。同事在看到她高效率完成任务后，不仅对她羡慕不已，而且积极向她学习，她总是想在同事之前，做在同事之前，她勤奋踏实的作风、出色的工作能力让同事们折服，在几个月后，市场部部长离职，潘巍以绝对的优势当选为市场部部长。

2002 年，潘巍升职为营销公司副经理，成为公司的中层干部，对于已经步入正轨的药厂来说，如何大规模地进入终端客户是关键，即所谓的"渠道为王"。2006 年，潘巍担任药品经销公司总经理，在这期间，她带领销售部创造了销售收入高达亿元的业绩。在进入领导阶层后，虽然潘巍的个人时间明显减少，但是学习的热情并没有因此退减，她潜心研究市场经济，学习现代企业管理、法律、会计、广告等知识，严谨的思维和知识的积累使得潘巍在语言和广告设计方面取得了重要成绩。

敢于接受新事物、乐于挑战和创新是潘巍的工作追求。万通药业的经营理念是"人人是人才，人才就在我们中间，人才靠培养，培养靠使用"，潘首德看到女儿吃苦耐劳、永不言败、无私奉献、大胆创新的精神后，毅然决定让 28 岁的潘巍担任万通药业的总裁，这样，潘巍成为药界最年轻的"娃娃女帅"。成为总裁的潘巍才知道自己肩上的任务有多重，她经常对别人说："正人先正己，下属付出一倍的努力，我就要付出十倍的努力。"当时的万通药业在四个省内设有销售网点，潘巍想要快速建立一个庞大的销售队伍，先后奔赴全国 31 个省份、300 多个地级市、100 多个经济强县招募了 1200 多名销售员，建立了强大的销售网络。公司出现了快节奏和高效率的工作局面。万通药业成为中国千万患者的首选产品。潘巍认为可以通过创造品牌打开市场，打知名广告更容易赢得顾客的青睐。潘巍在广告的语言和代言人方面下了很大功夫，2003 年，东北电视剧《刘老根》正值热播，嗅到商机的潘巍看到电视剧中"药匣子"的形象，请范伟担任万通药业的形象代言人，并且给范伟量身制作广告用语，经过央视和其他卫视的热播，万通药业在全国观众心里留下了深刻印象。

　　2006年，潘巍在沿袭之前广告风格的基础上，选择更多的优秀演员担任万通筋骨贴的代言人，如郭冬临、吕丽萍、袁立等，吸引了更多的顾客，当年的销售额已经超过了亿元。为了使广告利用更少的资金产生更高的效益，潘巍用高超的谈判技巧和非凡的谈判能力与广告商进行谈判，创造了药界投入少、效益高的范例。为了使企业产生更高的效益，潘巍抓管理，并且注重管理过程。她提出了"思路清晰，目标明确，措施得当，执行有力"的管理理念，在提出管理理念后，注重强调执行力的重要性，她说："管理要落地，一流的方案，三流的执行等于零；三流的方案，一流的执行就牛了"。潘巍工作的独到之处就是抓落地、抓落实。她管理理念的精髓就是过程跟踪、严格标准、奖罚分明、强化忠诚度和执行力。为了使营销网络更顺畅地运行，她制定出了营销总公司、省级分公司、地级支公司三级管理制度，这样，形成了"以网络构建为依托、以诚信守法为保障、以创建名牌为效益"的营销工作总体思路，实施了"扩大大中市场、开拓乡镇市场、加强终端市场"的营销策略，组织制定了《公司全国终端市场建设规范》等36项管理制度，较好地规范了营销市场建设和销售人员的行为。

　　潘巍始终把创新和求变作为工作的重中之重。2009年以来，面对全国医药市场形势的不断变化，潘巍开始进行大刀阔斧的营销体制改革和创新。2011年，八个省的销售经理在会议室开会七天，潘巍提出了取消营销的"大锅饭"，将原来的"底薪加提成"，改为激励销售人员的"区域经营承包"，让销售员变成当地销售的主体，进而激发销售的动力。面对销售经理的争执，潘巍和销售经理共同测算数据的材料，制订出了企业营销体制改革创新的全套方案。依据此方案，三年内可实现销售翻番、人员翻番、收入翻番。这个方案突破了创业者和守业者之间关系的瓶颈，使得企业进一步向前发展。改革方案的精准和科学，进一步调动了销售人员的积极性，用三个月的时间完成了旧体制向新体制的转变，销售收入增幅高达57%。如今，万通药业的模式使得营销人员的士气进一步高涨，改革的近两年，销售额从原先的10亿元提升到30亿元。万通企业先后荣获国家级重点高新技术企业、国家火炬计划重点项目企业、全国优秀民营科技企业、国家五部委联合授予的国家认定"企业技术中心"、全国质量5A级信誉企业、全国先进基层党组织、全国非公有制企业"双强百佳党组织"、全国民营企业

"双爱双评先进企业"等几十个奖项。

潘巍作为万通"掌门人"，有着女性的耐心和沉稳，她用平易近人的方式来与部下进行沟通和交流。但是她在工作中却有战略的眼光和理性冷静的思维，正所谓"无情制度，有情管理"。作为一位果敢、自信、充满亲和力的女企业家，潘巍用实际行动提交了一份令人满意的答卷。

编辑：樊丽明　宋琪琪

齐嵩宇

齐嵩宇（1974～），男，汉族，中共党员，现任中国一汽红旗工厂技术处外网维修工人，高级技师，曾成功研制"电阻点焊工艺自动监控技术"，改变了国际汽车行业对车身焊接品质进行破坏性和无损性抽检的状况。此外，他还曾研制出国内第一台电极修锉刀片随型修复设备，独立撰写过286份"设备点检标准"和206份"设备保养标准"，获得过国家科学技术进步奖等多项荣誉。2014年，中华人民共和国人力资源和社会保障部授予齐嵩宇中华技能大奖，2015年他获得全国劳动模范荣誉称号，被评为吉林省第十三届全国人民代表大会代表，享受国务院政府特殊津贴。

1994年，齐嵩宇从长春无线电技工学校毕业后，选择到生产红旗轿车的一汽轿车公司工作，并且被安排到第二轿车厂焊装车间成为一名维修电工。刚上班的齐嵩宇踏实肯干，对学艺如痴如醉。车间里有一位技艺高超的老师傅，本来不想带徒弟了，可是看见齐嵩宇，喜在心上，认为这个小伙子主动干活，有股子钻劲，是个好苗子，就让齐嵩宇跟着他，边干边看边学，老师傅维修电机很有经验，齐嵩宇的技艺也进步飞速。那时候齐嵩宇还住在单位宿舍，离单位近，就有更多的时间留在单位学习，太晚了他就直接在单位睡。死磕技术的日日夜夜换来的是技艺的突飞猛进，齐嵩宇很快就成了"大拿"，上到天车、高空照明，下到地沟的供排水泵，甚至居民楼地下室的供排水设施，遇到故障他都能顺利解决。

2002年企业改制，维修部门进行整体调整，让齐嵩宇到焊接车间当一名点焊工，一切从头开始。焊接车间要求严格，工人工作压力很大，工作中出现漏焊则会面临扣除五十元的惩罚。刚开始，齐嵩宇对这项工作的热情度不高，而且这项工作对体力要求较高，经过很长时间，齐嵩宇才慢慢适应。然而，即使再优秀的焊工也有"马失前蹄"的时候。在一次操作中，齐嵩宇漏焊了 4 个点，被罚款 200 元钱，那是他参加工作以来第一次被罚款，一下就是四天的工资。正是这次罚款让他下定决心，想要彻底解决漏焊事故问题。齐嵩宇深知，流水线工作再认真也难免出现失误，只有在技术上解决问题，才最可行。

　　轿车白车身焊接过程中的质量监控和检测属于世界难题，轿车的车身大概由 6000 个电阻点焊焊接而成，世界各国的汽车制造企业都无法确保出厂汽车的焊接质量。汽车使用后暴露出焊接质量问题，只能将车辆召回进行修复。齐嵩宇看到这种状况，心里想着：一直这么下去不是办法，必须制作个仪器来彻底解决这个问题。这种想法提出来后得到了车间领导的大力支持，并且借给他们两千元作为启动资金。为了完成此项目，齐嵩宇除了完成紧张的工作之外，所有的时间都用来认真钻研这个项目。经过无数次的调试，一种新型的漏焊监控仪器被齐嵩宇与同事制造出来，成本只有800 元，就像现在的电视机顶盒大小，可以安装在夹具上，监控 14 个焊点。工人一旦漏焊，打开夹具时，监控仪就不停地发出蜂鸣声，提醒操作者。2004 年，全国总工会首次对工人技术创新项目申报开放，齐嵩宇和马凌学凭借电焊监控仪项目荣获二等奖。前来参观的日本考察团在看到这项发明后赞不绝口，在此之后，一波又一波的国内外参观团来到一汽"取经"。齐嵩宇在技术领域有一定成就后，原本就对电子设备有强烈兴趣的他更为痴迷，经常去图书馆认真阅读各种书籍，主动去大学进修学习相关知识和理论，弥补自己的缺欠，提升能力。除此之外，车间成为齐嵩宇发挥才能的实践舞台，通过多次反复试验和论证，齐嵩宇获得了相当宝贵的工作经验。

　　经过多年钻研，齐嵩宇成功研制出"电力拖动机构远程监控技术"，并开发出 4 项国家发明专利，此技术实现了五个国内第一，实现了电力拖动机构运行生产的自动化、电子化、数字化监控。通过系统地对电力拖动机构运行的各个环节进行自动化闭环控制，提高了设备的运行稳定性，降低了企业的运营成本。2013 年，齐嵩宇通过对创新技术的百余次试验，成功研制出"弧焊焊接过程质量监测分析技术"，取得了重要的技术突破，解决了高频高压引弧电压烧损测量仪器仪表无法测量的世界性难题，实现了焊缝区域监测与分析的一致性，缩小了焊后检测的范围，节约了检测成本，提高了生产效率。

他在平凡的岗位，通过不断的努力与探索，攻克了一个个难题，实现了一次次突破，书写出不一样的精彩人生。齐嵩宇不仅在车间进行技术创新，在培养技术工人方面更有自己的思考和做法。但是面对日益减少的接班人，他仍然有些许焦虑。技术工人的待遇、社会地位及社会认可度仍然相对较低，很多年轻人在工作岗位中沉不下心来。作为全国人大代表，齐嵩宇多次提出通过完善技能鉴定机制提高一线工人工资薪酬的建议，希望提升高技能人才的地位，从而留住更多年轻人。齐嵩宇认为，优秀的人才是科学技术转化为生产力的重要资源，要想成为强大的技术核心国家，众多的"金牌工人"是重要资源，"金牌工人"的技术破解和创新，有利于建设制造强国。

在车间之外，齐嵩宇还是一位专科学校导师，每学期大概会教200名学生进行汽车特种焊接专业技能，并且每年会指导15名学生的毕业论文。齐嵩宇常说："我想让更多维修工人明白，维修工不是维换工，有故障不能仅仅是换零件，要从动脑筋修理替换下来的损坏部件开始，潜心钻研自己的领域，做个有思想有研究的维修能手"。①

2015年8月一汽公司响应吉林省委省政府的会议精神，齐嵩宇在吉林省总工会的组织下，组成三人的技术专家团队到新疆阿勒泰地区进行技术支援。他们要走遍阿勒泰地区的所有市县，将经验与技术传授给当地的技工，并和大家建立长期的帮扶对子，让大家能够通过这次技术帮扶活动真正地把"输血支援"和"造血支援"结合起来，实现吉林省委省政府提出的"既要重视当前的发展，又要重视长远谋划，着力保障和改善民生，让对口支援工作取得实实在在的效果"。刚到新疆，小分队就接到任务，要以最快的速度培养一支TIG焊接操作技能工人队伍。见到这些来自各行各业、只简单接触过焊接的工人，齐嵩宇和分队队员们耐心示范，由于时间紧，焊接又是手眼结合的具有较高难度的操作技能，必须争分夺秒，练到"手

---

① 郭晨昱：《"技能名师"齐嵩宇》，新华网，http://www.jl.xinhuanet.com/2016zhuanti/2017 - 01/13/c，2017，最后访问日期：2018年9月21日。

热"、练出"手感"。由于还要进行巡回技术支援工作，齐嵩宇觉得他们的动作不够规范和麻利，便留下电话号码，每天都电话答疑解惑，并督促他们一定勤加练习。几天过去，当齐嵩宇和小分队又一次回到阿勒泰的时候，技工水平有了质的飞跃。阿勒泰地区终于有了一支焊接技术队伍，这支队伍还参加了新疆维吾尔自治区的焊接比赛，取得了骄人的成绩。为了能让大家掌握更多的操作技术，齐嵩宇手把手地教，耐心地讲解，并给大家留下联系方式，建立起了长期的帮扶对子，抓技术、带队伍、帮管理，他们把技术援疆拓展到更深层次，为阿勒泰地区工业基础建设贡献着自己的力量。

齐嵩宇在自己的工作岗位上刻苦钻研、锐意进取，拥有了一身轿车车身和设备维修匹配的高超技艺。自从进入工作岗位后，齐嵩宇就保持创新精神，承担起红旗复兴的责任，并且把红旗精神传承下去。凭借遇事坚持的韧劲，齐嵩宇成为一汽公司的核心技术人才，他凭借高超的技术为红旗公司做出了卓越贡献。齐嵩宇曾获得全国"五一劳动奖章"、全国技术能手、吉林省劳动模范、吉林省"五一劳动奖章"、吉林省维修电工首席技能师、吉林省经济技术创新标兵、全国机械工业职工技术创新模范个人等荣誉称号。除此之外，齐嵩宇还被评为"中国当代发明家"，其研发的"电阻点焊工艺自动监控技术"获得中国发明创业特等奖，有多项技术获得第109届巴黎国际发明展上的金奖，为我们国家赢得了荣誉。在齐嵩宇家里，他获得的各种奖状堆满整个箱子，获得省级以上的荣誉证书就有二十多个，省级以下的，齐嵩宇自己也不清楚有多少。

从1994年参加工作至今，齐嵩宇一直扎根在车间一线。从一名普通工人到岗位能手，他的身上集中体现了当代中国产业工人立足岗位、刻苦钻研、拼搏进取、不断创新的崇高境界。科技成果转化为现实生产力，始终离不开一线职工的双手，需要千千万万个齐嵩宇式的"金牌工人"。

编辑：樊丽明 宋琪琪

吴宏立

吴宏立（1961～），男，中共党员，东北工业集团吉林东光奥威汽车制动系统有限公司的一名车工，高级技师，是兵器工业集团公司关键技能带头人。他曾做过普通车工、数控车工、加工中心操作工，现从事数控车床编程调整兼现场工程师工作。吴宏立在岗位上完成 60 余项创新项目，直接创效 1700 多万元，荣获全国"五一劳动奖章"，被评为中央企业技术能手、全国技术能手，获得省部级以上荣誉达 35 次，2015 年被评为全国劳动模范。

1983 年，吴宏立退伍后来到东光奥威公司，全身心投入到军工事业当中，并且选择了车工这个最累最苦的工种。由于没有上过大学，也没有接受过技校的培训，他心里明白，要想取得好的成绩必须付出比别人更多的努力，并且自己在心里暗暗下定决心，要做就做最好的车工。① 白天，吴立宏在车间跟着师傅学习技术，晚上，他则独自伏案在台灯下学习。他深知，好记性不如烂笔头，书中的重点和难点部分，他会在笔记本上记下来，利用空闲时间会翻开看看，并认真研究。利用空余时间，他学到了许多知识和技术技巧，只用了半年的时间就完成了别人两三年时间的学习内容，并且很快就顶班上岗。技术工作人员大多喜欢批量生产产品，这样的话可以完成流水作业，然而生产单件产品则相对繁琐，吴宏立却承担了大部分这样的工作，每天忙忙碌碌，工作一做就是一整天。虽然花费了很多时间，但是就长远来看，吴宏立在技术方面有了很大长进，掌握了精湛的技艺，在畸形零件、加工偏心工件、蜗杆螺纹、多拐曲轴等方面积累了很多经验。每天除了正常工作，吴宏立还利用自己少有的业余时间自学了机械制图、金属材料、数控技术、软件设计等方面的知识。正是凭借这股钻劲儿，吴宏立渐渐完成了从一名普通退伍兵到企业高技能人才的蜕变，成长为车工高级技师，先后多次登上全国技能大赛的领奖台。

30 多年来，吴宏立坚守一线，在平凡的岗位上做出了不平凡的业绩，被工友们钦佩地称为"钻头哥"。东光奥威公司主要生产制动器，内孔珩磨后油石不回缩，取下工件时内孔会留下油石划痕，有的严重划伤工件。这些问题多年一直困扰着企业。2011 年吴宏立为了解决这些问题，他把珩磨头、工件摆在了自己的桌前，经过几天几夜的研究和琢磨，硬是解决了这

---

① 吉林省地方志编纂委员会编《吉林年鉴（2004）》，吉林年鉴出版社，2004。

些难以解决的问题，他独自设计了锯齿滑动式自动伸缩珩磨头，这项实用性技术获得实用新型专利一次。有一次，东光奥威公司接到一个订单——为某企业生产换向座，不过，由于产品的加工形状十分复杂，尺寸工差要求又极为严格，活儿很不好干。公司"习惯性"地把这项艰巨的任务交给了吴宏立。"困难如弹簧，你强它就弱，你弱它就强。"作风跟外形一样硬朗的吴宏立，二话不说，迎难而上，凭借多年积累的经验，仅用 20 多天时间就先后设计出 11 套夹具、7 种量具、40 多种刀具，消除了所有制约生产的"拦路虎"。与竞争厂家相比，吴宏立的设计，一次装夹就能完成多道工序。工作中，吴宏立有着像钻头一样的精神，他不仅仅迎着困难上，一次次挑战自己的业务水平，还大胆地进行技术革新，使产品质量和效率不断提高。

　　2000 年，台铣班在加工活塞槽时发现，夹具易挤伤、划伤工件，导致良品率几乎为零，生产一度被迫中断。对此，技术员苦思冥想，却束手无策。获悉情况，吴宏立挺身而出，卸下夹具，仔细研究，最后，他结合零件的特点，以工件小头外圆锥面为基准，设计出一套内圆锥顶头，不仅使良品率骤然提升至 100%，还提高了加工效率。46－47 柱塞式产品，内部结构复杂，加工难度很大，每班只能生产 50 多件。吴宏立看在眼里，急在心上，欲予改进。好友连劝："别多事，万一弄砸了，影响荣誉！"吴宏立一笑："创新就是有得有失，岂能耽于名利。"他埋头设计出定心钻、螺旋铰刀等辅助工具，又多方改进加工方法，使生产效率提高了近一倍。他还对该产品加工内孔变形、尺寸超差等难题展开攻关，研究设计出 V 形台阶式组合夹具，令产品质量大幅提升，累计创效 400 余万元。

　　2011 年，提高主缸体珩磨粗糙度项目；2013 年，换向座产品工艺项目；2015 年，机床冷却系统改进项目……吴宏立对于创新设计的每一个项目均有独特的感情，每一个创新项目里都包含了他继以日夜的奋斗，每一个钻研的细节和每一张张攻坚克难的设计图纸都让他记忆犹新。吴宏立说："我觉得实现自身价值，除了干好本职岗位工作，还要立足岗位，敢于创新，真正为企业解决难题。"

　　2015 年，柱塞式主缸体产量上升，分厂数控车床产能不足，吴宏立看到领导焦急的心情，他想到了多年退库封存专门加工活塞的两台济南数控车床，可转眼他又有一种忧虑，该机床主轴细，导轨行程短，能加工柱塞式主缸体吗？为了弄个明白，他来到设备库房，实地勘察了一番，心里有了可行的措施。设计小型液压夹具完全可以实现多品种精加工柱塞式主缸体，方案受到公司高度重视，连夜将机床运回，对夹具、液压拉杆拆卸、测绘。可意想不到的事情发生了，液压缸行程短（15 毫米）无法装夹长短不同的主缸体。吴宏立思考琢磨着，终于有了主意，他连续奋战数周，设计出体积小重量轻的回转体夹具，长短不同的顶尖和内孔不同的法兰盘，以及内冷刀座，液压缸属于首创，填补了国内外空白，主要应用于机械制造业中带动中小型零件翻转加工，具有广阔的市场前景。

如今，"钻头哥"已经是公司关键技能带头人。2015 年公司为他搭建了创新工作室和大师工作室。吴宏立通过工作室，向一线工人讲解活塞加工经验，利用工作之余制作课件，制定学习计划，组织年轻车工学习技能知识，使他们尽快掌握车工工艺学和数控技术，在短期内能够胜任本职岗位的工作，出色完成加工任务。为了企业的持续发展，工作室长期注重培养企业技术骨干，提高一线工人的基本素质，为企业培养出一大批技术骨干。[1]

"我就是个技术工人，我热爱我的岗位，我一直觉得技术传承下去才有意义，看到徒弟优秀，我会感到很骄傲。"吴宏立不但技术过硬、思想素质高，同时，他还乐于言传身教，经常组织大家学习，传授技艺。在他的培养下，数控车工组参加公司组织竞赛获团体第一名，有三名选手获得了前三名的好成绩，一名选手获长春市数控车工第一名。

如今，吴宏立以工作室为载体，把工作室作为解决工艺技术难题和培养人才的平台。目前工作室获得专利 10 项，QC 成果 17 项，合理化建议 120 条，完成 25 个技术攻关项目。吴宏立决心以责任、创新、求实、成事的企业精神，以服务企业、报效社会为宗旨，带领大家学习先进的制造技术，打造有理想、有抱负、传技艺、锐意进取、攻坚克难的大师工作室，多培养人才，创新增效，做新时期大国工匠。

编辑：樊丽明　宋琪琪

---

① 聂芳芳：《"中国兵器车工教授"——吴宏立》，凤凰网吉林，http://jl.ifeng.com/a/2017 1010/6054913_0.shtml，最后访问日期：2018 年 9 月 21 日。

邢东杰

邢东杰（1963～），男，本科学历，中共党员，吉林省艾斯克机电股份有限公司高级工程师，技术发展研究室主任。在科研一线奋斗的 23 年中，他共主持和参与完成科技成果 20 多项，取得国家专利 6 项，发表多篇论文，为我国家禽屠宰及深加工事业的发展做出了突出贡献，多次受到表彰和奖励。他曾荣获四平市科技之星优秀共产党员中国肉类产业优秀科技工作者等荣誉称号，当选吉林省特等劳动模范、全国劳动模范、"吉林工匠"。

邢东杰是一位长期工作在一线的技术人员，扎实的理论功底和实践经验，加之勤奋好学、勇于创新、刻苦钻研的精神使他在公司获得了许多同事的赞誉。邢东杰自 1995 年进入艾斯克机电股份有限公司以来，一直致力于把大型智能化与家禽屠宰和食品熟化工艺结合起来，在该领域一直从事科研开发、成果转换及产品推广的工作。他勇于创新，根据我国的实际发展情况，潜心钻研出具有我国特色的家禽屠宰加工和食品熟化工艺的核心设备，提升了我国的家禽屠宰与深加工的自动化设备的研发与制造水平，有力地推动了我国家禽产业设备的更新升级，有利于满足我国家禽行业的发展，并且与世界家禽行业智能化和自动化的发展连接起来，缩小了我国与世界智能化水平的差距。[1]

邢东杰也是在油炸技术方面颇有成就的一位研发员。传统的名点"十八街麻花"被誉为天津三绝之一，麻花的传统做法是手工加工，因此产量较低。为了使麻花产量增加，实现麻花的自动化和机械化生产，2000 年邢东杰带领团队研发设计出大型燃油加热式油炸机，"十八街麻花"在采用该设备后产量有很大提高，天津桂发祥麻花食饮集团在当年的产量和效益均有很大提高。如今，许多大型食品加工企业都在广泛使用邢东杰研发的现代化油炸设备。2001 年大型燃油加热式油炸技术荣获吉林省科学技术进步奖的三等奖。

---

① 王诗月：《"技术大拿"击败国外专家——记吉林省艾斯克机电股份有限公司研发部技术发展研究室主任邢东杰》，劳动新闻网，http://www.zgjlgr.com/xinwen/zonghexinwen/2018 - 04 - 27/22676.html，最后访问日期：2018 年 9 月 21 日。

2002 年，他独立设计完成的 TQSC－3/300 型连续式炊饭机，是连续式自动控制学生营养餐生产线的主要设备之一，该项目获 2002 年四平市科技进步三等奖。2004 年，邢东杰仍然把主要精力放在油炸技术的创新与更新上。香脆的锅巴在原来主要依靠进口，邢东杰在油炸技术的不断创新下，设计出"每小时可产 500 公斤锅巴"的导热油式油炸机，国内的饮食企业在新技术的指导下产能迅速提升，企业的发展进入一个新阶段，这一技术获得了吉林省科学技术成果奖。2006 年，作为主要负责人，邢东杰领导新产品大容量预冷机的研制和开发并通过省级鉴定。2008 年，他独自研制 FSL－60/80 型病害动物焚烧炉设计，这项技术完成后，被顺利推向市场。

2007 年，他着手研制家禽自动掏膛成套设备，该项目是吉林省五个一批"企业技术创新工程"导向计划的第一个项目，技术复杂，开发的难度较大，动作要求精准度高，且项目单元多样，在当时仅仅有几个国家可以生产，掌握这项技术的均为欧美人。在研究这项技术的过程中，邢东杰克服了重重困难，在认真做大量技术调研的基础上，极为仔细地分析国外生产成熟产品的特点和结构特征，带领团队制订出多种方案，并逐步分析每种方案的特点与可行条件，最后经过修改和完善，筛选出切实可行的优化方案。在这项技术上，邢东杰仍然把创新列为首位，在国外技术的基础上改进掏膛工艺，把自动与手动结合起来，解决了一个又一个难题，先后完成了肉鸡自动掏膛线自动切爪机、自动扩肛机、自动切肛机、自动吸肺机、自动转挂机、绞素囊机、自动掏膛机设计。在图纸的设计过程中，出图的任务邢东杰独自完成，图纸的设计多达 1800 余张，这项技术被称为"家禽宰杀生产线上的皇冠"。2012 年 5 月，第一条 L－10000 型自动掏膛成套设备在国内成功推向了市场，这项技术的成功推广引起了整个行业的轰动，并且深受同行们的瞩目。L－10000 型肉鸡自动掏膛成套设备的研制成功有相当广阔的市场前景和有力的竞争优势，并且给企业的发展带来了更大的机遇、可观的经济效益和显著的社会效益。这项设备的研制成功不仅打破了国外技术独占鳌头的局面，而且提高了进口产品国产化水平。目前已经有多个省份购买了此类产品，并且各项水平与国外水平一致，运行效果极佳，受到了客户的好评。这项产品的价格为国外的百分之六十，在节约成本的同时，给国内的用户带来了巨大的实惠。2013 年，家禽自动掏膛成套设备获得 5 项专利。

随着企业发展和需求的不断变化，邢东杰接到了新的任务：10000 只/小时土鸡自动掏膛线成套设备的研发。这个领域邢东杰之前没有涉及过。土鸡属于我国的自产鸡，生长期较长，大小不均匀，品种繁多，而且国外对于土鸡的成套加工设备缺乏，这项任务对于邢东杰来说是巨大的挑战。但是土鸡在我国的产量高，且需求量大，土鸡的加工企业对于自动掏膛线的呼声较高，邢东杰选择坚持研发这个项目。这项技术没有任何可供参考的数据和资料，邢东杰与他的团队只能从零开始，测量青脚鸡、黄鸡、乌鸡、麻鸡等十多个品种的内脏形状与大小、形体尺寸、轮廓大小，并把土鸡与肉鸡进行数据比对，了解其差异与相同点，根据得出的数据结论有针对性地制订出土鸡自动掏膛工艺方案，并且确定实现这项技术所需要的工艺设备。为了得到更准确的数据以制订出更可行的实施方案，邢东杰进行了无数次实验。"公司给我们买土鸡进行实验，做完实验的鸡就分给工人，开始大家都争着抢着要，后来给谁都不要了。"经过数次的研究，2017 年邢东杰带领团队研发出每小时能加工 10000 只土鸡的自动掏膛线，并一次试产成功。L - 10000 型土鸡自动掏膛生产线属国内首创，向实现我国家禽屠宰加工全面自动化的目标迈出了一大步。目前自动掏膛设备已推广到山东、辽宁、江苏、湖南等地，取得了 5000 多万元的直接经济效益。首套自动掏膛线已累计加工肉鸡 1.2 亿只。这同时也提高了产品的国际竞争力，迫使国外同类产品大幅降价，每套产品由 1000 万元降到 400 万元。2018 年，邢东杰研发团队又承担了加工能力 13500 只/小时肉鸡自动掏膛生产线和加工能力 4000 只/小时肉鸭自动掏膛生产线的研发工作。邢东杰自信满满地说道："肉鸭掏膛国内没有自动设备，国外也没有成熟的技术，但我相信我们一定会完成这次研发，让公司永远跑在行业的最前头。"①

邢东杰具有开拓和创新意识、强烈的事业心和敬业精神，他脚踏实地、奋发有为、不断进取、潜心钻研适合我国国情的家禽屠宰加工和食品熟化

---

① 《"科技之星"邢东杰》，新华网，http://www.xinhuanet.com/local/2016 - 04/30/c _ 128946204.htm，最后访问日期：2018 年 9 月 21 日。

工艺、设备，为提升我国家禽屠宰及深加工自动化设备的研发、制造水平，推动禽类加工企业的设备换代升级，缩小与国际先进水平的差距做出了重大贡献。

编辑：樊丽明　宋琪琪

徐龙杰

徐龙杰（1976～），男，中共党员，中国石油集团东北炼化工程吉林化建公司高级工程师，东北炼化工程公司焊接专家工作室主任。徐龙杰多次研究和改进了自动焊接的工艺方法，先后研究和试验成功了压力容器筒体与椭圆封头自动焊接操作法、筒体与锥形封头自动焊接操作法、筒体角焊缝自动焊接操作法、不开坡口的薄壁不锈钢双缝弯头焊接工艺。他曾获首届中国青年学习成才奖、全国技术能手、中央企业知识型先进职工标兵、全国"五一劳动奖章"等荣誉，2006年和2014年，先后两次被中宣部列为全国十大重点宣传人物。2015年3月，徐龙杰又成为第二届"加油中国·传承铁人"十大年度人物。2015年徐龙杰被评选为全国劳动模范，2017年徐龙杰被评为吉林工匠。

徐龙杰出生在吉林市的偏远农村。初三时，本想靠读书改变命运的徐龙杰因母亲患上了胃癌，为能尽早挣钱给母亲治病，徐龙杰上了一所职业高中。1994年，徐龙杰职高毕业，恰逢吉林化建公司开工建设30万吨乙烯，对于工人的需求量增大，徐龙杰以季节性的农民工身份来到吉林化建公司成为一名电焊工。徐龙杰在职业学校学的是汽车修理，对电焊方面经验缺乏，对焊接技术更是一无所知。他在学徒期间只能做一些又累又脏且危险系数较高的工作，如龙门吊车铺轨的工作，许多人用手把整段火车钢轨抬起来，手指被挤破，缝好伤口后仍然接着工作；蹲在敞篷车上给锻造车间拉焦煤，遇到下雨天气全身淌着黑黑的雨水。徐龙杰的饮食起居均在工地上，他省吃俭用攒钱给病重的母亲看病。

徐龙杰在工作中认真踏实，在观看师傅的实际操作时，他总是仔细琢磨运用的原理，趁师傅不在的时候，他会偷偷地去拿起工具自己动手来验证实际操作是否与书本内容一样。现场干活儿时，工友们总是争抢一些容易的工作和好用的焊具，徐龙杰总是等着大家剩下的难活儿，他因此也学到了更多的技术。年轻的徐龙杰不仅对于工作抱有很大的希望，而且从书本中学到许多道理。"为薪水而工作是低层次的，为理想而工作才是我追求的目标"，他下定决心把最好的技术学到手中。吉林化建公司是一个年施工产值十几亿元的国家一级建筑企业，优秀的焊工数量多且工艺精湛，农村来的徐龙杰必须依靠自己的本事才能立得住脚。徐龙杰是学员当中最认真刻苦的一个，教练讲课他就蹲在设备旁边听，下课了他还在那里琢磨，经常因为腿麻了站不起来。焊接是技术性超强的专业，必须既有扎实的理论基础，又具备丰富的理论知识。徐龙杰一切从零开始做起，他白天在车间练习技术，晚上就刻苦学习专业理论知识。当时徐龙杰的工资极低，仅仅有九十多元，除了自己的吃饭开销，剩余的钱全部用来买课本学习，有时候甚至一天三顿的汤下饭，节省的钱全部用来买书，从《焊工手册》《焊工技艺》到《机械制图》《焊工技能》，十多个门类的一百多本专业书籍，摆满了徐龙杰简易的桌子。晚上，为了不影响其他工友的正常休息，他常常在走廊里学习。如果恰好赶上施工的旺季，白天需要连续工作十多个小时，闪亮的弧光灯通过面罩常常把他的眼睛刺得又酸又疼，晚上看书时间一长，眼睛就开始流泪，为此，他想出了一个"聪明"的方法，就是看书过程中把右眼闭起来，用左眼看书，感觉疲惫之后，就再换过来。

艺高人胆大。"有技在身"的徐龙杰向厂里的一台王牌设备发起了"进攻"。当时厂里仅有的一台埋弧焊机伸臂运行轨道和焊缝总是不容易找正，焊一个工件，反复调整七八次是常有的事，很难保证焊接质量。经过认真研究，徐龙杰拿出了一个改进方案，通过他的改进，提高了工作效率，而且焊接合格率达到99%以上。他抓住一切向师傅学习的机会，不仅学到了过硬扎实的本领，而且对吉化人"严""细""实""快"的良好作风加以传承。他认为，当一名优秀工人的基础是知识自立和技术自强，只有专业水平过硬，才能在本职工作中做出成绩。1999年公司组织了"一专多能"的技能比赛，徐龙杰在比赛中获得一等奖。技艺渐长的徐龙杰在各项比赛中摘金夺银，获得全国技术能手、中国青年学习成才奖等多项荣誉。

"吉林化建看出徐龙杰是个好苗子，想把他重点培养成高技能型人才。

2000 年，徐龙杰被企业保送到西安交大深造，并为其提供学费和生活费。"[①]进入高等学府的徐龙杰，全身心扑在学习上，如饥似渴地学习专业知识、查阅各种资料，虚心向老师和同学学习，除学习专业知识外，他还选修计算机和自动化等课程。业余时间他会带着在焊接实践中遇到的各种问题向教授和专家请教，积极了解国外焊接方面的先进方法和前沿方向，学习国外精湛的焊接技术和焊接设备知识。在西安交通大学学习的一年间，西安的名胜古迹他都没有参观过，后来被出差的领导拉着去兵马俑和华清池转了转。经过在高等学府的学习，徐龙杰的理论水平和技术实践水平得到大幅度提高，公司领导给了徐龙杰更大的发展舞台，他被安排到企业的各大施工项目中，他的事业上了一个新台阶。经过多次实验探索，他改进了多种自动焊接方法，参与半自动二氧化碳气体保护焊、半自动熔化级气体保护焊、不锈钢焊接工艺的改造和创新。他成功组织开发了铝镁合金压力容器制作工艺，公司的业务得到进一步拓展。2005 年，29 岁的徐龙杰被破格升级为高级技师。他是吉林化建首个去大学深造的农民工，也是首个走上管理岗位的农民工。

2009 年，吉林化建在新疆建设大型储罐的施工项目，徐龙杰参与其中。施工过程中遇到大角缝焊接等难题。传统的手工电弧焊极易出现宽窄不一、咬边等质量问题。施工负责人建议购买专业的埋弧角平焊机。徐龙杰考虑到新型设备价格与传统设备相比高出两三倍，于是他想通过自己改造而节省资金。徐龙杰利用三天时间对设备进行切割和打磨，新型机器在徐龙杰手里改造了出来。

2013 年德国林德气体公司在中国投资建设吉林市新厂区，吉林化建公司负责制氢项目，项目进入现场全面安装施工的关键阶段，遇到一些新问题。德国人一向以严谨认真著称，许多焊接施工因此被叫停。停止施工不仅意味着两个月的工程浪费，而且还会损失几十万元的材料费。中方的项目经理在情急之下找徐龙杰来到现场。徐龙杰面对德国工作人员镇定自若，通过认真和冷静的分析，提出了一系列合理化建议和解决性方案。德国人被徐龙杰的分析所震惊，立即向总部申请派遣焊接专家与徐龙杰对话。外

---

① 王培莲：《徐龙杰的四次华丽转身》，《中国青年报》2014 年 5 月 2 日。

方焊接专家现场全程见证徐龙杰的操作，他用实验数据证明自己的论断，对方被彻底征服，焊接施工由叫停转向重新启动。如今，吉林化建公司在施工中遇到难题，就会立即想到"徐专家"。

为了进一步发挥徐龙杰的先锋和模范作用，2008 年，吉林化建公司成立焊接技能专家工作室并以徐龙杰的名字命名，从此，徐龙杰的角色由金牌选手向金牌教练转变。他常说："一花独放不是春，百花齐放春满园。"在他看来，只有把自己的本领传授给年轻员工，工匠精神才能进一步开花结果。近几年来，徐龙杰工作室先后培养出两百余名高技能员工，其中工人技师 5 人、吉林省首席技师 2 人、各级技术能手 4 人、全国工程建设系统优秀焊工 4 人。除此之外，他带领专业技术人员先后完成 26 个技术难题，开发出 10 项新工艺，攻克 12 项技术攻关课题，2 篇论文获得东北工程科技成果二、三等奖，《攻克不锈钢自动焊接难关》获中国质量协会 QC 小组活动一等奖，《应用悬空双面埋弧自动焊接大型容器工法》被确定为国家级工法。

对于成功，徐龙杰有自己的心得："农民工虽起步低也不等于不能成功。每天多学一点、多付出一点，就可以走出一条属于自己的成功之路。"

编辑：樊丽明　宋琪琪

附　录

吉林荣获全国劳动模范和全国先进工作者荣誉称号人物

1950 年全国工农兵劳动模范代表会议

赵庆夫、李静华、王亚洲、尹显明、郭淑珍、王纯文、董晨、施玉海、耿德。

1956 年全国先进生产者代表会议

郭恩吉、李景福、刘春长、梁德恩、关麒麟、王继义、温恒德、刘永昌、王诗豪、刘耀宗、胡年荣、郭连臣、李龙天、李金声、吴启明、李成明、马洪芬、张玉田、周玉岭、李成章、曹俊杰、张彦庆、程玉福、贾俊士、吕凤桐、乔学亮、张玉芹、武文焕、陶世恭、于传谨、顾明新、马振图、丁明新、秦士亮、吴允修、蒋慰祖、那宝玥、周玉玲、王正绪、孙羲芝、辛成兴、刘辉、刘荣汉、董禄、田秀章、朴允凤、王维海、施载义、贾福臣、王佐勋、李川江、李延来、李玉珠、于宝海、王凤起、孙启祥、林香阁、李全镒、李长绵、张景林、孙世荣、鲁德福、刘玉玺、庄洪庆、陈殿发、吴显亭、丁万涛、齐伯文、齐宝信、李德祥、沈学信、许兴武、李景春、胡大亮、刘文波、姜勤书、贾福田、崔哲淑、崔润福、崔松莲、白文舜、秦福利、吕崇赛、孙宗俄、姜炳七、崔广和、许贞姬、朴龟涉、石祖礼、沈惠敏、江宜进、王绍德、谭焕章、谢学照、任守才、刘兰宝、张留中、翟国党、申铉嘻、刘景凤、常国志、张宝堂、于文范、金振都、孙义芝、仲敏、房名山、金正镐、蔡万植、相喜发、李井福、郭恩吉、任庆祥、李桂兰、郭维、刘振东、于德泉、孙儒林、刘子玉

1959 年全国工业、交通运输、基本建设、财贸方面社会主义建设先进集体和先进生产者代表大会

尤凤泰、张仲举、姜兰春、范启云、侯桂芝、胡景洲、杜方忠、廉凤香、张洪荣、高寿昆、李振荣、崔文轩、李春敏、王德泽、江景春、田有财、唐德恒、庞国兰、高成贤、金惠元、孙克有、姜祥泽、郭宣寿、赵凤廷、金绍堂、姜志明、周传良、吕凤春、张信、刘成才、毕克云、张德文、朴俊锡、于凤江、车向成、孙士敬、林树堤、李义、房贵岭、刘武、孙宝琛、刘玉珍、卢相林、尹邵增、马骧广、李茂、张魁秉、王树德、王守才、汪启德、吴荣奎、李世甲、李春敏、李虎天、王忠元、潘守森、窦继武、林青、石顺姬、黄仕吉、刘子玉

1960 年全国教育和文化、卫生、体育、新闻方面社会主义建设先进单位和先进工作者代表大会

孙淑珍、王曼苓、梁音、王淑清、毛庆来、于彦夫、杨瑞雪、黄宝文、刘彦荣、乔莉萍、郭兰香、申绍信、沙凤仪、范志贤、孙宗浚、张桂兰、陈凤宝、张福生、王儒卓、力钢、刘绍臣、赵余三、张连芳、顾福祥、申淑子、崔京淑、禹东锡、唐敖庆、席云阁（满）、刘兴士、于涌泉、金学哲、徐玉琴、顾明新、糜韵娟、王文瀚、郑判秀、陈宝祥、佟占文、曾俊峰、刘世杰、金星钟、王英杰、王维新、何允州、韩殿起、徐薇、朱广庆、王圜、金在焕、姜殿仁、刘力夫、李光洙、隋庆云、刘靖慧、王淑琴

1977 年全国工业学大庆会议

张国良、赵连成、侯德武、张维庭、赵桂芝、孙向阳、姜殿奎、崔殿恩、宫本玉、夏继福、杜维昌、韩桂顺、武道生、类树才、韩桂顺。

1978 年全国科学大会

唐敖庆、王大珩、苟清泉、董甲保、王琳、蔡志超、欧阳均、刘雨坤（女）、赵辉元、辛钧、白云阁（满）、金志明、陈振家、李川江、顼敏达、

姚贵升、尤凤太、于凤江、白天、朱宝英（女）、郭绍堂、孙健、侯德武、刘丕炎、陈兰田、尤异、柳昌银、（朝）、吴鸿元、马国辅、许哲鹤（朝）、吴式枢

1978 年全国财贸学大庆学大寨会议

李川江、虞明慧

1979 年国务院表彰工业交通、基本建设战线全国先进企业和全国劳动模范大会

纪英林、赵军翔、刘贵学、徐永山、裴贞姬（女）、李川江、玄成淑（女）、刘绍亭、唐敖庆、王大珩、金宴庆、玄姬淑（女）、刘靖慧、章少卿、侯德武、刘子玉、刘云山、史宝田、孙占河、宫本玉、许时兴

1983 年

蒋筑英（追授）

1989 年全国劳动模范和全国先进工作者表彰大会

全国劳动模范

姜桂凤（女）、金彦、牛玉霞（女）、孙志纯、李桂荣（女）、刘子英、刘桂荣（女）、李振荣、耿昭杰、鹿万刚、王秀梅（女）、郑爱国、兰春元、梁景浩、吴宝晖、孙景龙、霍荣华、徐世彬、李圣华、傅关福、高凤秋（女）、赵守顺、徐明新、张斌、刘景和、杨文领、李德生、李希山、杨海明、崔正根、陈志钧、高树枝、时德乐、周坤茹（女）、刘玉珍（女）、唐有成、孙维章、杜秀萍（女）、刘金广、李景云、焦华国、焦佐卿、金顺姬（女）、唐荣忠、李万石、刘庆波、薛景文、张振江、石利军（女）、黄永洲、王成智、刘长生、吴玉富、杨士余、李秉连、李秉先、卢志民、卢景宽、孙玉顺、贾文才、刘宗远、张桂琴（女）、刘景德、金洪彬、李玉宗。

全国先进生产者

牟丽芳（女）、于本泉、李忠厚、田同德、华淑秋（女）、徐春英、刘学成、郭海鳌、魏国玉、金志明、赵润、朴顺子（女）、柳昌银、辛庆山、唐九华、张树臣、邵有、关忠诚、张成兴、杨希森、李成姬（女）、张颖（女）、尹炯裁

1995 年全国劳动模范和全国先进工作者表彰大会

全国劳动模范

屈伟健、周丽（女）、田贤民、宋振伦、张贞泉、陶铭、王文富、刘德申、刘维杰（女）、宗玉春（女）、褚凡、唐允山、孙洪礼、耿玉杰（女）、郑贵举、孟春艳（女）、王可军、傅文元、陈宝昌、任丽新（女）、任殿祥、刘长君、李桂月（女）、张天成、金仁山、于永来、王洪君（女）、谭竹青（女）、耿昭杰、黄振山、范士良、刘树林、傅万才、李汝勤、张今泰、曹志强、谷祥、金虎德、田增禄、曹和平、刘亚钦（女）、孙树田、彭玉勤（女）、籍有顺、姚炳华、李一奎、刘文德、高立元、刘习全、田同德、王凤岐、廖立雄、张海龙、孙香民、宁凤连、时光远、胡寿元、赵吉斌、刘凤英（女）、李玉江、王玉发、盛世梅（女）、赵贵林、赵志学、刘喜、黄永洲、于连江、李春盛、吴玉富、王遵明、闻殿臣、卢志民、宋德中、程书文、张贵斌、金淳哲、张强

全国先进生产者

孙昌璞、李元昌、林治富、徐桂生、鄂亚琴（女）、金成哲、张术良、王成林、曹健林、王友新、杨贵生、王凤

2000 年全国劳动模范和全国先进工作者表彰大会

全国劳动模范

李黄玺、周立君、张春成（女）、李志新（女）、孙倩（女）、梁平（女）、王峥嵘、贺广庭、刘维彬、李春太、王瑞驹、苏秉义（满族）、刘延峰、倪维国、张明、詹恒友、杨丽杰（女）、谷荣富、王德贵、孙寿旭、庞会祥、赵崇全、赵清旭、赵文光（满族）、孙永贵、吴守成、马振峰、张惠修、王凤岐、李贵哲（朝鲜族）、沈士度、崔基玉（女，朝鲜族）、孙贵、崔贵、王立祥、孙福发、乔明儒、曲江、王玉坤、卢宪臣、高洪江、梁志芳、金日奎（朝鲜族）、曹维武、赵志昌、关万海（满族）、张东兴、唐万英（女）、李玉宗、竺延风、徐周文、焦海坤、傅万才、张守斌、曾宪君、李秀林

全国先进工作者

李荣和、钟臣、颜炜群、孙正聿、詹柏华（女）、谢在皋、王定基、吴

国龙、陈志岩（女）、郭长水、籍雅琴（女）、尹红（女）、王益民、张铁琳（女）、郭心静、王绍文（蒙古族）、徐国文、郭顺香（女）、张广增、张殿龙、王恩荣、程秀琴（女）、吴佩臣（女，满族）、王正路、金光镇（朝鲜族）、姜日善（朝鲜族）、王孟春、冯巍、邓惜华、禹秉熙（朝鲜族）、王明满、刘学勤、金书琪

2005 年全国劳动模范和全国先进工作者表彰大会
全国劳动模范

李骏、王炎金、王树明、刘清华、王维珍（女）、刘春和、潘春胜、周杰（女）、何天伦、关荣（满族）、吕光、张大祥、王衍平、樊德清、王福民、胡大明、徐玉权、孙淑芝（女）、刘石民、陈树堂、郑忠仁、王立华（女）、戴俊明、刘成、李浩东、薄红、牛印功、王永全、王志霞（女）、盖玉香（女）、刘波（女）、杜崇臣、孟庆龙、韩京爱（女）、袁英华、崔树森、于力、王有河、安凤成、周家才、何树山、孙国伟、刘宪鲁、周春莲（女）、孙龙祥、修涞贵、刘德全、卢宪发、张德柏、龚云学、姜士和、朴德胜（朝鲜族）、李怀财、张令石、尹福生、王俊凯、朱炳义、冯树义、高长有（满族）、王克琦、吕金山、王瑛松、郭云智、毛忠诚、卢宗强

全国先进生产者

孙鹤娟（女）、赵福玉（满族）、林学钰（女）、王伟、张发文、吴威（满族）、周云龙、唐立峰、王锡爵、杨淑梅（女）、潘洪涛、徐国有、王桂芹（女）、钟立晨、许国精、张雪梅（女）、盖雁、周亚云（女）、姜成模（朝鲜族）、李日善（朝鲜族）、汪尔康、孙寰、龚玲（女）、宋戈（女）

2010 年全国劳动模范和全国先进工作者表彰大会
全国劳动模范

王洪军、聂永军、谢元立、李凯军、辛立刚、高宝华、高彦峰（满族）、王立梅（女）、侯淑文（女）、关红蕊（女，满族）、王岩、王金杰、马金良、韩振平、王振洲、黄孝国、张春生、王宝成、赵春芳（女）、杜海峰、丛君、金昌乙（朝鲜族）、王吉伟、林凤山、万世龙、修保、赵勇、吕子军、孙亚坤、冷春生、刘志胜、王云峰（满族）、董晓峰、于中赤、王光军、白玉琦、潘首德、纪连营、侯启军、陈新、郭淑芹（女）、赵国忠、潘

淑红（女）、刘亮、王福山、韩丽（女）、王田汉、孙亚琴（女）、宋秀军、柏连福、杨兴义、王汉、赵振和、王义胜、金龙洙（朝鲜族）、郑秋林、尹维增、李万升、李高文、寇海滨

全国先进工作者

刘省伦、刘宏、牛志伟（满族）、付忠源、李国荣（女）、李桢（女）、熊梅（女）、孟凡维、蔡美花（女，朝鲜族）、崔哲（女）、陈明强、李建国、牟广义、孙亚新、孙立忠、张弘韬（满族）、李景华、孙伟、周洋（女）、刘平（女）、朱桂艳（女）、刘伟、任长忠、宣明、周兴全、魏志华（满族）、韩龙根（朝鲜族）、刘兴远、张真春、王昆

2015 年全国劳动模范和全国先进工作者表彰大会
全国劳动模范

李万君、朱立红（女）、高大伟、吴宏立、齐嵩宇、王丹丹（女）、鲁贺、李永翔、王强吉、刘丽岩（女）、毛玉刚、琚永安、于春江、邢东杰、于海维、李庆生、丁照民、聂成仁、赵艳芳（女）、初建美（女）、白英杰、王明杰、刘德宝、武宏、于靖、李彩云（女）、王玉发、任启伟、武夏清（女）、孙伟安、刘庆成、赵维民、金明（朝鲜族）、王会林、金春兰（女，朝鲜族）、于洪伟、高兵、孙树祯、潘巍（女）、车冯升（满族）、张德有、唐忠民、佟毅（满族）、闫树军、朱金良、李金新、李财、杜福合、常贲、徐龙杰、王子龙、赵云福、宋金平、闵玉发、赵海军、张春梅（女）、胥国民、刘志国、刘海涛、卢宪军、王昆鹏、杨茂义（蒙古族）、杨涛

全国先进工作者

吴亚琴（女）、孙辉（女）、相世和、路亚兰（女）、高景凤（女）、关尚敏（女，满族）、王宏光、孟宪尧、李国庆、李坚柔（女）、陈力、杨如军、张爱民、陈丽华（女）、张立卫（回族）、郝建刚、米金铎（满族）、张艳明、丛显斌、张建秋、金哲虎（朝鲜族）、朴范镇（朝鲜族）、万宇（女）、程颖（女）

参考文献

《共和国劳模》编写组编《蒋筑英——一生追逐科学之光》，中国工人出版社，2015。

《十八大代表风采录》编写组编《十八大代表风采录》，党建读物出版社，2012。

《长春年鉴》编纂委员会编《长春年鉴（1994）》，吉林人民出版社，1994。

《中国工人阶级大百科》编委会编《中国工人阶级大百科》，中国国际广播出版社，1992。

白雪岩主编《中国专家人才库》，人民日报出版社，1999。

包秦：《国模风采》，吉林人民出版社，2005。

包秦主编《突破与跨越 在挑战中前进的吉林工会》，吉林省总工会，2007。

曹玉琴主编《吉林英才馆大观》（第 3 部），吉林教育出版社，1995。

常伟：《勤工俭学园地又添奇葩》，《新长征》1998 年第 7 期。

常岫雯、马磊、李宗晓：《农民的儿子：贺广庭》，《中国电力报》2001 年第 26 期。

陈伯平：《李川江大豆榨油操作法》，《科学大众》1956 年第 1 期。

程继隆：《女"民企二代"接班传奇（3）：千金握印》，中国社会出版社，2012。

程继隆：《追踪"民企二代"接班 18 种类型》，中国社会出版社，2012。

楚国志：《吉化傅万才用人格筑就国企文化》，《中外管理》1999 年第 9 期。

丁军杰：《王洪军：生产线上的千手观音》，中国共产党新闻，http：//cpc. people. com. cn/GB/64093/67060/67061/5672415. html。

杜福忠主编《劳动模范工作手册》，吉林教育出版社，1991。

樊来喜、马方太：《吉林市新时期共产党员风采》，中共吉林市委宣传部、中共吉林市委组织部，2001。

高明岐、黄耀道主编《中国职工劳模列传》，中国工人出版社，1985。

耿昭杰：《一汽轿车发展道路》，《管理世界》1991年第2期。

宫雨薇：《李凯军：匠于心，臻于艺，近于道》，《企业研究》2017年第11期。

龚代键编《中国工程师辞典》，大连出版社，1990。

龚野：《咱们工人有力量，改造世界变了样——记全国机械工业职工楷模于永来》，《中国机电工业》1997年第S1期。

贡建国：《用"光"改变中国的人——深切缅怀我国光学事业开拓者、"两弹一星"元勋王大珩》，《今日科苑》2011年第17期。

《光电领域专家》（二），《光电工程》2017年第8期。

国家烟草专卖局：《中国烟草年鉴（2005）》，中国经济出版社，2007。

国良：《青年物理学家　孙昌璞教授》，《东北大学学报》（自然科学版）1995年第1期。

国务院学位委员会编《中国博士的故事（上）》，长春出版社，1997。

何东平：《最早推行榨油操作法——李川江先进榨油操作法》，《中国油脂》1991年第6期。

何梁何利基金评选委员会编《2012何梁何利奖》，中国科学技术出版社，2013。

侯德武：《玻璃钢叶轮的试制和应用》，《吉林大学学报》1975年第3期。

侯德武：《毛主席哲学思想指引我前进》，《科学通报》1977年第2期。

胡欣：《大厂干小车——兴厂兴国的理性选择——访中国第一汽车集团公司总经理兼党委书记耿昭杰》，《人民论坛》1998年第6期。

化学工业出版社图书编辑部编《化工战线上的尖兵：全国群英大会化工系统代表的先进事迹选辑》，化学工业出版社，1959。

黄博：《公交战线上的脊梁——记长春119路驾驶员聂永军》，《中国道路运输》2012年第8期。

黄茂臣、崔运宏：《奉献之歌：省六次党代会代表中的先进模范人物》，中共吉林省委组织部，1993。

黄莺、莫细细：《坚贞无私的信仰》，《广西党史》2005 年第 3 期。

《一颗赤心献给党》，吉林人民出版社，1960。

吉林省地方志编纂委员会编《吉林年鉴（2004）》，吉林年鉴出版社，2004。

吉林省委宣传部：《时代楷模》，吉林人民出版社，2007。

吉林市地方志编纂委员会编《吉林市志·地理志》，吉林人民出版社，2014。

贾颉：《睹物思人依然万千感动——吉林省博物院藏蒋筑英遗物评述》，载
　　《春草集（二）——吉林省博物馆协会第二届学术研讨会论文集》，2013。

江福康、赵静宜：《著名理论化学家唐敖庆教授》，《化学通报》1990 年第
　　10 期。

江涛主编《吉林党史人物·第八卷》，吉林大学出版社，1991。

江元生：《唐敖庆与中国理论化学》，《化学进展》2011 年第 12 期。

姜凤国：《吉林骄傲》，吉林人民出版社，2009。

中国人民政治协商会议辽源市委员会文史资料委员会编《辽源文史资料·
　　第 3 辑·解放前后的西安煤矿专辑》，1990。

姜琪、魏明珠：《安于心　永创新——记国网工匠琚永安》，《中国电力教
　　育》2018 年第 4 期。

姜潇、孟含琪：《引领技术创新的"金牌工人"》，《劳动保障世界》2018 年
　　第 4 期。

今哲：《光学专家蒋筑英》，《今日浙江》2001 年第 4 期。

金铮主编《二十世纪中国医学首创者大辞典》，黑龙江人民出版社，1994。

李方诗主编《中国人物年鉴 2009》，中国人物年鉴社，2009。

李平、邓九冬：《让光明照亮每一个角落——记桦甸市供电公司城郊供电所
　　所长、共产党员贺广庭》，《党员之友》2001 年第 11 期。

李松龄、杨与肖：《抓质量的人》，《经营者》2011 年第 13 期。

李天星：《蛟龙出松江——记全国技术能手、中油吉林化建公司焊接技能专
　　家徐龙杰》，《中国石油企业》2006 年第 4 期。

李维民主编《中国人物年鉴 2006》，中国人物年鉴社，2006。

李维民主编《中国人物年鉴 2011》，中国人物年鉴社，2011。

李维民主编《中国人物年鉴 1997》，新华出版社，1997。

李永安主编《中国职工劳模大辞典》，中国工人出版社，1995。

李振东主编《榜样的力量：制造业员工卷》，中国言实出版社，2010。

李政：《中央企业自主创新报告》，中国经济出版社，2012。

李志明主编《吉林党史人物》（第12卷），吉林党史研究室，1999。

林尧、杨锡山：《就业创业教育读本》，云南大学出版社，2010。

刘亮明：《走进吉林》，吉林人民出版社，2011。

刘延春、刘绍清：《播洒真诚绘人生——记桦甸市城区农电所长、共产党员贺广庭》，《党员之友》1998年第16期。

柳姗姗、彭冰：《一位技术工人的"转型升级"——记中国北车长客股份公司焊工谢元立》，《中国职工教育》2015年第6期。

彭冰、柳姗姗：《李凯军劳模创新工作室 从"亮一点"到"亮一片"》，《当代劳模》2014年第4期。

彭维锋：《向劳模学习 从平凡的岗位上成就卓越之道》，中国工人出版社，2009。

全国工业、交通运输、基建、财贸方面社会主义建设先进集体和先进生产者代表大会办公室编《执行总路线的红旗》（下册），工人出版社，1960。

全国群英会机械系统先进经验交流会资料组编《全国群英机械系统代表先进事迹索引》，机械工人出版社，1960。

全国群英会机械系统先进经验交流会资料组编《全国群英会机械系统先进经验汇编·第一册·群众运动及生产组织》，机械工业出版社，1959。

人民日报记者部：《社会主义市场经济中的企业和企业家》，人民日报出版社，1994。

桑逢文主编《中国吉林大典（下）》，吉林人民出版社，1997。

施文祥、刘静秋：《施玉海家庭》，载工人日报社文艺组编《人财两旺》，工人出版社，1951。

石仲泉、陈登才：《中国当代英模的故事（之三）》，中共党史出版社，2004。

苏威、张树斌：《傅万才：国有企业优秀带头人》，《党建杂志》1999年第1期。

苏小和：《百年经济史笔记》，东方出版社，2016。

《苏长有砌砖法介绍》，东北人民出版社，1952。

孙焕华：《白山市志》，吉林人民出版社，2012。

索河：《他们的名字叫劳模》，中国铁道出版社，2015。

王成军：《风采聚焦》，吉林燃料乙醇有限公司，2005。

王存善：《当代技工李凯军》，《中国培训》2006 年第 4 期。

《王大珩同志生平》，《中国计量》2011 年第 9 期。

王国发、唐宪强：《奉献忠诚》，吉林人民出版社，2002 。

王克荣：《托塔之王——记全国"五一劳动奖章"获得者刘维彬》，《中国化工》1996 年第 7 期。

王克荣：《在心扉里定居》，吉林人民出版社，2004。

王乃庄、王德树主编《中华人民共和国人物辞典（1949～1989）》，中国经济出版社，1989。

王诗月：《"技术大拿"击败国外专家——记吉林省艾斯克机电股份有限公司研发部技术发展研究室主任邢东杰》，劳动新闻网，http://www. zgjl-gr. com/xinwen/zonghexinwen/2018 – 04 – 27/22676. html。

王晓琳：《齐嵩宇：做新时代"大国工匠"》，《中国人大》2018 年第 8 期。

王秀云：《奋飞的头雁——记长春电业局局长刘亚钦》，《新长征》1994 年第 11 期。

王玉娟、张照编著《现代农民工职业道德与素质教育读本》，中国言实出版社，2013。

乌力吉：《中国理论化学学派的缔造者》，《自然辩证法通讯》2011 年第 2 期。

吴伟丽编著《像他们那样：感恩·责任·忠诚》，太白文艺出版社，2013。

吴幼华：《追思王大珩院士》，《办公自动化》2011 年第 17 期。

武衡：《东北区科学技术发展史资料·解放战争时期和建国初期（化学工业卷）》，中国学术出版社，1988。

徐丹：《用焊花照亮前进的方向——记全国劳动模范　吉林省首席技师　国电双辽发电有限公司　王吉伟》，《劳动保障世界》2017 年第 12 期。

徐剑：《浴火重生》，万卷出版社，2012。

徐平：《延边商务阵赢》，延边人民出版社，2005。

宣明：《深切缅怀"光学泰斗"王大珩先生》，《光学精密工程》2011 年第 7 期。

阎红玉、周学成：《农民工的骄傲——徐龙杰》，《新农村》2006 年第 7 期。

燕丹：《普通工人的精彩人生——全国劳动模范、"十八大"代表谢元立》，《中国职工教育》2012年第17期。

杨树德：《新中国英雄儿女传：商业服务篇》，河北少年儿童出版社，1999。

杨卓舒、赵辉林、李捷：《中国企业风采录》，中国经济出版社，1992。

姚建年：《科教酬勋业 风范昭后人——纪念唐敖庆先生百年诞辰》，《中国科学基金》2016年第1期。

姚湜：《李万君：大国工匠为中国梦提速》，《发明与创新（大科技）》2016年第6期。

尹永生、邢丽娟：《五尺钳台 七尺男儿——记中华技能大奖得主一汽李凯军》，《中国机电工业》2003年第7期。

于艇：《青年创业的故事》，共青团吉林省委员会，2007。

于艇主：《青年创业的故事》，共青团吉林省委员会，2007。

袁宝华主编《中国知名企业家大辞典》，辽宁人民出版社，1991。

运兆有、闵永林：《江城英才》，吉林人民出版社，1995。

张道相：《先化人 后化物》，中国文史出版社，2005。

张海英：《王吉伟：用青春点亮璀璨焊花》，《中国电力教育》2018年第2期。

张静如、梁志祥主编《中国共产党通志·第三卷》，中央文献出版社，2001。

张绍贤、徐顺福：《中华人民共和国电力工业史（吉林卷）》，中国电力出版社，2005。

张莹：《贺广庭：底色不变 理念升华》，《国家电网》2006年第12期。

张永君：《中国百名优秀企业家奋斗史（钢铁工业卷）》，中国言实出版社，2005。

张玉霞：《谁持彩练当空舞 通化巾帼风采录》，通化市妇女联合会，2006。

张志林等主编《职工经济技术工作辞典》，山西经济出版社，1993。

长春市地方志编纂委员会编《长春年鉴（1996）》，吉林人民出版社，1996。

长春市地方志编纂委员会编《长春年鉴（1997）》，吉林人民出版社，1997。

长春市地方志编纂委员会编《长春年鉴（1993）》，吉林人民出版社，1993。

长春市地方志编纂委员会编《长春年鉴（2012）》，吉林人民出版社，2012。

赵凡夫：《桦甸市志（1988～2003）》，吉林文史出版社，2006。

赵化勇主编《盛世中华脊梁风采：老劳模风采》，中国广播电视出版社，2010。

赵乃玉主编《长春市志·机械工业志》，长春市地方志编纂委员会，2003。

赵平、马利：《"长白山"人的创业豪情——记全国劳动模范、延吉卷烟厂厂长孙国伟》，《新长征》2006年第6期。

郑福林：《中国革命和建设历史时期人物辞典（一）》，吉林人民出版社，1988。

《光辉的足迹：四平市全国劳动模范专辑》，政协四平市文史资料委员会，1999。

中共吉林省委党史研究室编《吉林党史人物传略》，吉林人民出版社，2001。

生宝俊等编《普兰店人物录》，中共普兰店市委组织部、普兰店市史志办公室，2001。

中共四平市委宣传部：《万里长征不停步——记全国劳动模范、四平市植物油厂老工人李川江》，1975。

中国第一汽车集团公司史志编纂室编《中国第一汽车集团公司年鉴（2000）》，2000。

《了不起的工人王洪军》，中国工人出版社，2007。

中国国际名人研究院辞书编辑部《96全国报刊新闻人物博览》，中国国际广播出版社，1997。

《中国科学院跨世纪年轻人才代表会议代表荣誉册》，中国科学院，1997。

中国人物年鉴编辑部编《中国人物年鉴1996》，中国社会出版社，1996。

中国人物年鉴编委会编《中国人物年鉴2011》，中国人物年鉴社，2011。

中国人物年鉴编委会编《中国人物年鉴1995》，中国社会出版社，1996。

中国微生物学会编《中国微生物学会1963年学术会议论文摘要》，中国医学科学院科学情报研究室，1963。

《中华创业功臣大辞典》编委会主编《中华创业功臣大辞典》，中国统计出版社，2000。

中华全国总工会编《中国工会百科全书（上）》，经济管理出版社，1998。

朱光亚、周光召主编《中国科学技术文库》，科学技术文献出版社，1998。

铸工编辑部：《老铸工尤凤太八年如一日——保证铸件质量好》，《铸工》1959年第12期。

庄毅：《中华人民共和国享受政府特殊津贴专家、学者、技术人员名录》（1992年卷第2分册），中国国际广播出版社，1996。

庄毅主编、中华人民共和国人事部专家司编《中华人民共和国享受政府特
　　殊津贴专家、学者、技术人员名录》（1992 年卷第 1 分册），中国国际
　　广播出版社，1992。

李永安主编《中国职工劳模大辞典》，中国工人出版社，1995。

《一颗赤心献给党》，吉林人民出版社，1960。

肖遥：《焊花飞溅写青春——记中国石油吉化集团化建设备制造公司电焊工
　　徐龙杰》，《人民日报》2006 年 5 月 1 日。

《时代领跑者——全国劳动模范刘维彬》，《工人日报》2007 年 11 月 6 日。

《20 年刻苦钻研　成全国焊接"状元"》，《城市晚报》2013 年 4 月 24 日。

周维维：《耿昭杰：半个世纪的汽车传奇》，《新京报》2013 年 7 月 24 日。

彭冰、柳姗姗：《"钻头哥"吴宏立》，《工人日报》2014 年 10 月 20 日。

柳姗姗、彭镝冰：《生产线上的"全能男神"》，《工人日报》2015 年 5 月
　　25 日。

《中华劳动者"技术大师"丁照民》，《黑龙江工人报》2015 年 11 月 4 日。

《心系群众　长春公交集团西昌汽车公司聂永军事迹》，人民网，http://
　　gx. people. com. cn/n2/2016/0224/c348112 - 27801289. html。

《"科技之星"邢东杰》，《吉林日报》2016 年 8 月 23 日。

吴宏立：《数控设备的"整形"专家》，《工人日报》2017 年 4 月 26 日。

彭延春：《琚永安："一专多能"的筑梦人》，新华网，http://www. xinhua-
　　net. com//local/2017 - 05/05/c_129589590. htm。

《焊花映照下的"铁裁缝"》，《吉林日报》2018 年 4 月 26 日。

后 记

　　中华人民共和国成立以来，吉林作为东北老工业基地的重要组成部分，为国家的工业化做出了重大贡献。在 60 多年里，吉林各条战线上涌现出众多劳动模范。他们在各自的岗位上踏实工作、锐意进取，创造出第一流业绩。他们艰苦创业、开拓创新、无私奉献，作为先进生产力的代表，他们是社会主义建设事业的优秀代表，是最美丽的劳动者，是站在全国现代化建设最前列的中华人民共和国的脊梁，更是全国职工学习的榜样和楷模。

　　在中国特色社会主义进入新时代的今天，我们仍然要学习劳动模范埋头苦干的模范行为，无私奉献的先进思想，积极向上的生活方式，共同弘扬劳模精神和工匠精神，营造劳动光荣的社会风尚、精益求精的敬业风气。

　　本书重点选取 46 名中华人民共和国成立以来吉林省各行各业最具代表性的全国劳动模范的先进事迹进行编写。本书采用了国家社会科学基金重大项目"东北（辽宁）老工业基地'劳模文化'史料编纂及当代价值研究"课题组收集和整理的劳模史料，其中包括：辽宁省、吉林省、黑龙江省档案馆的部分档案资料；中华全国总工会、吉林省总工会、吉林各地级市总工会相关文献；吉林省地方史志中的人物志、工业志、劳动志等相关文献；报道吉林省劳模事件、劳模事迹和劳模评选机构、原则的报刊类史料；记录劳动者亲力亲为的口述类史料。在此基础上，本书兼顾劳模人物与事迹前后左右的文化语境甚至更宽广的经济文化社会结构，力图客观还原和全景展现东北老工业基地的吉林劳模形象。以此弘扬"爱岗敬业、争创一流，艰苦奋斗、勇于创新，淡泊名利、甘于奉献"的劳模精神，让"劳动最光荣、劳动最崇高、劳动最伟大、劳动最美丽"蔚然成风。

　　本书在编写过程中，得到中华全国总工会、吉林省总工会、吉林各地级市总工会和吉林省档案馆、吉林省地方志办公室、吉林省图书馆等相关单位同志的指导和帮助。在此，一并致谢！

　　本书按时间顺序分为三章，第一章和第二章由田鹏颖主笔；第三章由樊丽明主笔。李彦儒、陈宇驰、豆莹莹、孙君来、王艺霖、宋琪琪、高沐阳、刘拥峰参与了写作及资料搜集工作。全书由田鹏颖、樊丽明最终统稿，李彦儒校对。

　　由于所选取的劳模时间跨度较大，加之撰写者水平有限，书中难免有遗漏和不足之处，敬请各位学者、读者批评指正。

图书在版编目（CIP）数据

东北老工业基地劳模人物传.吉林卷／田鹏颖，樊
丽明编著. -- 北京：社会科学文献出版社，2018.11
（东北老工业基地劳模文化研究丛书）
ISBN 978 - 7 - 5201 - 3701 - 0

Ⅰ.①东⋯　Ⅱ.①田⋯ ②樊⋯　Ⅲ.①劳动模范 - 先
进事迹 - 吉林 - 现代　Ⅳ.①K820.83

中国版本图书馆 CIP 数据核字（2018）第 240302 号

东北老工业基地劳模文化研究丛书

东北老工业基地劳模人物传（吉林卷）

编　　著／田鹏颖　樊丽明

出 版 人／谢寿光
项目统筹／曹义恒
责任编辑／岳梦夏

出　　版／社会科学文献出版社·社会政法分社（010）59367156
　　　　　地址：北京市北三环中路甲 29 号院华龙大厦　邮编：100029
　　　　　网址：www. ssap. com. cn
发　　行／市场营销中心（010）59367081　59367083
印　　装／三河市龙林印务有限公司

规　　格／开 本：787mm×1092mm　1/16
　　　　　印 张：12.5　字 数：198 千字
版　　次／2018 年 11 月第 1 版　2018 年 11 月第 1 次印刷
书　　号／ISBN 978 - 7 - 5201 - 3701 - 0
定　　价／79.00 元

本书如有印装质量问题，请与读者服务中心（010 - 59367028）联系